추천사

마르바 던이 가장 고통스러울 때 쓴 이 책은, 고난당하고 외로움과 씨름하는 사람들에게 진정한 안내자가 되어 준다. 마르바 던은 시편을 연구하고 묵상한 후에 이를 자신의 일상생활에 적용하는 과정을 이야기하며, 독자들에게 하나님 임재의 실제를 보여 주고 기독교 공동체 안에서 소속감과 위로와 사랑을 얻도록 인도한다. 이 책은 극심한 고통 중에 있는 사람에게는 위로의 샘이 되고, 외로운 이들을 돕고자 하는 사람에게는 유익한 자료가 될 것이다. 지난 수십 년간 마르바 던의 삶은 시편으로 빚어졌다. 마르바 던의 삶을 읽으며, 우리는 현실에서 그 의미가 증명된 시편의 생생한 기도를 새롭게 깨닫는다.

― 유진 피터슨(신학자)

예수를 믿는다고 생의 고통이 면제되지는 않는다. 그 현실에서 달아날 수 있는 뾰족한 방법도 보이지 않는다. 바로 이 지점에서 비명에 가까운 탄식을 토하고 있는 사람이라면 이 책을 붙잡기 바란다. 저자는 자신의 눈물겨웠던 생애와, 신자의 고통스러운 실존을 가감 없이 펼쳐 보이는 시편을 엮어, '이유를 모르고 당하는 신자의 생의 시련'을 따뜻한 필치로 풀어낸다. 이 글을 읽다 보면, 고통스러운 순간에 은혜로 함께하시는 헤세드의 하나님, 우리의 생애를 자신의 능하신 손안에 붙잡고 계시는 영광의 하나님을 대면하게 된다.

― 김관성 목사(행신교회)

나는 시편을 좋아한다. 다른 어떤 성경보다도 시편은 요동치는 내 내면세계를 잘 반영하기 때문이다. 슬플 때, 기쁠 때, 주체할 수 없는 분노가 치밀 때, 누군가 미워 죽을 것만 같을 때, 시편을 펼친다. 다른 시편 해설서는 시편과 일정한 거리를 두고 냉정하고 차분하게 해석한다. 머리는 꽉 차지만, 가슴은 헛헛하다. 누가 마르바 던만큼 시편의 마음을 잘 읽어 낼 수 있을까? 일일이 열거할 수 없을 정도로 신산한 그녀의 삶과, 시편의 격동하는 세계가 포개지기에 그러하리라. 이 책 덕분에 나는 시편과 사랑에 빠지고 말았다.

- 김기현 목사(로고스 교회, 로고스 서원)

새로운 책을 구입할 때 먼저 책 제목을 보고, 다음에 목차를 살핀다. 내가 선택한 책을 읽으며 눈물 흘린 적이 있었던가. 얼굴이 일그러지고 웃음으로 덮인 근육이 욱신거린다. 눈물이 뚝뚝 떨어진다. 하늘을 본다. 하나님을 믿는다. 인생, 살 만한 가치가 있어. 살 수 있어 이분과 함께라면. 삶의 고삐를 잡게 한다. 이 책이 그렇다.

- 김병년 목사(다드림교회)

이 책은 씨실과 날실로 정교하게 짜인 직물 같다. 씨실은 성경신학자인 저자의 치밀한 해석이다. 원문을 사역하고 각 단어의 어원까지 내려가 시편의 본래 의도를 찾아가는 주해 과정을 고스란히 보여 준다. 이런 고수의 주해 과정을 보는 것은 그 자체로도 행복한 일이다. 날실은 저자의 삶이다. 저자는 시편 한 편 한 편에 자기를 담는다. 한 행마다 자기를 돌아보고 삶의 구체적 실재를 나눈다. 저자의 약함, 고통, 슬픔, 상실이 시편 기자의 고백과 어우러진다. 저자와 함께 시편의 세계 속에 들어가 마음껏 울고 웃고 소리 내고 침묵해 본다.

- 조영민 목사(나눔교회)

마르바 던의 **위로**

마르바 던의 위로

Originally published 1983 in English by Harper & Row under the title
I'm Lonely, LORD — How Long? The Psalms for Today
This revised edition ©1998 by Wm. B. Eerdmans Publishing Company, Grand Rapids, MI, USA.
All rights reserved.
This Korean Edition ©2017 by Jireh Publishing Company, Goyang-si, Gyeonggi-do,
Republic of Korea.
This Korean edition is published by arrangement
of Wm. B. Eerdmans Publishing Company through rMaeng2, Seoul, Republic of Korea.

이 한국어판의 저작권은 알맹2 에이전시를 통하여 Wm. B. Eerdmans Publishing Company와 독점 계약한 이레서원에 있습니다. 신 저작권법에 의하여 한국 내에서 보호받는 저작물이므로 무단 전재와 무단 복제를 금합니다.

※ 이 책은 이레서원에서 출간한 《나는 언제까지 외롭습니까?》와 《하나님이 눈물을 씻기실 때》의 합본입니다.

혼자 애쓰는 당신을 위한 하나님의 메시지

마르바 던의
위로

I'm Lonely, LORD—
How Long?

마르바 던 지음
김병국 옮김

시레서원

마르바 던의 위로
I'm Lonely, LORD — How Long?

마르바 던 지음
김병국 옮김

초판 1쇄 발행 2017년 4월 8일
초판 2쇄 발행 2017년 8월 8일

발행처 도서출판 이레서원
발행인 문영이
출판신고 2005년 9월 13일 제2015-000099호

기획 이혜성
편집 송혜숙, 오수현
영업 박생화
총무 곽현자

경기도 고양시 일산동구 중앙로 1160 오원플라자 701호
Tel. 02)402-3238, 406-3273 / Fax. 02)401-3387
E-mail: Jireh@changjisa.com
Website: Jireh.kr / Facebook: facebook.com/jirehpub

책값은 표지에 있습니다.

ISBN 978-89-7435-483-1 03230

신저작권법에 의해 한국 내에서 보호받는 저작물이므로 저작권자의 서면 허락 없이 이 책의 어떠한 부분이라도 전자적인 혹은 기계적인 형태나 방법을 포함해서 그 어떤 형태로든 무단 전재하거나 무단 복제하는 것을 금합니다.

이 도서의 국립중앙도서관 출판예정도서목록(CIP)은 서지정보유통지원시스템 홈페이지(http://seoji.nl.go.kr)와 국가자료공동목록시스템(http://www.nl.go.kr/kolisnet)에서 이용하실 수 있습니다. (CIP 제어번호: CIP2017005675)

이 책을 낸시에게 드립니다.
그녀의 기도로 이 책이 존재할 수 있었고,
그녀의 삶은 하나님의 사랑 안에서 주위에 있는 모든 이를 품었으며,
그녀의 백혈병과의 싸움 역시 하나님을 영화롭게 하는 수단이었습니다.

두 고인을 추모합니다.
나의 대자(代子) 조슈아 대니얼 크리쳇(Joshua Daniel Critchett)
- 1979. 9. 22.~1997. 7. 28.-

나의 편집자의 아들 알렉스 피터 호프먼(Alex Peter Hoffman)
- 1995. 11. 5.~1997. 8. 13. -

"그의 경건한 자들의 죽음은
여호와께서 보시기에 귀중한 것이로다"
- 시 116:15 -

차례

:: 서문 — 10

01. 주님, 저는 외롭습니다. 언제까지입니까? — 17
02. 내 시간은 주님 손안에 있습니다 — 27
03. 두렵습니다. 나를 구원하소서! — 37
04. 하나님을 신뢰하니 나는 부끄럽지 않을 것입니다 — 46
05. 하나님의 모성애 — 55
06. 외롭고 상처받은 나, 그 덫에서 풀어 주시는 여호와 — 63
07. 배신자까지도 품으시는 여호와 — 72
08. 저녁에도, 아침에도, 정오에도 내 목소리를 들으시는 주님 — 82
09. 두려워해도 괜찮습니다 — 92
10. 하나님은 우리의 눈물을 기록하십니다 — 101
11. 올바른 두려움 — 109
12. 좋은 일이 없을 때도 기뻐할 수 있습니다 — 119
13. 올바른 자랑 — 128
14. 얼굴의 광채와 천사들 — 136
15. 주님의 선하심을 맛보아 알라 — 144
16. 우리가 모든 소망을 잃었을 때 주님은 가까이 계십니다 — 155
17. 죽을 것 같은 나를 주님께서 도우셨습니다 — 165
18. 사악한 자는 윤택하지 못하다 — 174
19. 우리가 우둔할 때 하나님이 손을 잡아 주십니다 — 183
20. 이 땅에서는 사모할 것이 없습니다 — 192

21. 주님은 죽음에서도 우리를 보호하십니다 — 200
22. 우리가 특별하다는 것을 잊지 않도록 — 212
23. 유혹을 이기도록 도와주소서 — 222
24. 하나님은 외로운 사람에게 가족을 주신다 — 232
25. 예배는 정말 중요하다 — 242
26. 계속 나아갈 수 있는 힘 — 251
27. 아무런 보장이 없는데도 평안한 이유 — 261
28. 우리의 슬픔을 역사적 관점에서 생각하라 — 273
29. 주님은 우리 마음이 원하는 바를 주십니다 — 284
30. 내가 초조하고 넘어질 때에도 '샬롬'은 있다 — 293
31. 그래서 이제 이것을 나만 간직할 수 없다 — 302

:: 부록 A.　수영하며 시편 묵상하기 — 314
:: 부록 B.　바퀴 자국이 언제 트랙이 되는가? — 320
　　　　　 - 시편 23편에 숨겨진 약속
:: 주 — 324
:: 참고 문헌 — 329
:: 성구 색인 — 332
:: 역자 후기 — 334

서문

이 책은 신학적·문학적 조사에 기초한 것이기는 하지만 학문적 책은 아니다. 그보다는 오히려 대단히 개인적인 책인데, 자서전적 책이기 때문이 아니라 믿음은 우리의 자아 전체를 요구하기 때문이다. 본서의 각 장은 지적 작업의 소산일 뿐 아니라 삶의 현장에서 나온 것이다. 슬픔과 고난으로 괴로울 때, 견딜 수 없이 외로울 때, 우리는 하나님이 정말로 여기에 나와 함께, 당신과 함께 계시는지 묻지 않을 수 없다. 절망으로 캄캄한 밤에 의심의 어두운 구름이 엄청난 파도처럼 엄습해 올 때, 나는 정말로 내가 완전히 혼자인 것은 아닌지 질문하며 힘겨운 씨름을 했다. 하나님은 나를 돌보고 계신가? 하나님은 정말 여기에 계신가?

하나님의 임재를 누리기 위해서는 기독교 공동체와 성경이 필요하다. 처음에 나는 여러 가지 이유로 외로워하며 고통스러워하는 사람들과 그들을 돌보는 사람들(가족, 친구, 목사, 교회 동료들)에게 하나님 말씀의 치유의 능력이 말씀 공동체를 통해 전달될 수 있도록 이 책을 썼다. 그리고 나는 아픈 마음으로 이 책을 썼다.

이제 더 이상 나는 그렇게 극심한 고뇌 가운데 있지 않다. 그래서 어드만스 출판사(Eerdmans Publishing)에서 이 책을 재출판하자고 했을 때 망설이지 않을 수 없었다. 하지만 많은 사람이 고난의 시기에 이 책이 도움이 되었다고 말해 주었고 시편의 진리는 영원하기 때문에, 나는 이 이야기를 다시 책으로 내기로 했다. 초판과 비교할 때, 책의 내용은 대부분 바뀌지 않았다. 그 이유는 초판에서 볼 수 있었던, 우리 모두가 때로 느끼는 텅 빈 마음, 즉 무언가를 갈망하는 공허한 마음을 그대로 간직해 두기 위해서다. 우리 중 어떤 사람은 정말 힘들 때면 그런 공허함 속에 아주 가라앉아 버린 것처럼 보이기도 한다. 만약 당신이 지금 외로움의 고통 속에 있다면, 이 책을 읽으며 치유되기를 원한다. 만약 당신이 지금 외로운 누군가를 돌보고 있다면, 그를 위로하기 위한 새로운 도구와 은혜를 이 책 속에서 얻기를 바란다.

이 책은 이야기로 된 신학 책이기 때문에, 내 인생을 간략하게 소개하는 것이 각 장의 여러 부분을 좀 더 쉽게 이해하는 데 도움이 되리라 생각한다. 나는 투사로 태어났다. 나는 재정적 문제 및 교육과 관련된 갖가지 압력과 큰 교구의 학교를 관리해야 하는, 만만치 않은 일을 감당해야 하는 가정에서 성장했다. 우리 가정은 믿음의 선한 싸움을 하는 본이 되었다. 믿음의 싸움을 배운 것은 좋은 일이었지만, 내 삶의 상황을 내 힘과 지성으로 통제할 수 있다고 생각하자 어려운 일들이 일어났다.

열여섯 살에 내 작은 세상이 무너지고 있을 때, 어린 시절부터 키워 온 믿음이 나를 지탱해 주었다. 고등학교 2학년 말에 홍역에 걸렸는데, 별것 아닌 것처럼 보이는 그 병에서 빠져나올 수가 없었다. 나는 뛰어난 육상 선수였는데 계속 체중이 줄고 힘이 빠졌다. 그해 크리스마스가 되었을 때는 뼈만 남았다. 홍역 바이러스가 췌장을 망가뜨려서 나는 평생 당뇨 합병증과 싸워야 했다. 그러나 이 싸움 때문에 하나님께 가까이 갈 수 있었다. 계속 나빠지는 건강은 나의 믿음에 도전했고, 내 믿음의 싸움은 강력해졌다.

고등학교를 졸업하고 루터교 사범 대학에 진학해서 영어와 신학을 전공하고, 부전공으로 중등교육과 교회음악을 공부했다. 그 후 대학원에서 영어를 공부하기 위해 아이다호(Idaho) 대학교에 들어갔다. 그때 계획으로는, 영국에 가서 박사 학위를 받고 루터교 사범 대학에 돌아와 교수로 일할 생각이었다. 그러나 두 가지 큰 사건 때문에 이 계획이 흐트러졌다.

나는 대학에서 두 가지를 전공했기 때문에 아이다호 대학교의 성경 문학 파트에서 한 강좌를 맡아 학생을 가르치는 특권을 누릴 수 있었다. 그때 나는 내가 정말로 좋아하는 일이 성경을 가르치는 일임을 깨달았다. 그곳에서 나는 문학석사(M.A.) 학위를 받았고, 내 남편이 될 남자를 만났다. 결혼하고 아이다호 모스코(Moscow)에 머물면서 회중 음악과 교육 프로그램, 아이다호 대학교와 워싱턴 주립 대학교에서의 캠퍼스 교구 사역을 맡아 무척이나 즐겁게 해냈다.

남편이 새 직장을 얻어 이사하게 되었을 때, 내가 그토록 많은 행복을 누렸던 사역을 그만두고 떠난다는 것은 정말 어려운 일이었다. 그러나 나는 다시 한 번 그 옛날의 전투력을 발휘해서 그 일을 극복했다. 신학교로 돌아갔고 신약 목회학 석사(M.Div.) 과정을 밟으면서 루터 교회 직원으로 일하기 시작했다. 그 일은 정말 즐거웠다. 그러나 다시 한 번 내 인생은 무참히 무너졌다. 이번에는 건강 문제보다 더 심각한 사건이었다. 남편이 나를 버리고, 우리가 인도했던 청년 그룹의 한 멤버와 결혼한 것이다. 이번에는 지적으로 아무리 궁리해 봐도 그 해결책을 찾을 수 없었고, 그 참상을 극복해 나갈 아무런 힘도 없었다. 나는 일에 몰두함으로써 그 상처와 절망감과 싸웠다.

'사역을 위해 준비된 기독교인들'(Christians Equipped for Ministry; CEM)이라는

단체를 설립해 일하면서 나는 하나님의 은혜로 회복되었다. 이사회 일곱 명의 도움을 받아 18년 동안 이 법인을 위한 프리랜서 신학자로 일할 수 있었다. 책도 쓰고, 젊은이들과 여성들 모임을 인도했고, (구약 석사 학위[Th.M.] 와 기독교 윤리학 및 성경학 박사[Ph.D.] 학위를 받은 후) 지금은 신학대학원과 목회자 모임에서 강의하고 있다.

CEM의 초기에, 그리고 남편이 나를 떠난 후 거의 1년 동안, 하나님은 기적적으로 내게 재정적 도움을 주셔서 오래된 3층짜리 집을 구입하게 하셨다. 3층은 나와 함께 사는 줄리(Julie)의 미술 작업실이고, 1층에는 내 서재 및 CEM 사무실이 있다. 침실 다섯 개는 위기에 처한 여성을 돕기 위해 사용하고 있다. CEM은 '에베소 공동체' 사역을 위해 관리자를 고용했고, 우리는 몇 개월 동안 손님들과 함께 생활하며 많은 교훈을 배웠다. 관리자가 학교로 돌아간 후 나는 가르치고 책도 쓰면서 그 사역까지 혼자 감당해 보려 노력했지만 별로 성공적이지 못했다. 나는 내 은사의 한계를 깨달았다.

줄리와 나는 우리 집을 사용할 다른 방법을 찾았고, 결국 카슨(Carson) 가족 네 명과 함께 기독교 공동체를 만들었다. 몇 년을 함께 지낸 후 내가 이 책의 첫 번째 편집을 마쳤을 때 우리는 다시 뿔뿔이 흩어졌다. 나는 박사 학위 때문에 노터데임(Notre Dame) 대학으로 떠났고, 줄리도 다른 곳으로 이사했다.

당뇨병을 다스리기 위해 지난 20년 동안 나는 1주일에 약 5km씩 수영을 하고 있다. 수영을 하면서 힘과 인내를 길렀고, 기도와 묵상을 위한 귀중한 시간도 가질 수 있었다. 그래서 이 책을 처음 쓸 무렵에는 그 훈련 덕분에 육체적, 감정적, 영적 건강을 상당히 회복할 수 있었다.

그러나 내 삶은 건강을 위한 계속적인 투쟁이라고 할 수 있다. 지난

15년 동안 팔과 다리에 수많은 가벼운 수술을 했고, 눈은 레이저 치료를 수백 번 받았다. 여덟 번의 대수술을 받았는데, 그중에는 장 중첩증으로 인한 장 절제와 자궁 적출, 여러 조각으로 부서진 발 뼈를 맞추는 수술, 암 수술 두 번이 포함된다. 망막 출혈이 있은 후 눈 수술을 세 번 받았다 (두 번은 실패했고, 한쪽 눈은 사실상 보이지 않는다). 나는 화상과 부상, 발과 다리가 부러진 것 때문에 수많은 시간 동안 목발을 사용하고 휠체어 위에서 보내야 했다. 지금도 다리에는 보호 기구를 착용하고 있다. 상하지 않은 눈도 시야가 제한되어 있어 일상생활에서 늘 힘겨운 전투를 벌여야 한다.

내 신장은 25%밖에 기능하지 못한다. 장의 신경들이 죽었기 때문에 늘 네 종류의 약을 섞어서 복용해야만 장이 겨우 기능한다. 다리는 불구이고, 뼈는 퇴행하고, 무릎 아래로는 신경이 죽었기 때문에 걷는 것이 무척이나 힘들다. 암 수술을 받을 때 신경이 손상되었고, 또 관절염이 있기 때문에 늘 고통스럽다. 신장 약물 치료로 인한 만성 기침은 천식으로 발전했고, 무시무시하게 고통스러운 흉곽 연골 염증으로도 이어졌는데, 그에 대해서는 약도 쓰지 못한다. 그 약이 신장에 너무 해롭기 때문이다. 매일 여러 번의 인슐린 주사와 운동을 균형 있게 조절해야 하고, 신장을 보호하기 위해 식이 요법을 해야 한다. 이 모든 일 때문에 긴장해서 며칠 동안은 완전히 지쳐 버리기도 한다.

지금은 그 압박감을 견디기가 훨씬 쉬워졌다. 내가 전남편에게 버림받은 지 약 10년이 지난 후, 하나님이 내게 놀라운 선물 곧 사랑스럽고 헌신된 남편 마이런(Myron)을 주셨기 때문이다. 마이런은 내가 계속되는 건강상의 위기를 잘 극복할 수 있도록 열심히, 부지런히, 다정하게 도와준다. 그러나 이 책을 처음 쓸 무렵 나는 정말 처절하게 외로웠다. 그때 그 고통에 대한 나의 대처 방식은 싸우는 것이었다. 나는 연구하고 글을 쓰고 다음 강의를 준비하고, 더 열심히 더 오래 수영을 했다.

내가 문제를 처리한 방식이 큰 효과가 있었다고 주장하는 것은 아니다. 사실 거기에는 심각한 결점들이 있었다. 이제 이 책에서 다룰 이야기가 그 부분들을 설명해 줄 것이다. 지금 나는 이 책에 설명한 대로 성경의 하나님을 보다 깊이 신뢰하는 법과 삶의 문제를 보다 잘 다루는 법을 계속 배워 나가고 있다. 그 방법이란 주님을 신뢰하고 그분 안에서 안식하는 것이다.

외로울 때 내가 대처하는 패턴은 항상 일정했다. 몸을 엄격히 훈련함으로써 육체적 장애와 싸웠고, 내 능력이 미치는 한 최선을 다해 나 자신을 몰아 붙였으며, 지독한 일벌레가 됨으로써 버림받고 이혼한 상처와 싸우려 했고, 다른 사람을 섬김으로써 완전해지고자 했다. 모든 싸움을 혼자서 감당해야만 할 때, 두 배로 공격해 오는 외로움에 우리는 어떻게 맞서야 할까? 나는 사랑받고 싶다는 욕망과 싸웠고, 버스 정류장이나 공항에 있을 때 또는 오랫동안 혼자서 일해야 할 때면 그 외로움이 몹시 두려웠다.

그 싸움에서 내가 주로 사용한 무기는, 지금도 마찬가지이지만 성경이다. 특별히 시편에서 하나님은 인간의 고통에 관심을 갖고 그 속에서 우리를 붙들어 주시는 분으로 자신을 계시하신다. 나는 하나님을 더 잘 신뢰하는 법을 배우고 싶었다. 그래서 나 혼자 싸우려고 애쓰는 대신에 나를 위해 싸우시는 그분 안에서 안식하고, 외로움에서 자유로워지기 위해 하나님이 주시는 선물을 받아 누리고 싶었다.

당시 내 삶에 치유가 임하도록 애써 준 친구들에게 감사한다. 특별히 이 책의 이야기에 등장하는 것을 허락해 준 친구들에게 감사를 표한다. 이 책의 원래 편집자인 하퍼 앤 로우 샌프란시스코(Harper and Row San

Francisco)의 로이 칼라일(Roy M. Carlisle)에게도 감사한다. 그는 이 책을 위해 일하는 동안 여러 세부 사항에 대해 인내심을 갖고 자상하게 나를 도와주었다. 이 책의 재출판을 격려해 준 샘 어드만스(Sam Eerdmans)에게도 감사를 전하고 싶다.

나는 어드만스 출판사의 현 편집자인 제니퍼 호프먼(Jennifer Hoffman)에게 말로 다할 수 없이 큰 감사를 전하고 싶다. 그녀는 지난 몇 년 동안 이 책에 훌륭한 재능을 쏟아부었다. 최근에 아들의 죽음이라는 비극적 상황에서 그녀가 보여 준 품위는 하나님의 품어 주심이 어떤 것인지를 보여 준다. 무엇보다도 나 자신도 믿지 못했던 나를 믿어 준 CEM 위원회 임원들에게 감사를 전한다.

01

주님, 저는 외롭습니다.
언제까지입니까?

오! 주님, 얼마나 오래도록입니까? 당신[1]은 나를 영원히 잊으시겠습니까?
　　얼마나 오래도록 나에게서 당신의 얼굴을 숨기시겠습니까?
얼마나 오래도록 나는 내 생각들과 씨름하고
　　내 마음속에 매일 슬픔을 지니고 살아야 합니까?
　　얼마나 오래도록 내 원수는 나를 누르고 승리할 것입니까?

나를 보시고 대답해 주십시오. 오! 주님, 나의 하나님.
　　내 눈에 빛을 주십시오. 그렇지 않으면 나는 죽음 속에서 잠자게 될 것입니다.
나의 원수는 "내가 그를 이겼다."라고 말할 것입니다.
　　그리고 나의 적들은 내가 넘어질 때에 기뻐할 것입니다.

그러나 나는 당신의 변함없는 사랑을 신뢰합니다.
　　나의 마음은 당신의 구원을 기뻐합니다.
나는 주님께 노래할 것입니다.
　　주님은 내게 선하셨기 때문입니다.
　　　　　　　[시편 13편][2]

"오! 주님,[3] 언제까지입니까? 나는 언제까지 이 타자기를 응시하면서 내 삶의 실패를 잊으려는 노력에 갇혀 있어야 하나요?"

수많은 사람이 외로움으로 몸부림치고 있다. 그들은 거절, 위기, 두려움, 상실로 인한 끔찍한 시기를 통과하고 (또는 이제 막 그 속으로 들어가고) 있다. 때로 우리는 특정한 이유 때문에 외롭다. 최근에 배우자와 사별했거나 헤어졌다. 자녀가 집을 떠났거나 비극적인 사고로 죽었다. 심각한 질병과 싸우고 있거나, 화학 요법으로 고통당하고 있다. 이사를 왔는데 주위에 아는 사람이 아무도 없다. 직장 동료들과 다른 가치관을 갖고 있다. 금요일 밤인데 결혼하지 않은 친구들은 나만 빼고 모두 데이트를 하고 있다. 때로 우리의 외로움은 일반적이고 온몸으로 퍼져 드는 소외감이다. 우리는 직장, 공동체, 가정, 심지어 교회에서도 소속감을 느끼지 못한다. 삶에서 가장 중요한 차원의 문제를 함께 나눌 사람이 없다.

우리에게는 우리 기분을 달래 주려고 그저 피상적으로 툭 던져 주는 진부한 조언이 아니라 정말로 좋은 메시지가 필요하다. 나는 여러 가지 자료를 준비하고 히브리 성경 구절을 번역하고 시편도 묵상하고 시편에 나타난 위로의 말씀을 다 모아 놓았지만, 내 글은 지금 "얼마나 오래도록입니까?"라는, 성경이 답해 주어야 하는 불평에 막혀 멈춰 서 있다.

그런 상황에서 우리는 삶의 환경이 좋아지면 다시 앞으로 나아갈 수 있을 것이라고 생각한다. 하지만 상황이 좋아지지 않으면 무능력하게 주저앉아서 "얼마나 오래도록입니까, 주님?"이라고 물을 수밖에 없다.

특히 외로울 때면 우리는 시편 기자와 한 목소리가 되어 하나님께 우리를 영원히 잊으실 거냐고 묻는다. 히브리어 원문은 하나님이 우리를 '영원한 기간' 동안 무시하실 것인지 의아해한다. 하나님은 그분의 계획에서 우리를 제외하신 것처럼 보인다. 아무것도 변화되지 않는다. 우리는 버림받았다.

시편 13편[4)] 기자인 다윗은 용감하고 정직했다. 우리는 다윗도 우리 자신과 마찬가지로 "얼마나 오래도록입니까?"라는 심각한 질문으로 몸부림쳤다는 사실을 알고 위로를 얻는다. 게다가 그의 정직함은 우리로 하여금 우리 감정의 실제 모습을 들여다보게 한다. 하나님이 우리를 버리셨다고 느낄 때, 우리는 그 공허함을 하나님께 정직히 고백하면 뭔가 더 큰 죄를 짓는 것 같아 두려움을 느낀다. 하지만 하나님은 이미 우리가 어떻게 느끼고 있는지를 아신다. 그러므로 그 문제에 정직하지 않아서 우리 문제를 더 복잡하게 만드는 것은 오히려 더 좋지 않다.

"얼마나 오래도록?"으로 시작되는 두 번째 질문은 우리가 하나님께 버림받았다고 느끼는 이유를 더 자세히 설명해 준다. 시인은 주님이 얼마나 오래도록 그에게서 주님의 얼굴을 가리실 것인가를 묻는다. 구약의 이 표현은 은혜 베풀기를 보류하거나, (더 고통스럽게는) 은혜를 도로 거두어들이는 것을 의미하는 듯하다.

우리가 심한 외로움으로 고통당할 때, 하나님은 그분의 사랑을 거두어 가신 것처럼 보인다. 하나님은 우리가 회복되기를 원하지 않으시는 것 같다. 그렇지 않다면, 하나님이 누구라도 또는 무엇이라도 우리에게 보내 주셔서 우리의 고통을 덜어 주시고 잘못된 일을 바로잡아 주셔야 한다고 우리는 생각한다.

이혼하고 가슴이 찢어질 것 같았을 때에도 나는 전남편이 자기 잘못을 깨닫고 다시 돌아와 주기를 원했다. 그러다가 결국 그의 결혼식 날이 되어서야 그 소망을 버렸다. 그리고 나서 나는 그 고통을 제거해 줄 무엇인가를 원했고, 직관적으로 나의 외로움이 영원히 해결될 만큼 과연 하나님이 진정으로 나를 사랑하시는지 의심이 들기 시작했다. 만약 하나님이 정말로 나를 사랑하신다면 왜 나의 슬픔과 고난을 멈추게 하실 수 없는 것일까?

이유가 무엇이든 우리는 모두 이런 느낌을 가진 적이 있을 것이다. 왜 하나님은 그분의 사랑을 거두어 가신 것일까? 어떤 이유로 나에게 벌을 내리시는 것일까? 이런 징벌, 기도할 때 느끼는 공허함, 우리의 '필요'가 거부당하는 일이 도대체 언제까지 계속되어야 하는가?

시편 기자는 이런 생각들과 얼마나 오래도록 씨름해야 하느냐고 묻는다. 다음 행에 있는 '매일'이라는 단어는 히브리어 원문에서는 문장의 제일 마지막 부분, 즉 강조의 위치에 등장한다. 그것은 '하루 종일'이라고 번역될 수도 있다. 어떤 주석가들은 자기 생각과의 싸움을 시문 형식에 맞게 완성시키기 위해서는 이 행에 '밤새도록'이라는 표현이 전제되어 있는 것으로 보아야 한다고 말한다.

우리 자신의 경험도 원문의 그런 가능성을 뒷받침해 준다. 나는 당신이 고통을 끝내기 위한 계획을 궁리하느라 밤새도록 깨어 있었던 적이 있으리라고 확신한다. 견딜 수 없이 외로울 때 나는 낮에는 일에 몰두함으로써 그 외로움을 내 자신에게도 숨길 수 있었고, 나를 돌봐주는 친구들과 함께 울면서 위로를 받을 수 있었다. 하지만 잠자리에 든 다음에는 공허함 때문에 견딜 수가 없었다. 수많은 밤, 나는 나를 삼켜 버리는 고통을 피하기 위해 계속 나의 내부로 파고들었다. 내 삶을 조작해서 고통을 없애거나 그 고통에 무감각해지려고 노력했다.

그러나 시인이 계속 말하다시피 우리는 그런 밤의 계획들이 대부분 효과가 없다는 것을 깨닫는다. 누구라고 분명히 나와 있지는 않지만 다윗의 원수들은 그의 계획을 좌절시켰던 자들이다. 그런 근심은 다윗의 생명을 취하려 했던 원수들 때문에 생긴 것이다(3, 4절). 이 시편은 다윗의 것이라고 되어 있기 때문에 우리는 사울이나 블레셋 사람들, 그의 아들 압살롬을 다윗의 대적으로 생각해 볼 수 있다.

그러나 오늘날 우리의 원수들은 대개 우리에게 육체적으로 해를 끼치려 하는 사람들이 아니다. 그렇다면 오늘날 어떤 원수들이 우리를 눌러 이기려고 하는가? 당신에게는 누가, 또는 무엇이 원수인가? 시기심 때문에 뒤에서 당신을 헐뜯는 직장 동료들, 당신을 흉보는 인정머리 없는 이웃, 당신에 대한 거짓 소문을 퍼뜨리는 질투심 많은 거짓말쟁이들, 당신의 문제를 과장하는 악의에 찬 험담꾼들, 당신이 원하지 않았던 이혼에 대해 당신을 비방하는 잔소리꾼들. 재정적인 문제, 다른 무엇으로도 대체할 방법이 없는 상실감, 소속감과 안정감을 느낄 수 있는 가정이 없는 것이 당신의 대적일 수 있다. 또는 미래에 대한 여러 두려움이나 과거에 거부당했던 기억들로 인한 고통일 수도 있다.

우리의 원수들은, 그것이 사람이건 상황이건 어떤 태도들이건 우리를 꼼짝 못하게 만든다. 우리는 거절당할 것을 두려워해서 새로운 사람을 만나고 싶어 하지 않는다. 너무 많은 슬픈 기억들이 떠오를까 봐 (또는 다시는 경험할 수 없는 행복한 기억들이기 때문에) 과거에 늘 했던 일을 더 이상 하지 못한다. 데이트 신청을 해 주는 사람이 없으면, 자신이 못생겼기 때문이라고 생각하기도 한다. 홀로 보내야 할 그 많은 시간을 채우기 위해 해야 할 일을 찾을 수 없어 너무 염려가 될 때 우리는 아무 일도 하지 못한다. 이혼으로 마음이 갈기갈기 찢어져 있어, 최근에 고용한 사무실 직원을 어떻게 대해야 할지 알지 못한다. 자신의 감정을 솔직히 표현했다가 심한 고통을 당한 적이 있기에, 이제는 그렇게 할 수가 없다. 주님, 언제까지 이런 대적들 앞에서 무기력하게 있어야만 합니까?

"그러나 나는 당신의 변함없는 사랑을 신뢰합니다." "얼마나 오래도록?"이라는 절망적인 질문을 모두 던진 후 시편 기자는 갑자기 소망과 승리의 말을 써 내려간다. 그런 변화가 정말로 가능할까? 도대체 무엇을 근거로 "얼마나 오래도록?"이라는 질문과 그 고뇌로부터 빠져나올 수 있다는 말인가?

그 열쇠는, 내가 가장 좋아하는 히브리어 단어인 '헤세드'(chesedh)라는 명사에 놓여 있다. 이 단어는 시편 13편 NIV역에서는 "변함없는 사랑"(unfailing love)으로 번역된다. 이는 주님의 확고한 언약적 사랑과 우리 곧 그분의 백성을 향한 주님의 무한한 자비와 긍휼의 은혜를 표현한다.

이 단어는 시편의 첫 번째와 두 번째 질문에 대답한다. '헤세드'의 변함없는 확고함은 우리에게, 하나님은 단 한순간도 우리를 잊으신 적이 없고 앞으로도 절대 잊지 않으실 것이라고 분명히 말한다. '헤세드'는 "얼마나 오래도록?"이라는 세 번째 질문에도 답한다. '헤세드'의 본질은 하나님이 결코 우리를 돌보시는 일을 그만두지 않으신다는 것이다. 우리가 구하는 것을 하나님이 허락해 주시지 않을 때, 또는 끝없이 계속되는 슬픔을 없애 주지 않으실 때, 하나님은 더 이상 우리를 돌보시지 않는 것처럼 보인다. 그러나 하나님의 영원한 지혜와 사랑은 항상 우리와 함께 있고, 우리를 위한다.

물론 우리가 우리의 생각과 너무 오랫동안 씨름하고 있다고 생각될 수 있다. 우리의 생각에 의지하는 한, 우리의 근심은 계속될 것이다. 결국 무기력한 상태가 되어 우리 힘으로 우리의 외로움과 슬픔을 해결할 수 없음을 깨달을 때에야 비로소 우리는 '헤세드'에 굴복하고 하나님이 그분의 사랑이라는 선물을 우리에게 주시게 할 것이다. 결국 하나님이 '우리를 위한 하나님'이 되시도록 하고 우리가 그분의 계획에 기꺼이 참여할 때, 우리는 그 계획으로 인한 '기쁨'(Joy)을 발견할 수 있다.

나는 인간적인 행복과 구별하기 위해 수년 동안 이 '기쁨'(Joy)이라는 단어의 첫 글자를 대문자로 쓰고 있다. 우리의 환경 때문에 행복이 불가능하다고 여겨질 때가 있다. 그러나 하나님의 '헤세드'를 통해 하나님이 아무리 비참한 환경이라도 변화시키실 수 있다는 것을 알게 될 때, 우리는 항상 심오한 기쁨(Joy)을 경험할 수 있다. (이에 대해서는 이 책의 12장에서 더 자세히 살필 것이다.)

이것을 피상적으로만 받아들여서 "네, 그래요. 하나님은 당신을 사랑하십니다. 그러니 당신은 '기뻐해야만' 해요."라고 말하지 않도록 조심해야 한다. 다른 이들이 복음을 이런 식으로 우리에게 무책임하게 툭 던질 때 우리는 위로를 받기는커녕 오히려 죄책감만 갖는다. 그리스도인은 항상 기분이 좋아야 한다는 의무감을 받아들여야 한다고 우리는 (잘못) 믿고 있기 때문이다.

문제의 핵심은, 우리가 '헤세드'를 믿음의 사실로 알기 전까지는, 우리 감정의 실제 속에서 '헤세드'의 진리를 경험할 수 없다는 것이다.[5] 우리는 아직도 얼마나 오래 기다려야 할지 궁금해한다. 하지만 우리 마음 저 깊숙한 곳에는 결국 '헤세드'가 모든 것을 다스리고 있다는 확신이 있다. 하나님은 언제나 그분의 백성을 그렇게 다루셨기 때문이다. 약속을 하셨던 '스스로 계신'(I AM) 하나님은 그 약속에 '항상' 신실하셨다. 하나님이 유독 우리에게만 그분의 '헤세드'를 베풀지 않는 일은 없을 것이다. 우리가 그 사실을 감정적으로 느끼기 전에라도 우리는 그 사실을 믿을 수 있다.

시편 기자는 우리가 때로 과거를 되돌아보는 것이 도움이 된다고 말한다. 마지막 절은 이렇게 말한다. "나는 주님께 노래할 것입니다. 주님은 내게 선하셨기 때문입니다." 우리는 언젠가 때가 되면 그 상황에서 하나님이 얼마나 선하셨는지를 깨닫고 그분께 노래하게 될 뿐 아니라, 바로 지금 이 순간에도 노래할 수 있는데 그 이유는 하나님이 과거에 우리에게 선하셨기 때문이다.

외로움이 너무 심해서 더 이상 계속할 수 없다고 느꼈던 순간을 기억하는가? 그런데 그때, 가장 적절한 때에 하나님은 특별한 개인적인 방법으로 그분의 사랑을 보여 주셨다. 그것은 특별한 사람의 전화나 포옹일 수도 있고, 당신이 '헤세드'를 의식하도록 만든 좋은 책이나 카드일 수도 있으며, 하나님의 은혜를 일깨워 준 찬송가 가사나 성경 구절일 수도 있다. 우리는 "얼마나 오래도록입니까?"라고 묻고 싶은 유혹을 받을 때, 위와 같은 순간을 기억해 내도록 우리 마음을 훈련할 수 있고, 그러면 "얼마나 오래도록?"이라는 의문이 하나님의 놀라우신 '헤세드' 앞에서 산산이 부서졌던 소중한 예들을 기억하면서 우리는 더욱 강해진다.

이것이 바로 시편 기자가 "나의 마음은 당신의 구원을 기뻐합니다."라고 말할 수 있는 이유다. 영어와는 달리 히브리어에는 동사의 과거, 현재, 미래 시제가 없다. 히브리어 동사는 단순히 완료된 동작과 미완료 상태의 동작을 나타낼 뿐이다. 여기서 기뻐한다는 동사는 미완료, 또는 미완성의 형태를 띠고 있다. 따라서 이 부분을 "나의 마음은 당신의 구원을 기뻐할 것입니다."라고 번역할 수도 있고, 또는 위의 NIV처럼 "나의 마음은 당신의 구원을 기뻐합니다."라고 번역할 수도 있다(후자의 경우에는 동작이 계속 진행되고 있다). 만약 우리가 아직 하나님의 구원의 기쁨을 경험하지 못하고 있다면, 우리는 그 기쁨을 경험하게 될 때를 확신을 가지고 기다릴 수 있다. 하나님의 '헤세드'가 우리를 저버리지 않을 것이라는 확신, 언젠가 하나님이 개입하셔서 구원을 베풀어 주실 것이라는 확신 때문에 우리는 지금도 기뻐할 수 있다.

정말 기분 좋은 아이러니는 대개 태도의 변화 그 자체가 구원이라는 사실이다. "얼마나 오래도록입니까?"라고 묻기를 멈추자마자 우리는 그 질문의 사슬에서 해방된다. 그 대신에 우리는 하나님이 얼마나 우리에게 선하셨는지, 또는 "하나님이 우리에게 얼마나 풍성하게 주셨는지"(NASV),

그 기억 속에서 기뻐할 수 있다.

　내가 이 책을 쓰기 시작하던 날 밤, 책상 앞에서의 상황이 바로 그랬다. 나는 내 외로움이라는 문제가 해결될 때까지 멍하니 타자기를 바라보며 앉아 있을 필요가 없었다. 시편 13편은 "얼마나 오래도록입니까?"라는 고뇌와 그로 인한 무력감으로부터 내 손과 마음을 자유롭게 해 주었다. 나는 더 이상 외롭지 않았다. 주 우리 하나님의 '헤세드'는 우리가 충분히 신뢰할 만큼 크다는 사실을 깊이 깨달았고, 그 사실을 함께 나눌 이 책의 독자를 생각하며 나는 기쁨을 느꼈다.

묵상을 위한 질문

〈묵상을 위한 질문〉은, 각 장을 집중적으로 연구하면서 알게 된 신학적 진리들과, 제자로서 일상생활에서 구체적으로 행해야 할 일을 연결해 줄 것이다. 이 책에서 얻은 아이디어로 당신 자신이 변화되기를 원한다면, 그리고 그룹 성경 공부를 위해 이 책을 사용해서 토론을 준비하고자 한다면, 이 질문들이 도움이 되기를 바란다. 그리고 하나님이 시편을 통해 당신에게 가르치신 것을, 당신이 하나님께 반응하는 방식 및 주위 사람들에게 복음 전하는 방법과 연결하는 데도 도움이 되기를 바란다.

1. 어떤 경험을 할 때 하나님이 나를 버리셨다고 생각되는가?

2. 하나님이 내게 주셨어야 하는데 주시지 않았다고 생각하는 선물은 무엇인가?

3. 언제, 어떻게, 왜, 나는 내 자신의 생각이나 계획과 부질없이 씨름하는가?

4. 내 계획을 좌절시키는 원수들은 누구(또는 무엇)인가?

5. 그 원수들을 이길 수 있도록 하나님이 내게 능력 주시는 것을 어떤 방식으로 경험했는가?

6. 내 삶에서 하나님의 '헤세드'가 역사했던 몇 가지 예를 들어 보라.

7. 나는 여전히 하나님의 구원으로 인해 기뻐하는가? 그 이유는 무엇인가? 그렇지 않다면, 그 이유는 무엇인가?

02

내 시간은
주님 손안에 있습니다

오! 주님, 그러나 나는 당신을 신뢰합니다.
　나는 "당신은 나의 하나님이십니다."라고 말합니다.
나의 시간들은 당신의 손안에 있습니다.

[시편 31:14-15a]

당신에게 두 그룹의 친구들이 있다고 가정해 보자. 한 그룹의 친구들은 그리 신뢰할 만하지 못하다. 당신이 그들을 의지하려고 할 때 그들은 당신을 저버린다. 만약 그들에게 당신의 가장 깊은 비밀을 이야기한다면, 그들은 당신을 비웃거나 다른 모든 사람들에게 그 비밀을 말해 버릴 것이다.

반면에 다른 그룹의 친구들은 굳건한 반석과 같다. 당신은 그들을 신뢰할 수 있고 무슨 문제에서든 그들이 당신에게 신실할 것이라는 점을 알고 있다. 당신은 어떤 환경에서도 그들을 의지할 수 있다. 그들은 당신 편에 설 것이고, 만약 그럴 수 없다면 그 이유를 정직하게 말해 줄 것이다.

위기를 만났을 때 당신은 어떤 친구를 의지하겠는가? 당신은 어떤 이를 신뢰하겠는가?

당연히 믿을 수 있는 친구, 당신의 신뢰를 받을 만한 친구에게로 갈 것이다. 당신이 누구를 신뢰하느냐 하는 것은 당신이 얼마나 신뢰를 잘하는 사람이냐 하는 것과는 상관없다. 그보다는 당신이 의지하려는 사람이 신실하고 분명히 당신을 지지해 줄 것이라는 아는 지식에 근거한다.

이것이 바로 우리의 '시간들'에 대한 이 글의 논의에 필요한 기초이다. 사실 이것은 이 책 전체의 기초이기도 하다. 시편 기자 다윗은 자신이 신뢰하는 분은 주님 즉 '여호와'(YHWH)라고 선포한다. 그러므로 우리는 무엇보다도 먼저 여호와가 누구이신지를 생각해 보아야 한다.

대부분의 구약 번역에서 'LORD', 'Lord', 'lord'의 차이는 그 번역 배후에 놓인 히브리어 단어가 어떤 것인지를 우리에게 알려 준다. 만약 히브리어 단어가 YHWH라면 'LORD'라고 모든 철자를 대문자로 쓰는데, 이는 언약을 맺으신 "스스로 계신"(I AM) 하나님의 이름이라는 것을 알리기 위해서다.[6) 만약 그 배후에 있는 히브리어 단어가 '주인, 통치자'를 뜻하는 '아도나이'(adonai)라면, 그 단어가 하나님을 지칭할 때는 첫 글자가 대문자이고(Lord), 사람이나 주인을 뜻할 때는 전부 소문자다(lord). 프랑스어 성경의 관습이 내게는 더 현명해 보인다. 그들은 YHWH를 "하나님"(L'Eternel)으로, '아도나이'(adonai)는 "주님"(Le Seigneur)으로 번역하기 때문이다.

구약 전체를 통해 하나님은 그분의 이름이 가진 새로운 차원의 의미를 이스라엘에게 계속적으로 계시하신다. 그러다가 예수님이 오시자 신약은, 예수님이 "나는 있다"(I AM)와 동일한 모든 속성이 자신에게 있음을 선포하셨다고, 그리고 여호와(YHWH)의 성품이 어떤 것인지를 모든 사람이 볼 수 있도록 인간의 모습으로 드러내셨다고 기록한다. 예수님은 하나님의 부드러운 사랑, 무한하신 돌봄, 불가항력적 인내와 은혜를 우리에게 보여 주신다.

하나님의 완전한 계시에 근거해서, 이 책에서 외로움에 대한 하나님의 위로를 연구하는 내내, 하나님이 *YHWH*라는 이름으로 불렸다는 사실을 계속 반복해서 상고해 볼 수 있다. 하나님은 언약의 하나님으로서, 어떤 약속도 어긴 적이 없는 분이다. 하나님은 신실하시고 사랑이 많고 거룩하시고 공의로우시고 불변하시고 긍휼이 풍성하신 창조주이시며, 그분의 엄위와 권세는 우리가 결코 다 이해할 수 없을 정도로 광대하다. 그러나 우리가 그분을 알기 위해 더 연구하면 연구할수록 우리는 그분을 더욱 신뢰할 수 있을 것이다.

하나님이 완전하게 지혜로우시다는 것을 배웠다면, 우리는 우리 인생에서 그분의 목적과 관련해 하나님을 신뢰할 수 있다. 만약 우리가 하나님이 끊임없이 사랑을 베푸시는 분임을 안다면, 어떤 일이 그분의 사랑의 결과물처럼 보이지 않을 때에도 그분을 신뢰할 수 있다.

이것이 바로 시편 31편에서 다윗의 원수들이 분명히 승리했음에도 불구하고 다윗이 강한 히브리어 대명사와 반의(反意) 접속사를 사용해서 "오! 주님, '그러나 나는' 당신을 신뢰합니다."라고 말할 수 있었던 이유이다. 일반적으로 다른 사람들과는 너무나 다른 반응이다. 사람들은 원수가 누구인지 알기에 두려워한다. 그러나 시인은 하나님을 신뢰할 수 있다. 그분은 "스스로 계신" 분이기 때문이다.

'신뢰하다'라는 히브리어 동사는 '안전'이라는 명사와 연관된다. 우리는 주님을 신뢰한다. 그분만이 우리에게 진정한 피난처를 제공해 주시기 때문이다. 온갖 원수들이 우리의 삶을 슬픔과 공포로 채우고 있을 때, 가장 좋은 소망은 주님께서 신실하시고 믿을 만한 분이라는 사실을 기억하는 것이다.

기업이 인원을 감축하고 전 세계에 걸쳐서 빈부 격차가 심화되고 있는 이 시대에, 더 이상 회사나 돈을 신뢰할 수는 없다. 개인적 문제로 인한 혼란은 우리를 극히 외롭고 불안정하게 만든다. 의심하고 찾아 헤매는 와중에도 우리는 주님의 성품을 다시 묵상하기 위해 끊임없이 성경으로 돌아가야 한다. 거듭해서 성경은 우리가 주님의 성품을 신뢰할 수 있다고 말한다. 주님이 아버지(시 103:13), 어머니(사 49:13-15), 목자(요 10:1-3, 11-16)의 긍휼함으로 우리를 사랑하신다는 것을 알 때, 우리는 그토록 갈망하던 안전감을 누릴 수 있다.

그렇기 때문에 시편 기자는 계속해서 "나는 '당신은 나의 하나님이십니다.'라고 말합니다."라고 고백한다. '말하다'라는 히브리어 동사는 두 가지 방법 중 하나로 이해할 수 있다. 구절을 시작하는 반의(反意) 접속사와 연결되었다면 미완료형 동사로서, 시인이 반복해서 "당신은 나의 하나님이십니다."라고 말하고 있다는 뜻이다. 완료형 동사일 수도 있는데(완료된 행동), 그럴 경우에는 그가 이것을 강조해서 선포했다는 것이고 따라서 그것이 그의 인생의 기초가 된다는 의미다.

우리는 고심하는 중에, 특히 외롭거나 누군가의 죽음을 슬퍼하고 있을 때, 하나님이 주님이시라는 사실을 계속해서 확인할 필요가 있다. 그렇지 않으면 방어 수단, 결혼, 우정, 재산, 그 밖에 외로움이나 슬픔을 덜기 위해 필요하다고 생각되는 것이라면 그 무엇이든, 그것을 우리의 우상으로 만들려는 유혹에 빠질 수 있다.

이 글을 처음 쓸 때[7] 내 앞에는 고통스러운 일들이 하루 종일 가득 쌓여 있었다. 이 큰 집을 어떻게 사용할까 하는 복안 중 하나가 실패로 끝났고, 어려운 재정을 어떻게 감당해야 할지 알 수가 없었다. 내가 상담했던 누군가는 내 말을 오해해서, 내가 말하고자 했던 바를 분명히 설명할 기회도 주지 않은 채 내게 화를 퍼부었다. 그때 우편물을 받았는데 그 속에는 마감 날짜가 정해진 엄청난 양의 원고 청탁이 들어 있었고, 나는 과중

한 스케줄을 어떻게 관리해야 할지 알 수 없었다. 결국 그날 밤 열 시쯤 나는 지쳐 쓰러졌고, 도움을 구하기 위해 친구에게 전화를 걸었다. 그러나 그 친구도 집에 없었다.

"하나님, 왜 이런 일들이 내게 일어나게 하시나요?" 이것이 나의 첫 번째 반응이었다. 나는 도움이 간절히 필요했다. 그런데 왜 하필 지금 아무런 응답이 없는 것일까?

그렇게 실망스러울 때, 우리는 반복해서 말해야 한다. "주님, 당신은 나의 하나님이십니다. 제가 간절히 바라는 것을 이루기 위해 의지할 사람이 없습니다. 주님만이 제가 슬픔을 털어 놓을 수 있는 분이고, 주님은 제 말을 들으실 것입니다."

그럴 때 우리는 친구들이 하나님 사랑의 통로인 것을 확인하게 된다. 그날 밤 늦게 친구가 전화해 주어서 내가 낙심하고 있던 부분을 나와 함께 정리해 주었다. 하지만 하나님은 그분만이 하나님이시라는 사실을 먼저 기억하게 하셨고, 그래서 친구에게 전화가 왔을 때 나는 그것을 나에 대한 주님의 돌보심의 또 다른 표현으로 이해할 수 있었다.

영어로 "나의 하나님-당신이시여!"(My God – you!)라고 문자적으로 번역한 것보다, 히브리어는 시편 기자가 선언할 때의 그 단호함을 더 잘 강조한다. 히브리어에서 대명사는 대개 다른 단어 끝에 접미어로 첨가된다. 그렇기 때문에 인칭 대명사가 따로 한 단어로 쓰였다는 것은 항상 특별한 강조를 뜻한다. 또 이 어구에는 동사가 없는데 이것도 분위기를 보다 극적으로 만들어 준다: "나의 하나님-당신!"(My God – YOU). 모든 신들의 신이시요 주들의 주이신 그분을 우리가 이인칭 단수로 부를 수 있다는 것, 또 그분과 이렇게 친밀한 관계를 가질 수 있다는 것은 기적이 아니겠는가?

우리는 그 동사를 결정적인(decisive) "내가 말했다"로 읽을 수 있고, 그릴 경우 그것은 시편 기자의 삶과 신앙에서의 전환점을 나타낸다. 즉, 그때 그는 오직 하나님만이 하나님이심을 깨달은 것이다. 때로 우리는 완전히 무력한 상태로 낮아져서 그동안 의지했던 모든 인간적인 것을 포기하고 "나의 하나님-당신(YOU)이시여!"라고 말할 수밖에 없는 극적인 순간을 맞이한다. 모든 것을 주님의 손에 맡긴 후에야, 우리는 주님의 사랑이 역사하는 것을 볼 수 있고 우리 삶 속에서 주님의 위로를 경험할 수 있을 것이다.

당신에게도 그런 중요한 전환점이 있었는가? 내가 십대였을 때 내 삶의 초점과 과정을 송두리째 바꾸어 놓은 결정적인 일이 있었다. 1월 폭풍우가 치던 어느 날 밤, 혼수상태와 죽음의 문턱에서 하나님과 씨름하고 있을 때, 내가 어릴 때부터 알고 있었던 하나님이 내게 강력하게 실재가 되셨다. 하나님과의 씨름은 겨울날의 구름처럼 거칠었지만, 결국 나는 병원 침대에서 "나의 하나님-당신(YOU)이시여!"라고 외칠 수 있었다.

하지만 우리는 때때로, 특히 외로움과 거절당함으로 고통스럽고 절망스러울 때, 하나님이 우리와 관계를 맺고 계심을 잊어버린다. 그런 순간이 오면 우리는 다시 이렇게 선포할 수 있도록 우선순위를 점검하고 의심을 버려야 한다. "그렇습니다. 다른 신은 신뢰할 수 없습니다. 다른 모든 것은 사라지고 말 것입니다. 나의 하나님은 오직 당신, 주님, 언약의 하나님뿐입니다!"

이런 선포를 통해 우리의 시간을 주님의 손에 다시 맡김으로써 우리는 시편 기자에게 동참한다. 그리고 하나님의 돌보심에 자신을 드림으로 평안을 얻는다.

"당신의 손안에"라는 표현은 부드러움과 안전의 이미지를 불러일으킨다. 나는 좋은 친구인 팀(Tim)과 대단히 어려운 문제에 관해 이야기를 나누었던 때를 기억한다. 나는 눈물이 막 쏟아지려고 해서 몸을 떨고 있었고, 한쪽 팔을 신장 투석기 혈액 튜브에 묶고 있던 팀은 그런 나를 쳐다보고 있었다. 그는 자유로운 한쪽 팔을 뻗어 내 손을 따뜻이 감싸 주었다. 그의 손길에서 얻은 위로와 확신으로 나는 그 문제들과 계속 씨름할 수 있는 용기를 얻었다.

하나님이 우리의 삶을 넘겨받아서 모든 일을 임의대로 조종하신다는 것이 아니다. 그렇지 않다. 오히려 우리가 그분의 손안에 있을 때 하나님은 우리가 온전히 우리 자신이 될 수 있도록 완전한 자유를 주신다. 그러면서도 그분의 무한한 지혜와 사랑의 돌봄 가운데 우리를 두신다. 그분은 우리의 시간을 어떻게 보낼지 우리가 결정하게 하신다. 하지만 만약 우리가 잘못된 길로 나아간다면 우리에게 경고를 보내신다(사 30:20-21). 우리가 믿음 안에서 성장하면서 새로 갖게 된, 바로 우리 자신의 소망을 통해 우리를 인도하실 것이다.

우리가 신뢰할 만한 하나님을 충분히 신뢰하면서 쉼을 누릴 수 있다면, "얼마나 오래도록?"이라는 질문을 하지 않아도 된다. 하나님이 얼마나 오래도록 그런 과정이 우리 삶에 계속되도록 허용하시든지 그것은 우리를 위한, 하나님의 완전한 지혜에 기초한 선물의 일부라는 사실을, 우리는 알 수 있을 것이다.

계속해서 시편 기자는 원수들에게서 자신을 구원해 달라고 하나님께 간구한다. 그의 시간들은 주님의 손안에 있기 때문이다. 복수형을 사용해서 '시간들'이라고 한 것은, 우리의 많은 경험과 사건 전개 과정의 다양성을 나타낸다. 따라서 우리는 구원을 요청하는 일을 지나치게 단순하게 생각해서는 안 된다.

우리는 어떤 원수들의 손에서는 구원을 받지 못할지도 모른다. (예를 들어, 내 오른쪽 눈의 시력을 회복하기 위한 수정체 수술은 두 번이나 실패로 끝났다. 그래서 그 눈으로는 거의 보지 못한다.) 그 대신 주님의 손은 우리를 변화시키셔서 적들이 우리를 이기지 못하게 하신다. 우리의 상황은 변화되지 않을지도 모르지만, '우리'는 그 상황을 통해 변화될 것이다. 더욱이 우리는 그 상황에서 하나님의 목적 일부를 더욱 잘 분별할 수 있게 될 것이다.

내가 처음에 프리랜서 신학 강사가 되었을 때, 내 생활은 얼마나 자주 강사로 초청을 받느냐에 달려 있었다. 처음 4년 동안 하나님이 내 스케줄을 채워 주신 방법은 참으로 놀라웠다. 항상 할 일이 넘쳤다. 하지만 언제고 내가 글을 써야 할 시간이 필요할 때면 내 달력 안에 적절한 공백이 생기는 것처럼 보였다.

하지만 여러분은 만약 자신의 스케줄이 텅 비어 있거나 아무 보람도 없이 정신없이 바쁘기만 하다면, 하나님의 손이 자신의 스케줄을 주관하신다는 사실이 별로 위로가 되지 않는다고 생각할지 모른다. 나도 통제할 수 없어 보이는 시간 때문에 고통스러웠던 적이 있다. 고뇌 때문에 밤잠을 이룰 수 없을 때, 슬픔 때문에 어둠 속에서 흐느껴야 했을 때, 미래가 공허하고 그저 혼란스럽게만 느껴질 때 하나님을 신뢰한다는 것은, 솔직히 고백한다면 내게도 자주 불가능한 일이었다. 요즘에도 엄청난 육체적 장애가 나를 압도해 버릴 때가 있다.

우리는 모두 하나님을 신뢰할 수 있는 능력을 키우도록 도전받고 있다. 우리는 때로 하나님을 의지하는 일에 실패할 것이다. 우리는 언제나 인간일 것이기 때문이다. 하지만 그럴 때에도 주님의 성품은 우리에게 더욱더 귀하다. 우리는 하나님이 우리를 용서하시고 굳게 붙들어 주시는 분, 즉 우리의 위로자라는 사실을 영원히 새롭게 배워 나갈 것이기 때문이다. 우리가 주님을 신뢰하지 않을 때에도 주님은 가장 신뢰할 만하며,

완전한 자비로 우리를 계속해서 사랑해 주신다. 그러므로 비록 우리의 신뢰가 미약하다 해도, 우리는 시편 말씀을 의지해서 계속해서 주님을 더욱 신뢰할 수 있다(특히 이 책의 9장을 보라).

성경 말씀을 연구할 때 우리는 변화된다. 이것이 바로 주님 말씀(Word)의 약속이다. 주님의 말씀은 결코 헛되이 되돌아오지 않으며, 비가 그러는 것처럼 말씀이 보냄받은 목적을 성취한다(사 55:10-11). 시편을 읽고 또 읽을수록 하나님 말씀이 당신의 삶 속에 깊이 스며들 것이다. 하나님이 쏟아부어 주시는 달콤한 은혜와 함께 그 말씀은 당신의 성품을 형성하고, 또한 단비가 되어 보다 깊은 '신뢰'라는 열매를 맺게 할 것이다.

묵상을 위한 질문

1. 내게 주님은 어떤 분이신가? 주님의 성품 중에서 내게 가장 중요한 것은 무엇인가?

2. 우리가 주님을 신뢰할 수 있는 이유는 무엇인가?

3. "나의 하나님-당신(YOU)이시여!"라고 말했던 결정적인 순간이 있는가?

4. 주님이 나의 하나님이심을 기억하지 못하도록 나를 방해하는 것은 무엇인가?

5. 하나님의 손안에 있다는 것은 어떤 느낌인가? 그 이미지를 좋아하는 이유, 또는 싫어하는 이유는 무엇인가?

6. 삶에서 하나님의 타이밍을 어떻게 경험하는가?

7. 상황 자체가 변화되지 않는다 해도 하나님의 손안에서 안식할 수 있도록, 그 상황 속에서 자신이 어떻게 변화되기를 원하는가?

03

두렵습니다. 나를 구원하소서!

내가 위급할 때 말했습니다.
"당신의 시야에서 나는 끊어졌습니다!"
하지만 당신은 자비를 구하는 나의 부르짖음을 들으셨습니다.
내가 도움을 청하기 위해 당신을 불렀을 때 말입니다.
[시편 31:22]

나는 당신의 손안에 나의 영을 의탁합니다.
나를 구원하소서. 오! 주님, 진리의 하나님.
[시편 31:5]

나는 못생겼고 그 사실을 잘 알고 있었다. 내가 고등학생이고, "데이트 상대가 없는 여자"라는 것은 분명한 사실이었다. 키는 165cm였지만 병이 들어 몸무게는 고작 38kg이었고 혈색은 창백하기 이를 데 없었다. 나는 거울 보는 것이 싫었다. 거울에 보이는 것이라곤 비쩍 마른 회색 막대기 뿐이었기 때문이다. 전혀 사람이라고 보기 힘든 형상이었다. 나는 못생겼고 아무도 나를 원하지 않았다. 나는 그것이 나에 대한 진실이라고 생각했다.

확진되지 않는 병도 문제였지만 나는 현실에 대한 나 자신의 혼란스러운 인식 때문에 정서적으로 더 깊은 상처를 받고 있었다. 결과적으로 나는 견딜 수 없이 외로웠다.

나는 외로워야 할 이유가 없었는지도 모른다. 별로 예쁘지 않은 다른 소녀들을 보면, 그들에게는 외로움을 느끼지 않을 만큼 충분한 친구들이 있었다. 나는 내 삶에 대한 보다 깊은 진실을 보지 못했기에 다른 이들에게 다가갈 수 없었다. 학문적 분야에서 다른 사람을 이기려고만 했기 때문에 소외감이나 다른 이들과의 불화는 더욱 심해졌다.

우리 삶에 있어서 표면적인 현실과 그 이면의 진실을 어떻게 인식하느냐에 따라서 세상의 모든 것이 바뀌게 된다. 이것이 바로 시편 31편의 5절과 22절에서 시편 기자가 논하는 부분이다. 앞에서 보았듯이, 시편 31편은 우리의 시간들이 하나님 손에 있다고 말한다. 이 시편은 원수들에게 억압당하는 시인의 감정을 기록하고, 주님을 자신의 하나님이요 신뢰의 근거라고 주장해야 할 필요성을 기술한다. 이 글의 논의를 전체 문맥 속에서 파악하기 위해서는 이 시 전체를 다시 읽어 볼 필요가 있을 것이다.

모든 듣는 자들에게 마지막 명령을 하기 전에 시인은 자신의 문제를 요약한다. 그러고 나서 하나님이 자신을 어떻게 구하셨는지를 기억하기 때문에, 우리에게도 주님을 사랑하고 강해지며 그분 안에 소망을 두고 용기를 가지라고 격려한다. 외로움과 슬픔, 또는 문제들 속에서 시인의 조언을 따르기 원한다면, 우리는 그의 교훈이 어떤 근거를 가지고 있는지 자세히 주의를 기울여야 한다.

시편 기자는 "나는 끊어졌습니다."(22절)라고 말한 것이 성급했다고 말한다. 그가 개인적으로 당황했다는 사실이 히브리어에서 대명사 '나는'이 추가됨으로 강조된다. 히브리어에서는 동사 속에 이미 주어가 나타나기 때문에 따로 대명사를 사용할 필요가 없다. 따라서 이 문장은 '나'라는 주어를 강조한다. "'내가' 위급할 때 말했습니다." '위급'이라는 단어는 '서두르거나 두려운 상황에 있다'라는 뜻의 동사에서 파생되었는데, 여기서는 '…

안에'라는 전치사와 함께 부정사로서 관용적 형태로 사용되었다. 따라서 이 어구를 문자적으로 번역하면 "나 자신이 나의-두려움-속에-있는-것-속에서 말했다(I myself said in-my-to-be-in-trepidation)."라는 뜻이 된다. 이 히브리어 관용구는 시인이 무엇 때문에 자신이 끊어졌다고 생각하게 되었는지를 생생하게 보여 준다. 그것은 공포의 상태다.

이 관용구는 인간의 외로움의 많은 부분을 이해하는 데 중요한 실마리를 제공한다. 공포는 우리가 진실을 보지 못하게 한다. 우리가 끊어졌다고 생각하는 것은, 공포 속에서 우리가 볼 수 있는 유일한 실재가 바로 그 사실뿐이기 때문이다. 그러나 우리가 자신의 감정을 보다 유의해서 다룬다면 상황을 정확히 평가하는 데 도움이 되고, 진실을 발견할 수 있다.

당신 자신의 경험에서 특정한 예를 기억해 보면서 이런 치유의 가능성을 함께 생각해 보기로 하자. 이 글을 쓰기 2주 전에 나는 미니애폴리스(Minneapolis)에서 미혼 남녀를 위한 모임에서 강연하고 있었다. 그때 현실의 표면 아래 있는 진실을 더 분명히 인식하게 되면서 강한 확신을 갖게 되었다. 이혼에 대처하는 일에 대한 강의를 준비하려고 자료를 다시 읽으면서 나는 버림받았다는 쓰라린 감정과 또다시 싸움을 벌여야 했다. 심지어 내가 이 강의 일정을 끝내고 돌아갔을 때 친구들이 나를 기다리고 있을지 의심이 갔다. 어쩌면 그들은 내 절박한 욕구와 불안정에 지쳤을지도 모른다. 나는 일어서서 핸드 로션을 발랐는데, 그 로션은 친구 팀(Tim)이 생일 선물로 준 것이었다. 나는 성경책을 덮었다. 그 주간에 강의하는 나를 위해 자신이 기도하고 있다는 것을 기억하게 하려고 팀이 서표를 끼워 준 성경책이었다. 그리고 나서 나는 주머니에 눈부신 핑크빛 장미 아플리케가 달린 재킷을 입었다. 그 재킷 역시 팀이 몇 달 전에 선물로 준 것이다. 팀의 선물들은 항상 나에게 우리 우정의 깊이를 상기시켜 주었다. 그가 여러 번 신장 투석을 받는 동안 우리는 긴 대화를 나누었고 우리의 우정도 깊어졌다.

나는 강의를 하고 대중 앞에서 강연할 때 대단히 강해졌다고 느꼈다. 멀리 있어도 분명하게 느낄 수 있는 깊이 있는 우정으로 인해 나는 팀에게 다시 한 번 감사를 표현하고 싶은 마음을 참을 수가 없었다. 그런 친구를 사귈 수 있는 기독교 공동체란 정말 얼마나 귀한 선물인가!⁸⁾ 팀의 우정을 기억하게 하는 표적들은 내 마음에 깊이 새겨져 있다.

그러나 우리는 하나님을 상기시키는 표적을 얼마나 자주 간과해 버리는가? 공포에 휩싸여 있을 때 우리는 하나님으로부터 끊어졌다고 생각할 것이다. 하지만 그것은 우리 삶의 진실이 아니다.

히브리어 본문은 우리의 위급(두려움, 공포)이 얼마나 폭력적일 수 있는가를 영어 번역보다 훨씬 더 분명하게 보여 준다. 우리가 '끊어졌다'라고 번역한 동사의 근본적 의미는 근절시킨다(exterminate)는 것이다. 이것은 일반 명사 '도끼'와 연관되는데, 이 동사는 구약에서 이곳에만 나타난다. 이렇게 드물고도 폭력적인 단어가 사용되었다는 것은 시인의 공포가 그로 하여금 과도하게 두려워하도록 만들었다는 것을 강조한다. 그는 자신이 주님의 시야에서 완전히 지워졌으며, 도끼로 찍혀 잘리듯 그분의 선하심에서 영원히 끊어졌다고 생각했다.

우리는 공포라는 것이 얼마나 폭력적인가를 대체로 이해하지 못한다. 공포는 우리로 하여금 진실을 보지 못하게 하고, 관찰 가능한 실제의 부정적인 부분을 과도하게 강조하도록 만든다. 이것이 바로 우리가 "아무도 나를 돕지 않아", "모두 나를 거절해", "나를 사랑하는 사람은 아무도 없어"라는 식으로 극단적인 말을 하게 되는 이유다. 주님은 그런 극단적인 감정 속에 있는 우리에게 그분이 사랑으로 위로하신다는 것이 진실임을 말씀해 주기 원하신다.

요약 결론부에서 시편 기자는 하나님이 자신의 필요를 채우셨다는 것을 기억한다. 또한 그는 자신의 인식과 진실 사이의 격차를 인식한다. 히브리어 본문의 22절 후반부는 NIV에서 "그러나"(yet)로 번역한 단어로 시작된다. 나는 "분명히"(surely)라는 번역을 선호한다. 하지만 그 번역도 충분히 강하지 않다. 이 히브리어 접속사의 역할은 특히 '내가 말했다' 또는 '내가 생각했다' 등의 동사 뒤에 등장해서 대조를 강조하는 것인데, 잘못 상상했던 것에 반대되는 진리를 드러낸다. 다르게 표현하자면 "그러나 참으로" 또는 "그러나 사실은"이 될 수 있을 것이다. 다시 말해서 시편 기자는, 자신이 얼마나 위급했고 또 그것이 어떻게 그로 하여금 상황의 세부 사항을 극단적으로 오해하게끔 만들었는지를 이야기한 후, 이제 그것과는 완전히 대조되는 진실을 말하려는 것이다.

시인은 그분의 성품에 신실하신 주님께서 "자비를 구하는 나의 부르짖음을 들으셨습니다. 내가 도움을 청하기 위해 당신을 불렀을 때 말입니다."라고 선포한다. 히브리어 본문은 "당신은 나의 탄원의 목소리(또는 '나의 고뇌의 소리[탄식]')을 들으셨다."라고 말한다. '탄원' 또는 '부르짖음'에 해당하는 단어는 시편 28:2, 6; 86:6; 130:2에서 그렇듯이 복수형이다. 이 시편들을 살펴보면 고뇌에 대한 시인의 표현을 더욱 온전히 이해할 수 있다.

의미심장하게도 어떤 학자들은 우리가 '불렀다'(called)라고 번역하는 동사가 '구원하다'(to deliver)라는 의미를 지닌 동사와 매우 유사하다고 생각한다. 이런 유사성은 우리의 부르짖음에 대한 하나님의 응답을 보다 풍성하게 이해할 수 있게 한다. 하나님은 우리의 탄식을 들으시고, 우리의 부르짖음에 상응하는 구원으로 응답해 주신다.

주님의 구원을 너무 강하게 기억하기 때문에, 시편 기자는 언약의 하나님을 사랑하고 그분에 대한 소망으로 인해 강하게 되라는 위대한 권고를 독자들에게 남기며, 시를 끝맺을 수 있었다. 나는 이 시편의 첫 부분 구절 하나를 살펴보면서 그 생각을 좀 더 자세히 검토하려고 한다.

내가 이 시편을 처음으로 묵상하며 시간을 보낸 것은 이 글을 쓰기 1년 전이었다. 그때 나는 첫 다섯 절에 '피난처'라는 단어가 자주 등장한다는 사실에 놀랐다. 그 단어는 안전한 장소, 항구, 또는 어떤 종류의 보호를 뜻하는데, 그 당시 나는 피난처로서의 주님이 절실히 필요했다. 나는 우리 집을 위기에 처한 사람을 돕는 사역을 위한 장소로 사용하고 있었고, 집을 나온 한 소녀를 몇 달 동안 보살피고 있었다. 그런데 그 소녀가 공립 위기 센터와 학교에 가서 나를 비난하고 있었다. 그 이유는, 그 소녀에게 더 적합한 거주 장소를 내가 알아보고 있었기 때문이다.

아침 경건의 시간에 이 시편을 연구하고 있을 때, 나는 성난 목소리의 전화를 한 통 받았다. 그 사람은 내가 그 소녀에게 잘못하고 있다고 나를 비방했지만, 그가 나를 비난한 이유 중 그 어느 것도 사실에 기초한 것이 아니었다. 그날 하루 종일 나는 이 시편의 위안을 묵상했고 시인처럼 5절을 주장하려 노력했다. "나는 당신의 손안에 나의 영을 의탁합니다." 나는 주님이 그 상황을 주관하셔서, 내가 상한 자존심으로 반응하지 않기를, 그리고 그 소녀를 돌보기 위해 많은 돈과 시간과 기도를 투자했지만 그 은혜에 감사할 줄 모르는 소녀를 대적하거나 나 자신을 변호하려는 열심으로 반응하지 않기를 바랐다.

그러나 그 시편을 더 깊이 연구하면서 '의탁하다'라는 동사에는 절망했기 때문에 더 쉽게 의지한다는 것 이상의 의미가 있다는 사실을 배웠다. 이것은 원래 '(군대의) 검열을 참관하다'라는 뜻을 지닌 단어의 사역(使役)형(Hiphil)으로 쓰였다. 따라서 어떤 문제를 정밀하게 살핀다는 뜻이 있다. 어떤 것에 아주 깊은 관심을 기울인다는 뜻이다. 우리의 영을 주님의 손에 맡길 때, 우리의 행동은 주의 깊게 의도된 것이어야 하고, 존재 전체를 그분의 돌보심에 맡기기를 철저히 추구해야 한다. 피상적으로 넘겨주는 것이 아니며, 다시 돌려받을 수 없다.

그런 철저한 의탁의 진정한 본질이 가장 생생하게 구체화된 예를, 이 시편을 인용한 예수님의 기도에서 찾을 수 있다. 죽음의 문턱에 들어서고 자신에 대한 모든 예언이 완성되었을 때, 예수님은 모든 것이 이루어졌고 모든 인간의 죗값이 치러졌다고 외친 후에 당당하게 말할 수 있었다. "아버지 내 영혼을 아버지 손에 부탁하나이다"(눅 23:46). 만약 하나님이 우리에게 모든 것을 그분의 손에 완전히 양도할 것을 요구하신다면, 그것은 우리에게는 죽음을 뜻한다(이 주제는 나중에 살펴볼 것이다).

예수님이 죽음의 순간에 하셨던 이 말씀을 지금 읽고 있는 신약 시대 신자들은 시편 31편의 바로 다음 어구가 제시하는 확증을 보다 완전하게 이해할 수 있다. 그 구절은 이렇게 번역될 수 있다: "주님이 제 몸값을 치르셨습니다"(5절). 예수님이 아버지의 손에 모든 것을 온전히 맡기셨고 아버지가 계획하신 모든 차원의 일을 실현하셨기 때문에, 우리는 우리가 정말로 구원받았다는 것을 확신할 수 있다. 예수님은 우리를 용서하기 위한 값을 지불하셨고, 우리가 그분을 죽일 때에도 자비하심으로 우리를 받아 주셨고, 그 결과로 죄와 죽음과 고통과 외로움의 감옥으로부터 우리를 해방하셨다.

그러나 우리가 지금 연구하는 내용과 관련해서 가장 중요한 것은, 시인이 주님을 "진리의 하나님"이라고 부르고 있다는 사실이다. 그 네 가지 사슬에서 해방되기 위해 우리가 알아야 할 것은 바로 '우리 자신에 대한 진리(진실)'다.

죄와 우리의 관계에 있어서 진리는 우리가 용서받았다는 것이다. 죽음과 우리의 관계에 있어서, 죽음은 정복당했고 우리는 죽음을 두려워할 필요가 없다는 것이 진리다.[9] 고통과 우리의 관계에 있어서, 그 고통은 우리가 감당할 수 있는 한계를 결코 넘지 못한다는 것이 진실이다. 우리의 외로움에 대한 진리 혹은 진실은, 자신이 완전히 끊어졌다고 느낄 때 우리는 공포 때문에 하나님의 완전한 신실하심이 얼마나 깊은지를 잊고 있다는 것이다. 그분은 '아멘'('진리'를 뜻하는 히브리어)의 하나님이시다. 오직 주님만이 우리가 신뢰할 수 있는 분이고, 우리는 그분 안에서만 안정을 누릴 수 있다. 우리가 외로울 때 주님이 우리에게 주시는 선물은 우리 자신에 대한 온전한 진리, 특히 우리가 주님께 사랑받고 있다는 사실이다.

고등학교 시절 못생긴 외모 때문에 고민하고 있을 때 이 사실을 알았다면, 나는 외모로만 규정될 수 있는 사람이 아니라는 것을 깨달았을 것이다. 진실하신 하나님은 나에 대한 그분의 사랑을 선포하셨지만 나는 그 말씀을 제대로 듣지 않았다.

우리에 대한 온전한 진리는 우리가 주님의 사랑을 받고 있다는 것이다. 어떤 열등감을 갖고 있다 해도 우리는 그에 대한 노예 상태로부터 해방되었다. 예수님이 말씀하신 대로 이 진리가 우리를 자유롭게 한다(요 8:32). 또한 그분은 우리가 그분의 말씀을 계속 연구하면 진리를 알게 될 것이며, 그 진리가 우리를 참으로 자유롭게 할 것이라고 약속하신다(요 8:31, 36).

묵상을 위한 질문

1. 공포 때문에 상황을 정확히 판단하지 못했던 적은 언제인가?

2. 잘못된 판단 때문에 자신이 주님의 시야와 사랑에서 끊어졌다고 느낀 적이 있는가?

3. 겉으로 드러난 현실일 뿐 그것은 진실이 아니라는 사실을 어떻게 깨달을 수 있었는가?

4. 주님께 도움을 구할 때 주님은 어떻게, 누구를 통해서 나를 구원하셨는가?

5. 바로 지금 나의 영을 주님의 손에 온전히 의탁할 수 있는가? 그 이유는 무엇인가? 그럴 수 없다면 그 이유는 무엇인가? (우리가 그렇게 할 수 없을 때에도 하나님이 우리를 그분의 자비로 품어 주신다는 것을 아는 것은 얼마나 축복된 일인가!)

6. 고통과 죽음의 감옥에서 나를 속량해 내시기 위한 그리스도의 사역이, 내 삶의 다른 차원에서 하나님이 어떻게 일하시는지를 이해하는 데 어떻게 영향을 미쳤는가?

7. 나에 대한 진리가 어떻게 나를 자유롭게 하는가?

04

하나님을 신뢰하니
나는 부끄럽지 않을 것입니다

오! 주님, 나의 영혼을 주님께 들어 올립니다.
나는 당신을 신뢰합니다. 오! 나의 하나님.
내가 수치를 당하지 않게 하소서.
나의 원수들이 나를 이기지 못하게 하소서.

[시편 25:1-2]

마치 도르래로 끌어올리듯이 즉시 나의 머리가 들렸다. 바로 며칠 전 예배 시간에 설교를 듣다가 내가 자동적으로 보인 반응이다. 한 유명한 교수가 루터교 예식서에서 목회 사역에 부름받은 기쁨과 회중 후렴구를 언급했다: "네 마음을 들어 올리라." "우리 마음을 주님께 들어 올립니다." 사람들은 그 초청의 특권이 얼마나 놀라운 것인가를 자주 잊는다. 특히 어린 시절부터 그 후렴구를 반복해서 불러 왔던 사람들은 더욱 그렇다.

하나님께 나아가 우리의 소원을 아뢰고 감사드릴 수 있는 이 놀라운 특권은 수줍음 때문에 마룻바닥을 쳐다보고 있던 사람도 흐트러지게 만든다. 목회자는 "너희의 머리를 들라."라고 도전해야 한다. 성경은 주님의 성품을 관찰하고 우리를 향하신 주님의 일하심을 보기 위해 우리의 머리와 마음과 영과 눈을 들라고 자주 권면한다.

우리가 외로울 때 하나님이 우리를 어떻게 위로하기를 원하시는가를 이해하기 위한 기초를 이번 4장에서 쌓아 나가면서, 우리는 우리의 영을 의도적으로 주님께 들어 올리기 위해 잠시 멈추기도 해야 할 것이다. 시편 25:1의 히브리어 본문은 "당신께, 주님."(Unto you, YHWH)이라는 어구로 시작한다. 첫 구절을 이렇게 시작하는 것은 방향을 제시한다. 하나님을 향해, 우리는 일상적인 생활 속에서 우리의 관심과 소원을 올려 드리기를 소망한다.

이 글을 쓰기 몇 주 전, 나는 시애틀 신장 센터 투석실에서 팀이 나올 때까지 밤늦도록 기다리고 있었다. 나는 내 불안한 마음에 초점을 맞출 것인지, 아니면 그곳에 내가 있을 수 있다는 특권에 초점을 맞출 것인지 두 가지 중에서 한 가지 방향을 선택할 수 있었다. 만약 내가 심한 설사와 그로 인한 경련으로 고통스러워하는 환자들의 신음 소리를 들으며, 끝없이 시간만 헤아리고 있었다면, 그리고 어서 집으로 돌아가 따뜻한 침대 속으로 들어가기만 바라면서 비참한 심정으로 기다리고 있었다면, 나는 아무것도 배울 수 없었을 것이다.

그렇게 하는 대신에 나는 치료를 끝낸 환자들을 돕고, 환자를 기다리고 있는 사람들을 섬기려고 노력했다. 그러자 (당시에는 아직) 건강했던 나의 신장에 대해, 또 내 친구 팀의 생명을 보존해 주는 투석기에 대해 감사하는 마음이 솟아올랐다. 하나님의 오묘하신 창조와 그분의 은혜로우신 보호 때문에 나는 내 삶이 "당신께, 주님."이라는 방향으로 특징지어지기를 간절히 바랐다.

시편 두 번째 어구에서 시인은 주님께 자신의 영혼을 들어 올린다. 어릴 때부터 받아 온 주일 학교 교육 때문에, 나는 영혼이란 내가 죽었을 때 하늘나라로 가는 나의 일부분이고 내 몸은 땅으로 간다고 확신하고 있었다. 하지만 시편에서 흔히 사용되는 히브리어 개념은 그것보다 훨씬 더 크다.

우선 '네페쉬'(nephesh)라는 단어는 하나님이 사람에게 숨을 불어 넣자 그가 생명을 갖게 되었다고 선포하는 창세기 2:7에서처럼 살아 있는 존재를 의미한다. 그 첫 번째 의미로부터 '진정한 자아, 인간의 본질적 부분'이라는 정의가 파생되었다. 그 의미로부터 출발해서 '네페쉬'는 인간의 감정과 열정과 정신적 활동과 가장 깊은 자아의 자리를 의미하게 되었다.

시편 25편에서는 인간의 전 존재, 또는 가장 진실한 성품이라는 의미가 적절할 것 같다. 우리 자신의 진짜 핵심, 우리의 포부와 열망을 의도적으로 주님께 올려 드릴 필요가 있다. 시편 24:4을 기억할 때 이 해석의 타당성은 더욱 공고해진다. 그 구절에서 성전 예배 인도자는, 주의 산에 오를 수 있는 자는 "깨끗한 손과 청결한 마음을 가지고 있고[즉, 외적인 순결과 내적인 순결] 그의 영혼을 우상에게 들어 올리지 않는" 자라고 선포한다. 우리는 우상이 아니라 "주님께" 우리의 영혼을 올려 드린다.

영혼이 우리의 가장 깊은 자아를 암시한다는 사실은 특히 외로울 때 우리에게 도움이 된다. 하나님이 계신 것 같지 않아 우리가 버림받았다고 느낄 때도, 우리는 여전히 의지의 작용을 통해 마음 깊은 곳의 소원을 그분께 들어 올릴 수 있다. 우리는 하나님의 관심을 끌거나 용서를 받기 위해 광적인 열심을 보일 필요가 없다. 그 대신, 우리의 부르짖음을 들으시고 우리를 위로해 주시는 하나님의 응답을 더 잘 받기 위해서는 확신을 가지고 침착하게 하나님께 집중해야 한다.

동사는 진행형이다. "나는 들어 올리고 있습니다."(I am lifting up.) 우리의 열정을 주님께로 향하게 하는 일은 결정적으로 한 번만 하면 되는 일이 아니다. 우리 자신이 늘 주님을 향하기 위해서는 매일 일상적인 생활에서

꾸준히 훈련해야 한다. 세상의 너무나 많은 것이 우리의 관심을 다른 곳으로 끌어간다. 우리 믿음의 너무나 많은 부정적 태도들이 우리를 주님께로부터 멀어지게 만든다. 우리 시대의 너무나 많은 슬픔들이 우리를 주님께 대적해 울부짖게 만든다. 시편 기자는 삶 속에서 어떤 일이 일어나든지 우리의 영혼을 계속 주님께로 들어 올리라고 격려한다.

영적 성장의 한 가지 중요한 목표는 그렇게 주님을 향함으로써 모든 상황을 즉각적으로 주님께 넘겨 버리는 것이다. 만약 우리가 어떤 일이 생기건 즉각적으로 주님의 지혜와 인도하심을 의지하는 법을 배운다면, 인생의 모든 순간에 주님의 임재를 신실하게 누릴 수 있을 것이다.

어떻게 해야 그런 습관을 가질 수 있을까? 만약 우리가 기도와 성경 연구와 묵상을 매일 실천할 수 있다면 우리는 엄청난 도움을 받을 수 있다. 경건의 시간에 하나님의 임재 속으로 완전히 들어갈수록, 주님은 하루 중 어떤 때보다도 그 시간에 그분 자신을 우리에게 분명히 드러내 주실 것이다.

본 시편의 두 번째 절은 하나님과 우리의 관계를 이중적으로 강조한다. 그 구절은 '당신을'이라는 어구를 포함하고 있을 뿐 아니라 하나님을 신뢰의 대상으로 보고 그분을 "나의 하나님"이라고 부른다. 히브리어 원문에서는 "나의 하나님"이라고 번역된 부분이 강조되는 위치에 있는데, 그것은 하나님과의 관계가 가장 중요하기 때문이다. 이는, 우리가 신뢰하는 분이 저 멀리 떨어져 계시고 초월적이기만 하셔서 우리가 도저히 접근할 수 없는 하나님이 아니라, "나의 하나님"이 되실 수 있고 당신과 나를 개인적으로 돌보고 계시며 스스로 우리를 선택하신 분이라는 사실을 강조한다. 성경의 일관적인 메시지는 하나님이 우리와 관계 맺기를 원하신다는 것이다. 자동차 범퍼 스티커에 이런 재미있는 말이 있었다. "만약 우리가 하나님께 가까이 있다고 느끼지 않는다면, 누가 움직였는지 생각해 봅시다."(이 말의 본뜻은 자동차 사고가 났을 때 만약 우리[사고가 난 두 차의 운전자들]가 아직 죽지 않았다면[하나님께 가까이 있다고 느끼지 않는다면] 누가 사고의 원인인지를 따져 보자는 말이다. 여기서는 우리가 하나님과 친밀한 관계를 맺지 못하고 있다면 그 책임이 누구에게 있는지를 생각해 보라는 뜻으로 인용했다. ─역자). 분명히 하나님은 우리가 원하는 그 이상으로 우리의 하나님으로 머물러 계실 것이다.

더구나 히브리어 원문에서 '신뢰하다'라는 단어는 완료 시제로 사용되었는데, 이는 완결된 동작을 의미한다. 이것은 하나님을 신뢰하는 행위는 결정적인, 한순간의 헌신이었음을 암시한다. 그로 인한 결과들은 아직도 계속되고 있다. 우리 영혼을 주님께 들어 올리기를 원하고 있음을 깨달으면 모든 상황에서 우리가 어디로 방향을 잡을지가 결정된다.

이러한 의도성은 성경을 읽는 방법과 관련해서 중요한 의미를 가진다. 우리는 성경을 율법으로 읽을 것인지 복음으로 읽을 것인지 선택할 수 있다. 즉, 성경을 우리가 '도달해야만 하는' 그날의 과제로 삼든지, 아니면 우리 삶이 향하는 목표 즉 우리가 어떻게 행할지를 '배우고 있는' 길로 삼든지 말이다.

만약 우리가 "긍휼히 여기라"와 같은 교훈을 율법으로 읽는다면 우리는 실패하며 꺾일 수밖에 없다. 우리가 누군가를 완벽하게 긍휼히 여기는 것은 불가능하기 때문이다. 하지만 만약 우리가 그 권면을 복음적 초대로 여긴다면 긍휼히 여긴다는 것은 우리의 목표가 된다. 그 권면은 우리가 매일 움직여 나가야 할 방향을 제시해 주지만, 만약 오늘밤 안으로 그 일을 다 이루지 못하면 실패로 끝나 버리는, 그런 과제가 아니다. 우리의 하루 과제에는 병든 이웃을 돌본다든가 가난한 자를 돕기 위해 물질적으로나 육체적으로 헌신한다든가 하는 긍휼의 '행위'를 실천하는 것이 포함될 것이다. 하지만 이런 것은 우리를 긍휼이 충만한 사람으로 만들어 가시는 하나님께 자신을 복종시켜야 한다는 그 목표를 향해 나아가는 움직임에 불과하다.

처음에 그리스도를 믿고 기독교 공동체의 일원이 되면 우리는 그분의 사랑에 대한 반응으로서 이 목표에 열중한다. 즉, 주님의 순종의 삶을 모방한다. 비록 주님이 우리 삶을 다스리시도록 우리 자신을 내어 드리는 일에 우리는 자주 실패하기도 하지만, 그럼에도 우리는 매일 우리 안에 있는 그분의 생명으로 특징지어지는 많은 순간을 경험한다. 우리의 방향은 복음에 의해 확정되었다. 믿음을 삶으로 실천하는 과정 속에서, 우리는 우리 영혼을 그분께 들어 올려 드리는 일을 더욱 신실하게 행할 수 있기를 원한다.

동일한 대조가 에베소서 4장의 격려에도 등장한다. 거기서 사도 바울은 악한 옛 본성을 벗어 버리고(22절) 우리 안에 계신 그리스도의 새 성품을 입으라고 말한다(24절). 또 우리의 심령과 삶이 성령의 사역을 통해 매일 새롭게 되게 하라고 도전한다(23절). 처음 두 가지는 (헬라어 시제를 통해 볼 때) 결정적 행동으로, 하나님의 의롭다 하심으로 말미암아 단번에 영원히 자유롭게 된 것을 의미한다. 세 번째 것은 계속해서 새롭게 되는 과정, 즉 성화(聖化)이다. 이것은 우리가 매일 성령의 능력으로 우리의 영을 주님께 들어 올리는 일이다. 이 두 가지 일은 성경에서 나란히 진행되지만, 우리는 그 차이를 이해하지 않으면 안 된다. 그렇지 않으면 우리는 자유를 누리는 대신에 짐에 눌리게 된다.

시편 25:2에 있는 두 개의 어구는 하나님을 향한 강력한 탄원이다. 첫 번째 부분인 "내가 수치를 당하지 않게 하소서."는, 그의 믿음이 진리에 기초해 있음을 그의 원수들이 주시하고 있다는 상황을 가정한다. 모세도 하나님께 말씀드릴 때 동일한 본질의 탄원을 드린 일이 있다. "지금 이 스라엘을 멸망시키지 마십시오. 만약 멸망시키신다면 주님이 우리를 이집트에서 이끌어 낸 일을 사람들이 뭐라고 말하겠습니까? 그들은 '그가 그저 그들을 죽이기 위해 이끌어 낸 것이 아닌가?'라고 생각할 것입니다."(출 32:11-14). 궁극적으로 우리가 수치를 당한다는 것은 하나님의 성품에 먹칠하는 일이다.

이것은 하나님을 협박하는 것처럼 보일 수도 있지만 정말로 하나님은 우리가 하나님과의 관계를 이런 식으로 이해하도록 인도하셨다. 우리가 수치를 당한다는 것은, 하나님이 신뢰할 수 없는 분이라는 것을 뜻할지도 모른다. 하나님은 역사를 통해 자신이 완전히 신실하시며 궁극적으로 자신의 약속을 항상 지킨다는 것을 드러내셨기 때문에, 우리는 수치를 당할일이 없을 것이라고 확신할 수 있다.

외로울 때 우리는 시인이 말하는 요점을 잘못 파악하지 않도록 조심해야 한다. 여인이 외롭다고 해서 이렇게 말해서는 안 된다. "하나님, 제게 남편을 주셔야만 합니다. 그렇게 해 주지 않으시면 저는 수치를 당할 것입니다. 하나님은 모든 기도에 응답해 주신다고 제가 사람들에게 말했기 때문입니다." 요즘 유행하는 비성경적 견해는, 우리 삶에서 물질적 요구에 대해 우리가 하나님의 행동을 '요구'할 수 있다는 '신학'이다. 사람들은 이렇게 기도한다. "주님, 주님이 제 병을 고쳐 주셔야 합니다." "주님, 제게 아내를 주셔야 합니다." 그러나 이런 식으로 기도하는 사람들은 자신이 하나님의 완전하신 뜻을 이해했다고 어떻게 그렇게 확신할 수 있는지, 나는 잘 모르겠다.

하나님을 신뢰하는 일에 있어서는 우리는 결코 수치를 당하지 않을 것이다. 그러나 만약 우리의 신뢰라는 것이, 하나님이 일을 어떻게 처리하셔야 한다는 것에 대한 우리 자신의 견해와 관계된 것이라면, 우리는 아마도 수치를 경험한 적이 있을 것이다. 우리의 영혼을 신실하게 주님께 들어 올린다는 것과 그분을 신뢰한다는 것은, 우리가 수치를 당하지 않도록 그분이 보증하실 그 방법들에 대해서 그분을 믿는다는 것을 뜻한다.

두 번째 탄원인 "나의 원수들이 나를 이기지 못하게 하소서."는 우리 모두에게 원수가 있다는 사실을 상기시킨다. 원수는 계속 바뀔지도 모른다. 문제가 되는 것은 '우리에게 원수가 있느냐 없느냐'가 아니라 '그 원수가 우리를 누르고 이길 것인가, 아니면 우리가 이길 것인가' 하는 것이다. 그 원수는 우리의 공포나 의심, 사람, 환경, 질병, 혼돈일 수 있다. 만약 이 억압 속에서 주님의 임재하심을 찾기 위해 계속해서 우리의 영을 주님께 들어 올린다면, 원수들은 결코 우리를 이길 수 없다.

억압적인 외로움이 바로 그런 경우에 속한다. 이 책을 처음 쓰기 시작할 때 나는 종종 그런 외로움과 맞서 싸워야 했다. 외로움 속에서 시편이 주는 위로를 의지하고 주님의 인도하심에서 소망을 찾으려 할 때마다, 그 외로움은 나를 파괴하지 못했다. 하지만 내가 경건 훈련을 게을리해서 외로움을 방치하거나 하나님이 함께하신다는 사실을 믿지 못했을 경우에는 그 외로움이 나를 압도하는 듯했다.

주님은 원수들이 우리를 이기는 것을 원하지 않으신다. 그리스도께서는 그분의 죽음과 부활을 통해 그 승리를 확실히 하셨다. 우리에게 남아 있는 일은 우리가 의지를 가지고 삼위일체 하나님께로 향하는 일이다. 그러면 하나님은 우리의 인간적 삶의 구체적 싸움 속에서 그 승리를 누리게 하신다.

**묵상을
위 한
질 문**

1. 나는 내 영혼을 얼마나 의지적으로 들어 올리고 있는가? 주로 누구를 향해, 또는 무엇을 향해 내 영혼을 들어 올리는가?

2. 내 영혼을 보다 온전히 들어 올리기 위해 개인적 경건 생활 습관과 공적 예배 습관을 어떻게 변화시키고 싶은가?

3. 하나님을 신뢰하고 싶지 않을 때라도 그렇게 하기로 선택하는 것, 곧 내 감정보다 의지대로 행하기를 어떻게 배울 수 있을까?

4. 상황은 그렇게 보이지 않는다 할지라도, 주님께서 나의 하나님이시라는 사실을 어떻게 알 수 있는가?

5. 칭의와 성화, 즉 하나님의 은혜로 내 삶이 단번에 영원한 믿음의 삶으로 바뀌는 일과 믿음이 새로워지도록 내 영혼을 매일 주님께로 향하게 하는 일을 구별하는 것은, 우리에게 어떤 도움이 되는가?

6. 내가 수치를 당한 것은 하나님이 내게 그 일을 허락하셨기 때문이라기보다 내 오해 때문이라는 사실을 어떻게 경험했는가?

7. 그럴 필요가 없었는데 왜 나는 원수들이 나를 이기도록 허용했는가? 모든 악의 세력을 이기신 그리스도의 승리가 내 일상생활의 한 부분이 될 수 있는 이유는 무엇인가?

05

하나님의 모성애

기억하십시오, 오! 주님. 당신의 위대한 자비와 사랑을.
  그것은 예로부터 있었기 때문입니다.
내 젊은 시절의 죄악과
  내가 행한 반역의 길을 기억하지 마시고
당신의 사랑을 따라 나를 기억하십시오.
  당신은 선하시기 때문입니다, 오! 주님.

그의 언약의 요구를 지키는 사람들에게
  주님의 모든 길은 사랑함과 신실함입니다.

[시편 25:6-7, 10]

그 슬픈 여름 오후에 뒤쪽 베란다는 숨이 막힐 듯하고 텅 비어 있었다. 나는 그때 가장 친한 친구와 싸우고 너무 화가 나서, 그 친구에게 만약 내 방식대로 하기 싫다면 당장 집으로 가도 좋다고 말했다. 그러자 친구는 가 버렸다.

그때 나는 열 살이었고 정말 외로웠다. 결국 절망감이 내 자존심을 내팽개치게 만들었고, 나는 용서를 빌고 화해하기 위해 교회 반대편에 있는 친구 집까지 뛰어갔다. 나는 내 죄가 친구를 소외시켰다는 사실을 너무나 잘 알고 있었다.

마찬가지로 그저 평범한 옛 죄 때문에 어른도 외로워할 때가 있다. 우리의 교만이나 걸핏하면 화내는 성격이나 어리석음 때문에 하나님과 주변 사람들에게 소외당하면서도, 우리는 스스로를 고립시킨 그 죄와 어리석음을 그대로 꼭 쥐고 있는 경우가 있다. 그런 장애물을 제거하고 정상적인 관계로 회복시키는 데 있어서 시편 25편은 우리에게 적절한 교훈을 준다.

히브리어 원문의 6절과 7절 상반절은 교차 대구법적 구조다. 즉 6절 초두에 등장하는 "기억하십시오"가 7절 상반절 끝부분에도 나타난다. 그리고 이 동사들의 목적어는 그 동사들 사이에 있다. 따라서 우리는 이 구절을 다음과 같이 번역할 수 있다.

기억하십시오, 당신의 긍휼하심을, 주님.
그리고 당신의 인자하심을.
그것은 예로부터 있었기 때문입니다.
내 젊은 시절의 죄악을
기억하지 마십시오.

'기억하다'와 '기억하지 않다'가 강조된 것은 죄에 직면한 우리에게 소망을 준다. 우리가 하나님을 주님이라고 부를 때 이 특별한 언약 명칭은, 주님이 '분명히' 그분의 긍휼을 기억하실 것이라는 사실을 우리에게 확신시킨다. 이것이 바로 "스스로 있는"(I AM)라는 이름 속에서 주장되는 그분의 성품이다.

만약에 하나님이 어떤 것을 기억하시지 않는다면, 그것은 그분의 충만한 사랑 속에서 어떤 목적을 가지고 그것을 옆으로 밀어 놓으신 것이다. 구약 성경이 우리에게 자주 확인해 주는 것은, 하나님의 용서의 본질은, 일단 그분이 죄를 옆으로 밀어 놓으셨다면 그분은 더 이상 그것을 기억하시지 않는다는 것이다(렘 31:34).

여기서 시편 기자는 주님께 그분의 '긍휼들'을 기억해 달라고 요청한다. '긍휼'이라는 히브리어 단어는 '자궁'이라는 뜻을 지닌 명사에서 파생되었고, 따라서 하나님의 모성애를 암시한다. 아기가 울면, 그 아기를 아홉 달 동안 자신의 몸속에 품었던 어머니, 그래서 아기와 신비스럽게 밀착되어 있는 어머니는, 어쩔 수 없이 그 아기를 안고 달래며 아기가 원하는 것을 주지 않을 수 없다. 같은 이치로 우리는 하나님 앞에서 무력한 아기와 같다. 이것은 하나님의 이미지가 남성이자 여성이라는 것을 우리에게 상기시키는 많은 구약 말씀 중 하나다. 그의/그녀의 자궁-긍휼(womb-compassion)로, 곧 그의/그녀의 무한한 모성애로 하나님은 우리의 부르짖음에 응답하신다.

시편 기자는 하나님이 여러 세대에 걸쳐 계시해 주신 그분의 성품을 꼭 붙들고 있다. 구약에서 자주 사용되는 관용구를 통해 시인 다윗은 주님께 그분의 인자하심들(이 단어는 "긍휼들"과 마찬가지로 복수형이다)이 옛날부터 존재했다는 사실을 상기시킨다. 참으로 주님이 이스라엘의 파란만장했던 긴 역사에서 이스라엘을 돌보심으로 그분의 자비하심을 명확하게 보여 주셨다면, 지금도 그 성품이 변했을 리가 없다. 주님께서 그 사실을 기억하실 것임을 알기 때문에, 시인은 믿음을 가지고 죄로부터 돌아설 수 있고 용서를 확신하면서 소망을 가질 수 있다.

또한 시인은 주님께 그 죄를 기억하지 말아 달라고 간구한다. 악한 행위를 표현하기 위해 그가 선택한 두 단어는 주님이 기억해야 할 대상인 두 용어와 명확한 대조를 이룬다. 우리가 "죄"라고 번역한 첫 번째 단어는 '목표를 잘못 맞히다, 길을 잘못 들다, 길을 잘못 가다'라는 뜻을 지닌 동사에서 파생된 것이다. 이것은 어떤 사람이 목표물을 향해 활을 쏘았으나

화살이 빗나가서 들판으로 날아가 버린 것을 보여 주는 동사다. 우리의 삶은 하나님의 과녁에서 어긋난 것으로 특징지어질 수도 있다. 때로 우리는 조준을 잘못하고 활을 쏠 때 미끄러지기 때문이다. 우리가 과녁을 못 맞히는 이유가 무엇이든, 하나님으로부터 소외되면 외로워지기 마련이다.

우리는 모두 자신의 이기심 때문에 과녁을 맞히지 못하고 있다는 것을 알고 있다. 내게 위안이 되는 사람들과 함께 있을 때면, 나는 때때로 다른 사람들의 필요를 돌보는 일에 대해서는 전혀 생각하지 않은 채 모든 것을 나 자신을 위해서만 챙기려고 하는 자아 때문에 나 자신을 제지하게 되는 경우가 있다. 오직 나 자신에게만 관심을 기울임으로써 우리 사이의 관계가 손상되었을 때 극심한 외로움을 느낄 수 있다.

NIV에서 "반역의 길"이라고 번역된 두 번째 단어는 종종 "범과(犯過)"라고 번역되기도 한다. 이 용어는 고의적인 도전, 즉 선을 넘어가서 반역적 행위를 하기로 선택하는 것을 의미한다. 이 시대의 소외와 관련된 많은 문제는, 성관계에 대한 하나님의 계획을 파괴하려는 자유가 모든 사람으로 하여금 참된 친밀감을 확신하지 못하게 만들었기 때문이다. 예를 들어, 만약 처녀가 결혼이라는 제도 밖에서, 그리고 하나님이 성(性)이라는 선물의 기초로서 의도하신, 상대방에 대한 헌신 없이 성관계에 탐닉하기로 선택한다면, 그녀는 자신의 파트너가 정말로 자신을 사랑하는가에 대한 끊임없는 의심 때문에 참담한 외로움을 경험할 것이다.[10]

시인은 자신이 지은 많은 죄들, 곧 태만하거나 고의로 지은 죄, 실수한 것과 반역한 일에 근거해서 자신을 대하지 마시기를 주님께 간구한다. 만약 하나님이 그런 것에 기초해서 우리와 관계를 맺으신다면 우리에게는 아무런 희망도 없을 것이다.

그러나 그와 반대로 복음은 하나님이 그분의 '헤세드', 곧 그분의 사랑과 자비를 따라 우리에게 행하기로 선택하셨다는 것이다. 이것은 특히 죄로부터의 구원에서 잘 드러난다. 하나님은 우리의 성품에 따라서가 아니라 그분의 변함없는 사랑과 신실하심이라는 성품에 따라 우리를 기억하실 것이다.

다시 한 번 시적 반복이 좋은 소식을 강조한다. 시편 기자는 평행구를 삽입했는데, 그 히브리어 원문을 문자적으로 직역하면 "당신의 선하심을 위해, 주님"이 된다. "…을 위해"라는 표현은 하나님이 그분의 성품을 그대로 유지하실 것이라는 사실을 우리에게 상기시킨다. 디모데후서 2:13이 선언하듯이 주님은 "자신을 부인하실 수" 없다. 주님의 성품은 선하다. 그렇기 때문에 그분의 백성이 아무리 선하지 않다 해도, 주님은 그들의 악한 반역과 과녁을 못 맞힌 비극적 실패에 반응하는 대신, 그들을 향한 그분의 의에 기초해서 행동하실 것이다.

하나님의 선하심은 그 크기에서뿐만 아니라 그 선하심이 드러나는 방식의 다양성에서도 무한하다. 대부분의 시편은 백성을 향하신 하나님의 일하심(시편 105편), 창조의 기적(시편 104편), 하나님의 변함없는 용서(시편 103편)와 같은 일을 나열하면서 하나님의 선하심의 여러 차원을 기록한다.

우리 앞에 놓인 시편에서, 시인은 마지막 세 구절에서 주님의 모든 길은 변함없는 사랑과 성실로 특징지어진다고 말한다. 그중 성실은 '아멘'이라는 용어와 연관 있고, 주님이 항상 그분의 속성에 따라 행동하신다는 것을 강조한다. 우리는 주님의 신실함을 항상 신뢰할 수 있다.

수년 전 평화 단체 일원으로 태평양에 있는 섬에서 봉사하다가 돌아온 한 여인이 미국 사회에 다시 적응하느라 매우 고생하고 있었다. 그녀는 심각한 우울증 및 깊은 외로움과 싸우고 있었다. 나와 함께 성경을 공부하면서, 그녀는 자신이 절망의 파도에 휩쓸렸다고 생각될 때마다 "'하나님'은 신실하십니다. 하나님은 '참으로' 신실하십니다. 하나님은 참으로 '신실하십니다.'"라고 반복해서 말하기 시작했다.

하루는 기쁨에 넘친 그녀가 활로 장식한 예쁜 상자를 내게 선물로 가져왔다. 축하할 일이 무엇이냐고 묻자 그녀는 "지난 주말에 하나님과 저는 진정제를 정복했어요."라고 말했다. 하나님이 신실하시다는 사실을 반복해서 암송했을 때 그 의미가 마침내 그녀에게 깊숙이 스며들었고, 그녀는 고통 속에서도 하나님이 자신과 함께 계신다는 사실을 깨달았던 것이다. 그 진리로 인해 끝없이 계속될 것처럼 보였던 감정적인 침체가 중단되었고, 그녀는 눈을 열어 하나님의 임재를 새롭게 인식할 수 있었다.

몇 달 후에 이사를 하고 새로운 상황에 적응하는 일 때문에 대단히 낙심해 있을 때 그녀의 이야기는 내게 큰 힘이 되었다. 그녀는 부드러운 목소리로 "마르바, 잊지 말아요. 하나님은 신실하십니다."라고 말해 주었고, 그 덕분에 나는 합당한 태도를 취할 수 있었다.

10절 하반절은 성경을 그 문맥에 따라서 읽는 것의 중요성을 알려 준다. "그의 언약의 요구를 지키는 사람들에게"라는 어구의 첨가는, 마치 하나님의 신실하심이 완전하게 순종하는 자들에게만 주어진다는 것으로 보인다. 그런 요구 조건은 우리를 절망으로 인도하고 우리를 더 외롭게 만들 것이다.

하지만 문맥 속에서 10절의 위치를 보라.

8절: 주님은 선하고 정직하십니다. 따라서 그분은 그의 길로 죄인을 교훈하십니다.
(이 구절은 주님의 성품과 주님 교훈의 유용성 사이의 관계를 강조한다.)

9절: 주님은 겸손한 자를 의로 인도하시고 그들에게 그분의 길을 가르치십니다.

(다시 한 번 이 구절은 우리가 주님의 은혜로운 교훈으로 순종을 배우게 됨을 상기시킨다.)

10절: 주님의 모든 길은 그의 언약의 요구를 지키는 자들에게 사랑함과 신실함입니다.

11절: 당신의 이름을 위해, 오! 주님, 비록 나의 죄악이 클지라도 용서해 주십시오.

이 구절들은 "그의 언약의 요구를 지킬" 우리의 능력을 주님 그분께 배워야 하는 것임을 상기시킨 후, 곧이어 우리의 큰 죄가 용서받았다는 사실을 기억하게 한다. 우리의 죄가 얼마나 고의적인 것이든, 또 우리가 과녁을 얼마나 많이 벗어났든, 우리는 주님이 그분의 이름을 위해 우리를 용서하실 것이라는 사실을 알 수 있다. 즉, 주님이 그분의 성품에 충실하실 것이라는 사실 말이다.

어린 시절 친구에 대한 내 죄는 큰 것이었다. 내가 용서를 잘 빌었기 때문이 아니라 친구의 성품이 자비로웠기 때문에, 친구는 용서를 구하는 내 눈물 어린 호소를 즉시 받아 주었다.

마찬가지로 주님께서 우리에게 허락하시는 죄의 용서를 경험할 때 많은 유형의 외로움이 사라진다. 우리는 소외된 상태에서 벗어나 주님의 임재하심 속에서 기쁨을 발견할 수 있다. (앞으로도 계속 살펴보겠지만) 그런 회복은 우리로 하여금 다른 이들과의 관계 회복을 추구하도록 자유와 용기를 준다. 주님의 길은 사랑함과 신실함이기 때문에, 또 하나님은 어머니처럼 우리를 온전하게 사랑하시기 때문에, 우리는 그분의 언약의 요구를 기쁘게 지킴으로써 그분께 반응한다.

묵상을 위한 질문

1. 나는, 전능하신 하나님이 무언가를 의도적으로 기억하지 '않으실' 수는 없다는 생각으로 행동하거나 하나님을 불신한 적은 없는가?

2. 하나님 사랑에 대한 모성적 이미지는 그 사랑을 더 깊이 이해하는 데 어떤 도움이 되는가?

3. 시대에 걸쳐 계속되어 온 하나님의 변함없는 신실하심은 오늘 내게 어떻게 용기를 주는가?

4. 내가 어렸을 때, 그리고 어른이 된 후 지은 모든 죄를 하나님이 용서해 주셨음을 어느 때에, 어떤 방법으로 경험했는가?

5. 하나님의 성품이 진실하다는 것을 어떻게 경험했는가? 왜 하나님은 그분의 이름을 '위해' 우리를 용서하시는가?

6. 하나님의 진노도 그분의 사랑과 자비의 다른 차원인가? 그렇다면 어떤 방식으로 그런 것일까?

7. 하나님의 언약의 요구를 지킬 능력이 없기 때문에, 나는 하나님의 길이 사랑스럽고 신실하다는 것을 경험하지 못할 것이라는 근심에서 어떻게 하면 자유로워질 수 있을까?

06

외롭고 상처받은 나,
그 덫에서 풀어 주시는 여호와

나의 눈은 항상 주님께 있습니다.
　오직 그분만이 나의 발을 덫에서 구해 내실 것이기 때문입니다.

내게로 돌이키셔서 내게 은혜를 베푸십시오.
　나는 외롭고 고통스럽기 때문입니다.
내 마음의 근심들이 더 많아졌습니다.
　내 고민으로부터 나를 해방시켜 주십시오.
나의 고통과 나의 고뇌를 보십시오.
　그리고 나의 모든 죄를 가져가 주십시오.

[시편 25:15-18]

이 책을 쓰기 시작했을 무렵, 사람들이 내 일의 어떤 부분을 오해하고 있어서 나는 마음이 무척 괴로운 상태였다. 그날 아침 수영장에 갔는데, 처음에 한 번 왕복하는 것이 보통 때보다 훨씬 더 힘들었다. 그러나 나는 수영하는 시간에 시편을 묵상하고 있었기 때문에 내가 좋아하는 구절들이 머릿속에 떠오르기 시작했고 그러면서 물 위에 떠 있는 것도 점점 쉬워졌다. 하나님의 약속을 생각하고 마음 깊이 위안을 받으면서 몸의 긴장이 풀리기 시작했다. 하나님의 사랑이 나를 감싸는 것을 느낄 수 있었고,

그 사랑은 내가 올바르게 생각할 수 있도록 나의 마음을 자유롭게 해 주었다. 나의 묵상이 시편 30편에 이르러 "저녁에는 울음이 깃들일지라도 아침에는 기쁨이 오리로다"라는 약속을 기억했을 때, 나는 그러한 변화를 실제로 경험하면서 뛸 듯이 기뻤다.

우리가 살펴보고 있는 시편 단락의 첫 행은 우리에게 더 깊이 있는 경건 생활을 하라고 도전한다. 시인이 히브리어 원문에서 동사 없이 "나의 눈, 계속적으로, 주님을 향해"라고 말할 때, 그는 모든 상황 속에서 하나님의 임재를 경험하는 습관을 훈련하라고 우리를 초청하는 것이다. 그런 습관들은 성경 연구와 묵상과 기도를 훈련하는 시간을 가질 때 잘 뿌리내린다.

아마 당신도 나처럼 시편 기자의 권면을 받아야 할 것이다. 시편 기자는 경건 훈련에 아주 열심인 것처럼 보인다. 조금 전에 말했던 그날 아침, 만약 내가 주님께 시선을 고정했더라면 외로움과 좌절과 슬픔과 그토록 심하게 싸울 필요는 없었을 것이라는 점을 깨달았다.

NIV의 번역, 즉 "오직 그분만이 나의 발을 덫에서 구해 내실 것이기 때문입니다."는 히브리어 원문의 강조점을 간직하고 있다. 동사에 이미 '그'라는 주어가 포함되어 있는데도 따로 '그'라는 대명사를 추가한 것은 그 독특성을 강조한다. "실로 그는", "참으로 그는"과 같은 강조는 그물에서 벗어나려고 우리가 얼마나 자주 우리의 힘이나 지혜, 방법과 술책을 쓰며 애쓰고 있는지를 주의 깊게 살피게 한다.

그날 아침 일은 좋은 예가 될 것이다. 나는 내가 다른 사람의 오해라는 덫에 걸려 있다고 생각했지만, 사실은 나 자신의 교만에 매여 있었다. 내 괴로움의 많은 원인은 내가 일을 명확하게 하고 나 자신을 정당화해야 한다는 생각에 집중되어 있었기 때문이었다.

오해나 거짓 소문의 대상이 되었을 때, 자신이 정당하다는 것을 증명해 보여야 한다는 생각에서 비롯되는 괴로움이 얼마나 큰가? 만약 주님만이 우리를 그 덫에서 건져 내실 수 있다면, 그렇다면 주님은 우리가 그 일을 어떻게 처리하기를 원하시는지를 배우기 위해 우리는 그분께 우리의 눈을 고정시켜야 한다. 그날 수영장에서 했던 시편 묵상 덕분에 놀라운 결과가 있었다.

처음에 다룬 몇몇 시편들, 특히 시편 19편은 하나님의 교훈에 마음을 활짝 열라고 권면한다. 그리고 "내 하나님이여 내 하나님이여 어찌 나를 버리셨나이까"라는 고통스러운 질문으로 시작되는 시편 22편은, 예수님이 우리를 대신해 십자가에서 죽으실 때 하셨던 다른 말씀들도 기억하게 했다. "아버지 저들을 사하여 주옵소서 자기들이 하는 것을 알지 못함이니이다"(눅 23:34)라는 기도를 생각하면서, 나는 이것이 거짓을 말하는 사람에게도 적용될 수 있음을 깨달았다.

사람들이 우리를 오해하는 이유는 때로 그들이 자신의 고통이나 고민으로 너무 무거운 짐을 지고 있기 때문이다. 우리를 덫에서 풀어 주시는 하나님의 방법은, 우리가 헛소문을 바로잡고 모든 사람에게 정확한 정보를 주는 것이 아니라, 우리의 교만을 제거하고 우리를 험담하는 자를 용서하며 그들의 슬픔을 어떻게든 덜어 줄 방법을 찾는 것인지도 모른다.

어떤 덫이 당신의 발목을 잡고 있는가? 어떻게 하면 그 덫에서 당신을 풀어 주실 주님을 간절하게 계속해서 바라볼 수 있겠는가? 다른 사람들이 우리를 대적해서 그물을 쳤든, 아니면 우리 스스로 거기에 걸려들었든, 그것과는 상관없이 오직 주님만이 우리를 성공적으로 그 그물에서 꺼내 주실 수 있는 분이다.

하나님에 대해서 놀랍도록 좋은 소식은, 하나님은 정말로 우리를 해방시키기 원하신다는 사실이다. 때때로 나는, 만약 내가 하나님이라면, 내가 스스로 걸려든 이 엉망인 상태에 그냥 나를 내버려 둘 것 같다고 생각해 본다. 그러나 시인이 시편 25편에서 "내게로 돌이키셔서 내게 은혜를 베푸십시오."라고 말할 때 '돌이키셔서'라는 단어는, 하나님께 당당하게 요구하며 손을 내미는 모습이라서 우리를 당황시킨다.

그 히브리어 단어는 '주목함', 즉 누군가를 돌보거나 어떤 일에 관심을 집중하는 것을 강조한다. 우리의 모든 실수와 반역을 생각해 본다면, 도대체 우리가 어떤 권리를 가지고 있기에 하나님께 우리에게로 돌이키셔서 우리를 보아 달라고 요구할 수 있단 말인가? 그러나 하나님은 황송하게도 우리를 위해 늘 그렇게 해 주시고, 우리는 간구할 때마다 하나님이 그런 분이심을 기억한다.

아이가 "나 좀 보세요."라고 외칠 때, 부모는 왜 그 아이를 돌아보는 것으로 반응하는가? 대개 아이는 그렇게 특별한 일을 하고 있지 않다. 다만 아빠나 엄마는 사랑 때문에 아이를 격려하려고 시간을 내는 것이다. 마찬가지로 하나님은 그분의 부성애/모성애 때문에 은혜 가운데서 우리를 돌아보신다.

시인은 외롭다고 계속해서 탄식한다. 역경의 시간에 그는 주님이 그분의 은혜로 자신을 보아 주시기를 간절히 원한다. 때로는 당신도 누군가 당신 삶의 자그마한 일에 관심 가져 주기를 간절히 바라고 있을 때가 있지 않은가?

만약 우리가 용납받지 못하는 상황 속에서 얼마 동안의 시간을 보낸 경험이 있다면, 즉 우리와 가까운 누군가의 마음이 닫혀 있어서 그에게 인정받지 못했던 경험이 있다면, 은혜의 눈으로 주목하시는 하나님의 이미지는 우리에게 특별한 위로가 될 것이다. 심지어 시작하기도 전에 이미졌다는 사실을 알게 되었을 때, 우리는 시작할 수 있는 힘을 짜내기 위해 혼신의 노력을 기울인다. 우리가 하는 일을 좋아해 주고 무조건 우리를 인정해 주는 친구를 만날 때, 그래서 그들의 은혜 속에서 다시 일을 시작하고 최선을 다할 수 있는 자유를 가질 때, 우리는 얼마나 큰 해방감을 느끼겠는가?

시편 기자가 "내게로 돌이키셔서 내게 은혜를 베푸십시오."라고 자유롭게 말할 수 있는 것은, 하나님이 과거에 그를 사랑으로 용납하셨고 언약적 신실함이라는 그분의 성품을 거스를 수 없음을 아는 지식에서 나온다. 그러므로 우리는 담대한 확신을 가지고 (이 확신은 예수님 안에서 나타난 하나님의 사랑 때문에 더욱 확실해졌다) 즉시 하나님께로 나아가 그분의 관심을 요구할 수 있다(엡 3:12).

시인은 "나는 외롭고 고통스럽기 때문입니다."라고 절망스럽게 외친다. 이 가슴을 찌르는 히브리어 표현은 "외롭고 고통스럽기 때문이다—나는"이라고 직역될 수 있다. "외롭고"로 번역된 단어는 "혼자인 사람", 즉 친구가 없고 고립된 개인이나 방랑자 또는 추방당한 자를 암시한다. 버림받았다는 것은 구약에서 종종 약함과 가난함, 또는 다른 비참한 상태와 연관된다. 또한 이 어구에도 동사가 없고 강세 대명사 '나는'으로 끝난다는 점에 주목하라. 이 두 가지 장치는 모두 이 존재가 황폐한 상태임을 강조한다. 그는 고통 중에 있지만 그를 위로해 주는 사람은 아무도 없다.

이 구절들은 외로움으로 고통당하는 사람이 우리만이 아니라는 사실을 기억하도록 도와준다. 그러나 만약 그런 고통이 우리 삶에 끊임없이 계속된다면 그런 사실도 우리에게 별로 위로가 되지 못할 것이다.

하지만 우리의 존재에는 또 다른 사실이 있다. 시인은 우리를 위로해 줄 사람이 없어서 절망해 있을 때 하나님이 변함없는 신실하심으로 우리와 함께 계시며 사랑으로 우리를 바라보고 계신다는 사실을 계속 상기시킨다. 우리가 그 사실을 느껴야 할 필요는 없다. 우리의 느낌과는 상관없이 그 사실은 진리다. 때로는 그것을 사실로서 인정할 때 주님의 임재를 느끼기 시작할 것이다. 우리가 주님의 임재를 경험하지 못한다 해도 하나님의 부드러운 주목하심은 진실로 우리를 감싸고 있다.

다음 구절에서 선포한 것처럼, 자신의 문제가 점점 더 늘어 갈 때에도, 시인은 하나님이 자신을 그 산고와 같은 고통에서 해방시키실 수 있음을 알고 있다. 시인의 불평을 자세히 살피는 것은 우리의 절망을 보다 잘 이해하는 데 도움이 될 것이다. 문자적으로 "내 마음의 근심들(distresses)이 더 커졌다."라고도 번역할 수 있는 히브리어 원문은 그림과 같은 서술적 용어를 사용하는데, 그 용어들은 스트레스의 시대인 오늘날을 사는 우리의 경험과 아주 잘 일치한다. 내가 "근심들"(distresses)이라고 번역한 단어는 '묶다, 졸라매다, 제한되다, 속박당하다'라는 뜻의 단어에서 파생했다. 이것은 '단단히 조여진' 또는 '좁은'이라는 단어와도 연관된다. 때때로 우리는 세상의 문제들이 우리를 너무나 단단히 조르고 있어서 숨도 제대로 쉴 수 없다고 느낀다.

다시 한 번 시인은 오직 주님만이 우리를 덫으로부터 구해 내실 수 있다는 사실을 상기시킨다. 그는 하나님께로 돌이켜 "내 고민으로부터 나를 해방시켜 주십시오."라고 말하기 때문이다. '해방하다'라는 이 동사는 "덫"을 말하는 NIV 15절에서 '구원하다'라고 번역된 동사와 동일하다. "고민"이라고 번역된 명사는, 압력 또는 걱정에 의해 야기된 압박을 의미한다는 점에서, 그 앞부분에 등장하는 "근심"이라는 단어와 동일하다.

특히 경제적 압력과 시간의 압력이 엄청난 이 시대에, 우리는 주님만이 우리를 자유롭게 하실 수 있음을 배운다. 일거리를 찾고 어떤 식으로든 안정을 추구하는 내 친구들은 세상이 제공하는 것은 무엇이든 확실하지 않다는 사실을 깨닫고 있다. 대학 총장은 졸업생들에게 그들 중 절반 이상은 자신이 선택한 분야에서 영원한 직업을 발견하지 못할 것이라고 이야기한다. 50세가 넘어 구조조정으로 직장에서 해고되면 새 직장을 찾을 수 없는 경우가 많다. 압력이 커질수록 그런 곤경으로부터 진정으로 해방될 수 있는 유일한 방법은, 우리를 주목하시고 돌보아 주기로 선택하시는 은혜의 주님을 개인적으로 알고 그로 인해 얻는 위로 안에 있다.

이것이 바로 시인이 고통과 고뇌로 인해 다시 한 번 주님의 자애로운 관심에 호소하는 이유다. 이번에는 또 다른 사실을 인정한다. 하나님께 자신의 모든 죄악을 제거해 달라고 요청함으로써, 그는 아마도 자신이 지금 겪고 있는 문제의 원인이 바로 그 죄악일 것이라는 점을 암시한다. 만약 하나님이 그 근원을 제거해 주신다면 시인은 자기 죄로 인한 문제로부터 자유로워질 수 있다.

우리는 자신이 근심하고 있는 문제에서 죄악이 중요한 역할을 하고 있음을 계속적으로 인정해야 한다. 그러나 우리가 원하는 모습이 될 수 없다는 우리 자신의 무능력에 대한 죄책감에 눌리기 위해 그렇게 하자는 것이 아니다. 오히려 우리의 죄성을 충분히 깊이 인식할 때, 하나님이 우리에게 대가 없이 허락하시는 용서를 기꺼이 받아들이게 될 것이다. 그 은혜의 용서에 대해 보다 심오한 인식을 갖기 시작할 때, 우리는 우리 자신을 보다 잘 용납할 수 있다. 결국 우리가 자신을 용납할 수 있을 때, 우리는 자유로워져서 보다 분명하게 생각하고 자신의 고통과 고뇌를 보다 단호하게 다루게 될 것이다. 주님 사랑의 품 안에 있을 때 우리는 소망을 발견할 수 있는 힘을 얻는다.

이 시편은 보호를 구하는 간청과 함께 시인의 소망은 주님 안에 있다는 마지막 선포로 끝난다. 이것은 우리로 하여금 커다란 원을 돌아 처음 시작한 곳으로 되돌아가도록 만든다. 우리는 이제, 하나님의 임재와 삶 속에서의 그분의 완전한 돌보심을 인식하기 위해서 우리의 눈을 주님께 고정시킬 필요가 있다는 것을 인정한다. 언약의 하나님은 우리에게 은혜를 베푸시기 위해, 우리를 덫으로부터 해방시키시기 위해, 우리를 고뇌로부터 자유롭게 하시기 위해, 우리의 죄악을 제거하시기 위해, 우리에게로 돌이키신다. 우리의 외로움은 그분의 위로와 돌보심에 대한 경이로움으로 인해 사라질 것이다.

묵상을 위한 질문

1. 주님께 내 시선을 고정시키기 위한, 나의 경건 생활 습관들은 얼마나 효과적인가?

2. 그 습관을 어떤 방법으로 개선하거나 발전시킬 수 있을까?

3. 덫에서 벗어나기 위해서는 내 계획보다 하나님의 계획이 더 낫다는 것을 어떻게 알게 되었는가?

4. 나를 은혜의 시선으로 바라보는 이들과 비난의 시선으로 바라보는 이들 사이의 차이를 어떻게 경험했는가?

5. 은혜의 시선은 내 외로움을 어떻게 달래 주는가?

6. 현재 어떤 고뇌("갑갑함")가 나를 옥죄고 있는가? 내 고뇌의 근본적 원인이 되는 죄악은 무엇인가? 그 문제에 대해 나는 무슨 일을 할 수 있는가? (문제에서 빠져나오기 위해 스스로 노력한다는 답을 내놓지 않도록 하라. 하나님의 은혜를 생각할 때 그 답은 무엇인가?)

7. 고민에 빠져 있는 사람에게 어떻게 하면 주님의 은혜의 시선을 전달해 줄 수 있을까?

07

배신자까지도 품으시는 여호와

내가 말했습니다. "오, 내게 비둘기의 날개가 있다면!
    나는 날아가서 편히 쉴 것이다.
나는 멀리 날아가서
    광야에 머물 것이다.
나는 나의 피난처로 속히 갈 것이다.
    폭풍과 광풍을 피해."

만약 원수가 나를 모욕했다면
    나는 그것을 견딜 수 있었을 것이다.
만약 나를 대적하여 자신을 높인 자가 내 적이었다면,
    나는 그를 피해 숨을 수 있었을 것이다.
하지만 그는 나와 비슷한 사람인 너,
    곧 나의 동료, 나의 가까운 친구였다.
우리가 무리와 함께 하나님의 집 안에서 걸었을 때,
    나는 그와의 달콤한 교제를 즐겼다.

[시편 55:6-8, 12-14]

가장 외로웠던 몇 년 동안 때때로 나는 멀리 도망가서 아무도 나를 영원히 찾을 수 없기를 원했다. 때로는 기분이 너무 안 좋아서 존재하기를 멈출 수만 있다면 무엇이든 다 내놓을 수 있을 것 같았다. 우리처럼, 시편

기자인 다윗도 도망치고 싶었다.

모든 것 또는 모든 이들로부터 도망치고 싶다 해서 죄책감을 느낄 필요는 없다. 시편 55편은 포기하고 싶어 하는 마음을 갖게 되는 합법적 이유를 우리에게 보여 준다. 중요한 것은 그런 열망을 어떻게 다루느냐 하는 것이다. 그 문제를 현실적으로 바라보는 것은 건설적인 출발점이다.

시인 다윗은 외친다. "누가 나에게 비둘기의 날개를 주어서 나로 날아가 앉아 쉬게 할 것인가?" 그의 열망은 삶의 끔찍한 상황에서 기인한다. 몇 구절 다음에 그는 이렇게 한탄한다. "오, 내게 날개가 있어 날아갈 수 있다면 … 나는 도성 안에서 폭력과 싸움을 보기 때문이다. 밤낮으로 그들은 성벽 위를 [먹이를 찾아] 배회한다. 그 안에는 악의와 학대가 있다. 도성 안에는 파괴적인 세력들이 활동하고 있다. 위협과 거짓말이 그 거리를 결코 떠나지 않는다." 그는 자신이 통제할 수 없는 많은 소동과 소란에 둘러싸여 있다.

우리도 마찬가지다. 우리는 정치적 속임수와 인종 청소, 거리의 폭력배와 폭증하는 범죄, 참혹한 가난과 과시적 소비, 알코올로 인한 무감각과 인터넷을 이용한 현실 도피, 정신을 해치는 마약과 영혼을 해치는 거절의 시대를 살고 있다.

올바르게 물러설 자리가 있다. 주위를 둘러싸고 있는 고통에 압도당한 나머지, 변화와 치유의 대리인이 되기 위해 노력하는 것이 불가능해 보일 수 있다. 그럴 때에는 뒤로 물러서고 싶은 열망이 거룩한 불안감에 의해 촉발된다.

겟세마네 동산에서 예수님도 악과의 싸움으로 고뇌하셨다. 예수님이 앞으로 다가올 시간을 생각하며 느꼈을 고뇌를 우리는 도저히 상상도 할 수 없다. 예수님은 위로와 인도하심과 힘의 근원이셨던 하나님으로부터 이제 곧 분리된다는 사실을 알고 계셨을까? 하나님이 하나님 바로 자신으로부터 분리되실 때, 삼위 하나님의 일치와 분리를 우리가 어떻게 이해할 수 있겠는가? 하나님은 우리가 그분을 죽일 때에도 우리를 사랑하셨다.

우리는 그리스도께서 우리를 대신해 죄가 되셨을 때의 극심한 고통을 감히 상상도 할 수 없다(고후 5:21). 우리는 옳지 못한 일을 할 때 느끼는 죄책감을 알고 있다. 도대체 누가 이 깨어진 세상, 인간이 서로에게 가하는 모든 학대, 전체 피조물의 신음이라는 이 거대한 고통을 견딜 수 있단 말인가?

예수님께서 그 모든 것이 별것 아니라고 생각해서는 안 된다. 물론 예수님은 하나님이시다. 그러나 그분은 우리를 위해 인간으로 살고 인간으로 죽기 위해 하나님으로서의 본성과 능력을 내려놓으셨다. 결과적으로 그분은 인간의 공포와 절망, 모든 육체적 고통과 감정적 고뇌와 영적 분리를 경험하셨다. 그러나 히브리서 저자는 그분이 죄를 범하지 않았다고 선언한다(히 4:15).

우리 앞에 놓인 엄청난 싸움이나 고난 때문에 두려워하는 것은 죄가 아니다. 문제가 되는 것은 그 부담감 또는 슬픔을 어떻게 처리하느냐 하는 것이다. 만약 우리가 이 세상이나 인생의 고통에 압도당해서 "내 아버지여 만일 할 만하시거든 이 잔을 내게서 지나가게 하옵소서"라든가 "도망갈 수 있도록 제게 날개를 주십시오."라고 기도한다 해도 우리는 죄를 범한 것이 아니다. 우리를 하나님께로부터 분리시키는 것은 "그러나 나의 원대로 마시옵고 아버지의 원대로 하옵소서"라고 덧붙이지 못하는 것이다(마 26:36-44).

하나님은 무한히 지혜로우시며 은혜로우시다는 사실을 그 어떤 상황 가운데서도 기꺼이 믿고자 하는가? 우리를 절망스럽게 하는 것을 피해 날아갈 수 있도록 하나님이 날개를 주시지 않는다 해도 하나님을 신뢰하는가? 하나님의 오래 참으심과 자비에 의하면, 그분의 목적은 궁극적으로 선하다는 것을 믿는가? 비록 악의 세력이 날뛰고 우리 인생과 세상에 무질서를 초래한다 해도 그리스도께서 그들을 누르고 승리하셨으며 언젠가 그들을 모두 멸하실 것임을 알고 있는가?

시편 55편 기자는 급히 피난처로 도망가 그곳에서 쉬고 싶다는 소망을 계속해서 피력한다. 그는 폭풍과 광풍을 피해 멀리 떨어진 광야의 피난처에 거하기를 원한다.

외로움은 우리의 정신적 균형을 위해 때로 유익하다. 예수님은 종종 자신을 둘러싸고 있는 사람들로부터, 그리고 세상의 비판으로부터 물러나셨다. 기도하기 위해, 아버지와 조용히 교제하는 시간을 갖기 위해 산속으로 피하셨다. 우리가 회복되고 강건해지기 위해 잠시 물러나는 것은 옳은 일이다. 그렇게 함으로써 우리는 악과의 싸움을 계속할 수 있는 의지를 기르게 될 것이다.

우리 그리스도인들은 휴식에 대한 바른 신학을 가질 필요가 있다. 우리는 때로 주님을 섬기는 일에 너무 열심이거나 우리의 직무와 프로젝트에 너무 열중해 있어서, 일과 참된 휴식 사이에 균형 이루는 것을 잊어버린다. 어떤 면에서 우리의 신약적 신앙은 구약 안식일의 중요성을 무시해왔다. 유대인들은 엿새 동안 열심히 일하고 일곱째 날에는 휴식을 취했다. 그들은 삶의 리듬을 인정했다. 그들은 회복되고 휴식을 취하고 치유될 수 있는 시간이 필요하다는 사실을 깨달았다.[11]

대개 우울하고 낙심이 될 때 우리는 감정적 치유를 받을 만한 충분한 시간을 자신에게 주려 하지 않는다. 만약 우리가 심리적 회복과 육체적 재충전을 위해 충분한 시간을 갖는 법을 배우고 다른 사람들도 그렇게 하도록 도울 수 있다면, 기독교는 우리 자신에게도 훨씬 더 유익하고 이웃에게도 의미 있는 것으로 다가갈 것이다.

주일마다 휴식을 취할 뿐 아니라, 날마다 수영장에 가서 수영을 하고, 일하는 중간에 잠시 시간을 내어 피아노를 치고, 시간을 내서 친구들에게 나의 문제를 나누고, 그들이 내 말을 들어 주고 내게 위로의 말을 건네는 과정에서 그로 인해 적극적인 지원을 받는 것은 내게 참으로 귀한 일들이다. 당신의 삶 속에는 따뜻한 햇살을 받고 하나님의 장엄한 창조의 영광을 감상하기 위해 낚시 여행을 하거나 숲속에서 자전거 하이킹을 하기 위한 자리가 마련되어 있는가? 나는 따뜻한 차 한 잔과 고전 음악, 벽난로 속의 불, 흔들의자에서 치유를 얻곤 한다. 우리에게 힘을 주는 것이라면 그 무엇이든 개인적으로 적절한 도피처를 마련해 주고, 그곳에서 우리는 앞에 놓인 과제를 해결할 수 있는 용기를 얻는다.

사실 예배 의식 자체가 우리에게 뒤돌아보고 힘을 충전할 수 있는 시간을 제공한다. 시편 55편에 '셀라'라는 단어가 등장하는데, 대부분의 학자들은 이것이 일종의 음악 부호였다고 생각한다. 아마도 시편을 낭독하는 도중에 잠시 조용히 쉬는 것을 뜻했거나, 예배 참석자들이 조금 전에 들은 말씀을 잠시 묵상할 수 있도록 중간에 악기를 연주하라는 표시였을 것이다.

만약 그렇다면 7절과 8절 사이에 '셀라'가 놓인 것은 전략적이다. 광야로 날아가서 쉴 수 있도록 날개를 원하는 시인의 소원을 들은 후 예배자들은 휴식이 필요하다는 것과 그 효과가 무엇인지를 묵상하고 잠시 여유로운 시간을 가질 수 있었을 것이다. 그런 다음 예배자들은 다음 세 구절에 기록된 대로 폭풍과 광풍을 피할 수 있는 피난처를 발견하기 원하는 시편 기자의 소원을 접하게 된다.

그를 둘러싼 세상에서 목격한 모든 폭력과 파괴를 기술한 다음, 시편 기자는 자신에게 실제로 가장 심한 고통을 안겨 준 사람은 원수가 아니었다고 선언한다. 만약 적이 그랬다면 시편 기자는 그 고통을 참거나 피할 수 있었을 것이다.

무엇에 제대로 대처할 수 없을 때, 우리는 자주 이런 생각을 한다. 바로 이 문제만 아니라면 해결할 수 있을 것이라고 말이다. 또는 우리가 감당해야 할 문제를 선택할 수 있다면 좋겠다고 생각한다.

계속해서 시인은 많은 이들을 외롭게 만들고 슬프게 하는 가장 큰 문제를 지적한다. 즉, 우리에게 가장 깊은 상처를 주는 이는 다름 아닌 절친한 친구라는 것이다. "우리는 하나님의 집 안에서 걸었을 때, 달콤한 교제를 즐겼다."

아침 경건의 시간에 처음으로 이 시편을 읽었을 때, 나는 책상에 앉은 채 울지 않을 수 없었다. 이 시편이 오직 나를 위한 것처럼 보였기 때문이다. 나는 적이 나를 어떻게 공격하든 그것은 감당할 수 있다고 생각했다. 하지만 두 친구에게 배신당한 고통을 어떻게 참고 견딘단 말인가? 그 두 사람은 바로 내 남편, 그리고 내가 그토록 많은 관심을 갖고 돌보았던 여학생이다.

많은 사람들이 그 질문의 답을 찾아보려 노력했지만 허사였다. 우리가 사랑하는 사람이 우리를 해치는 그 악을 우리는 결코 제대로 설명할 수 없을 것이다. 그러나 현실에서 그 고통은 우리는 압도하는 실제다. 시인은 "그것은 너다."라고 생생하게 이야기한다. 그 사람은 "나와 같은 줄에 앉아 있는 사람" 또는 "나와 비슷한 사람"이다. 다시 말해서 "너는 한 개인, 나와 같은 인간, 한 동류"라는 뜻이다. 그뿐 아니라 그는 "나의 친구요, 나의 지인(知人)"이다.

영어 단어는 이 히브리어 표현의 신랄함을 제대로 보여 주지 못한다. "친구"에 해당하는 첫 번째 단어는 아내와 남편의 관계를 표현할 때 종종 사용되는 것으로서 친밀성을 암시한다. 사랑하는 사람과의 사이에 존재했었던 심오한 친밀성이 이제는 파괴되었다. 두 번째 단어는 계시 또는 드러냄의 개념을 포함하는, '깊이 있게 안다'는 의미의 동사로부터 파생했다. 이 친구는 시인이 자신의 숨겨진 자아, 자기 존재의 가장 깊은 진실까지도 털어 놓았던 사람이다. 그러나 바로 그가 시인을 공격했다. 그가 그들을 하나로 묶었던 언약을 깨뜨렸다(20-21절).

이 글을 처음 쓸 때 나는 한 좋은 친구에게 내 삶의 계획과 관련된 몇 가지 비밀스러운 소망을 이야기하며 풍성한 위로를 얻었다. 그 친구는 내 말을 비웃지 않았다. 몇 달 전에 나는 내 자신의 가장 깊은 곳에 있던 이야기를 누군가에게 말한 적이 있는데, 그는 내 이야기를 터무니없는 것으로 일축해 버렸다. 그때 나는 인생에서 정말로 중요한 것을 함께 나눌 수 있을 만큼 누군가를 다시 신뢰하게 될지 의심스러웠다.

시인은 한때 이 절친한 친구와 달콤한 우정을 나누었다는 사실을 슬퍼한다. 그들은 하나님의 집에서 예배자 무리와 함께 거닐었다. 그런데 지금 그 친구가 시인을 배반한 것이다.

마찬가지로 우리 중에도 배신당한 고통에 빠져 있는 사람들이 있다. 우리가 깊이 신뢰했던 사람이 우리 인생을 파괴한다는 것은, 삶이 찢겨져 나가고 심장이 부서지고 영혼이 비틀어지듯 절망스러운 일이다. 한 사무실에서 일하는 동료가 내 성격이나 내 일에 관해 험담을 하고 내 이름을 더럽힌다. 배우자가 나를 떠나 누군가와 함께하는데, 그 누군가 역시 나의 좋은 친구였다. 이웃이 공동체 전체에 악질적인 소문을 퍼뜨린다. 그 상처를 치료할 길은 전혀 없는 듯 보인다. 우리에게 해를 끼친 사람을 우리는 이미 용서했을 수도 있다. 우리 인생이 망가진 일은 이미 오래전에 있었던 일일 수도 있다. 그러나 우리는 아직도 가끔씩 악몽을 꾸고, 그 장면들로부터 멀리 달아나려고 애를 써 보지만 나쁜 기억들은 선명히 되살아난다. 한때 나와 함께 예배를 드렸던 사람 때문에 내 삶이 산산조각 났었던, 그 살이 에이는 듯한 고통을 어떻게 다루고 있는가?

이 세상에서 죄악의 가장 큰 비극은, 가장 안전하다고 생각되는 부분에서 그 죄악이 우리를 친다는 것이다. 우리는 고통당할 가능성이 가장 없는 곳이 교회일 것이라고 생각할지 모른다. 그러나 우리가 가장 깊은 상처를 받는 곳이 교회일 때가 있다. 우리는 그리스도인 친구나 배우자에게 배신을 당했을 수도 있다. 때로는 교회 정책이 우리에게 해를 주기도 한다. 독신이고, 홀로 있고, 외로움과 싸우고 있는 사람들이, 하나님의 백성이라고 생각했던 사람들에게 여러 번 무참하게 거절당한다.

이런 상황에서, 단순한 설명이 불가능한 고통의 문제는 기독교 공동체의 실패로 더 악화된다. 우리는 결혼 서약 파기, 기만, 간음, 지키지 않는 헌신을 이해할 수 없다. 우리는 끝이 없어 보이는 슬픔을 감당하지 못한다. 자칭 하나님의 백성이라는 사람들이, 우리가 이해할 수 없는 죄를 지을 때 그 죄의 파괴력은 더욱 강해진다.

나는 여기서 피상적인 위로를 제공하지 않으려 한다. 이 글을 읽고 있는 독자 중에도 바로 지금 그리스도인에게 배신을 당해 극심한 마음의 고통을 겪고 있는 사람이 있을 것이다. 그 이해할 수 없는 상처를 우리가 어떻게 감당할 수 있겠는가?

이것이 바로 시인의 고뇌다. 그것은 우리의 고뇌이기도 하다. 그리고 그것은 예수님의 짐이었다. 이 마지막 사실에서 우리는 그 고통의 막대함을 다룰 수 있는 길을 탐색하기 시작할 수 있다.

예수님은 우리가 하는 모든 일을 참아 내셨다. 거기에는 가장 가까운 친구의 배신이 포함되어 있고, 그래서 그분은 우리가 겪는 고통을 아신다 (히 4:15). 참으로 그분은 우리가 어떤 이유로 외로워하든 우리 곁에 함께하시고 우리의 사정을 이해하실 수 있다. 다음 장에서 우리는 시인의 대답을 살펴본 후에 시편 56편을 연구할 것이다. 거기서 우리는 하나님이 우리의 불행에 많은 관심을 갖고 계시며 그 가운데서 우리를 돌보시고 계신 것을 보다 분명히 보게 될 것이다.

묵상을 위한 질문

1. 내 삶에서 어떤 경험 또는 상황들이 나로 하여금 도피하고 싶게끔 만드는가?

2. 예수님도 똑같이 느끼셨다는 것을 아는 것이 내게 어떻게 도움이 되는가?

3. 나는 어떤 습관과 관행에서 쉼과 안식을 얻고 그로 인해 더 강해질 수 있는가?

4. 내가 다니는 교회의 예배에서는 '셀라' 묵상의 기회를 어떻게 주고 있는가?

5. 나는 어떤 유형의 원수에 잘 대적할 수 있는가?

6. 절친한 친구들에게 깊은 상처를 받은 적이 있는가? 그들을 용서했는가? 만약 그렇지 않다면 내가 그들을 용서할 수 있도록 내게 도움을 주는 것은 무엇일까?

7. 교회 안에서 깊은 상처를 받은 적이 있는가? 나는 그들을 용서할 수 있었는가? 어떻게 하면 화해와 긍휼의 기독교 공동체를 세우는 데 기여하는 일꾼이 될 수 있을까?[12]

08

저녁에도, 아침에도, 정오에도
내 목소리를 들으시는 주님

그러나 나는 하나님께 부르짖고,
 하나님은 나를 구원하십니다.
저녁과 아침과 정오에
 나는 근심 중에 부르짖습니다.
 그리고 그분은 나의 목소리를 들으십니다.

당신의 근심을 주님께 던져 버리십시오.
 그러면 그분이 당신을 붙드실 것입니다.
 그분은 결코 의로운 자가 넘어지도록 하지 않으십니다.

[시편 55:16-17, 22]

윈드 송(Wind Song) 향수 옛 광고를 보면 한 젊은이가 사랑스러운 처녀를 마음속에 그리고 있다. 그 처녀의 춤추는 모습이 그의 머릿속을 스치고 지나간다. 자막은 이렇게 약속한다. "그는 그의 마음에서 당신을 몰아낼 수 없다."

그 자막은 우리가 아마도 어린 시절에 암기했던 유명한 성경 구절을 훌륭하게 의역한 것이라고 할 수 있다. "너희 염려를 다 주께 맡기라 이는 그가 너희를 돌보심이라"(벧전 5:7). "네 짐을 여호와께 맡기라 그가 너를 붙드시고 의인의 요동함을 영원히 허락하지 아니하시리로다"(시 55:22). 참으로 하나님은 우리를 그분 마음에서 몰아내실 수 없다. 그분은 그럴 생각도 없으신데, 이는 참으로 믿어지지 않는 부분이다. 그분은 절대로 우리를 돌보는 일을 그만둘 생각이 없다.

다른 많은 탄원시와 마찬가지로 시편 55편에서 다윗은 자신의 어려움을 진술하는 것으로 시작해서 "그러나 나는 하나님께 부르짖습니다."라고 주장한다. 이것은 믿음의 사람이 역경에 반응하는 방식이다. 시편을 계속 연구하면서 나는 이것이 우리의 자연스러운 반응이 되기를 더욱더 기도한다. 시편을 더 묵상하고 믿음의 언어에 더 몰두할수록, 나는 매일의 삶 속에서 더욱 쉽게 기도를 드리게 된다. 하나님의 임재를 경험하는 이런 습관은 우리의 삶에서 여러 유형의 슬픔과 싸우는 데 최고의 무기가 될 것이다.

시편 기자가 계속해서 "하나님은 나를 구원하십니다."라고 확언할 때, 그는 내가 가장 좋아하는 히브리어 동사를 사용한다. 이 동사는 흔히 '구원하다' 또는 '구해 내다'로 번역되는데, 보다 깊은 의미는 어떤 것에게 충분한 폭과 너비를 허용해 준다는 것, 또는 그것을 해방시킨다는 것이다. 우리는 앞 장에서 압박당하는 시인의 모습을 살펴보았는데, 이 이미지는 그것과 극명한 대조를 이룬다. 우리를 둘러싸고 있는 악들이 점점 더 우리를 조여 오는 듯이 보일 때, 주님은 우리를 자유롭게 하셔서 영광스럽게도 우리에게 공간을 허락해 주신다. 곧 우리가 숨을 쉬고 움직일 수 있는 범위와 구역을 주신다.

17절은 이 글에서 우리가 묵상하는 내용의 초점이 된다. 우리는 이 구절을 잘 이해해야 하는데, 일부 기도 그룹이 오해하는 내용에 반격하기 위해서다. 그 오해가 하나님과 우리의 관계에 파괴적으로 작용할 수 있을 것 같아 나는 염려스럽다.

시인은 "저녁과 아침과 정오에 나는 항의하고 신음할 것입니다."라고 생생하게 말한다. 이는 무서운 고뇌와 기도 가운데 있는 한 영혼의 모습이고, 주님이 깊은 연민으로 응답하실 것을 강조한다. 이것을 NIV에서는 "나는 근심 중에 부르짖습니다."로 번역하는데, 이 번역은 두 개의 동사를 사용한 히브리어 표현의 강도(强度)를 제대로 드러내 주지 못한다. 시인은 중한 상처 때문에 울부짖으면서 신음하고 한탄한다. 그는 자기 삶의 모든 불행에 격렬하게 저항한다.

이 구절은 이 책의 7장에서와 마찬가지로 시인의 극심하고 큰 슬픔을 강조한다. 우리는 가장 사랑했던 사람에게 배신당한 사람들이 겪는 극심한 고통을 현실적으로 직시해야 한다. 그런 고통을 간단한 방법으로 덜어 줄 수는 없다. 가장 가까운 사람에게 받은 상처는 어떤 치료의 가능성도 거부하는 듯이 보인다. 이런 견딜 수 없는 고뇌 속에서 시인은 울부짖고, 우리도 마찬가지다.

시인은 어쩌다 한 번 울부짖는 것이 아니다. 아침에도 정오에도 한밤중에도 울부짖는다. 이 단어들은 하루 중 세 번의 특정한 기도 시간, 즉 아침에 일어났을 때와 잠자리에 들 때와 점심 식사를 하기 전을 일컫는 것이 아니다. 시인은 자신의 슬픔이 계속되고 있다는 점을 괴로워한다. 그는 극심한 고통과 슬픔 때문에 계속 울부짖는다.

어떤 사람들은 좋은 의도를 가지고 "기도와 간청은 한 번만 드리십시오. 그리고 나서 응답해 주신 하나님께 감사하는 기도를 드리기 시작하세요."라고 조언하지만, 그것은 그들의 오해이고 우리는 그 오해에 맞서야 한다. 하나님이 우리를 위해 미래에 모든 일을 해결해 주실 것을 믿고 항상 감사하는 것은 참으로 좋은 습관이다. 우리는 악으로부터 선을 이루시기 위해 하나님이 적극적으로 환경을 변화시킬 것이라는 그분의 약속을 믿을 수 있다. 하지만 우리는 아직 치료되지 않은 엄청난 상처 때문에 고통스러울 때도 하나님께 감사만을 드려야 한다는 허위에 저항한다.

계속 하소연하는 대신 오직 감사만을 해야 한다고 주장하는 신학의 위험은, 그렇게 강요된 감사는 우리의 고뇌 위에 종교성이라는 겉치장을 덮어씌우고 때로는 우리가 슬퍼함을 통해 얻을 수 있는 치료를 방해한다는 것이다. 슬픔으로 고통당하고 있을 때 그것을 억누르려 해서는 안 된다. 종교적 경건이라는 명목으로도 그렇게 해서는 안 된다.

우리는 이 문제를 조심스럽게 구분해야 한다. 성경의 다른 구절들은(예: 살전 5:18) 모든 일들 속에서 계속 감사하라고 격려하기 때문이다. 데살로니가전서 5:18에서 '안에서'(in)라는 용어는 매우 중요하다. 우리가 받은 명령은 모든 환경들 '때문에'(for) 감사하라는 것이 아니기 때문이다.[13] 나는 악 '때문에' 감사하지는 않지만, 내가 부딪히는 악한 상황들 '속에서' 하나님께는 분명히 감사드릴 수 있다. 하나님의 은혜로운 임재가 나와 함께하시고, 그분의 자비가 나를 붙드시고, 기독교 공동체가 언제든지 악을 이기기 위해 항상 사역하기 때문이다. 그런 감사는 삶에서 일어나는 일을 하나님의 관점에서 바라볼 수 있게 해 주는 매우 유용한 수단이다.

그러나 위험한 것은, 시편 55편과 같은 본문도 성경에 있다는 사실을 인정하지 않는다면, 우리는 자신을 괴롭히는 슬픔과 혼동을 제대로 다룰 수 없다는 점이다. 우리가 죄로 병들고 또 부서진 세상 속에서 우리 실존의 고통과 싸우고 있는 한, 주님은 그런 슬픔에 대해 우리가 주님 안에서 현실적이 될 수 있도록 그분의 은혜로 우리를 초청하신다. 또한 주님 앞에서 탄식하는 것은, 우리가 관찰한 내용을 정리하고 그 진실성을 가려내기 위한 좋은 방법이다.

기도에 대한 많은 혼란스러운 철학들 때문에, 한번은 한 학생이 내게 특정한 것을 요구하기 위해서 얼마나 자주 기도를 드려야 하는지 질문한 적이 있다. 어떤 문제에 대해 우리의 마음이 아직 정해지지 않았다면, 우리는 그 문제에 대한 우리의 감정을 쏟아 놓으면서 하나님과 우리 자신에 대해 정직해지려고 노력해야 한다. 왜 하나님께 정직하지 못한 모습을 보임으로써 문제를 더 복잡하게 만드는가?

이것은 특히 외로움과, 그리고 외로움으로 인해 겪게 되는 엄청난 다른 슬픔을 다루는 데 매우 중요한 문제라고 생각한다. 비록 나는 자주 그 문제에 대해 기도를 드렸고 그 문제에 대해 자주 평안을 얻기도 했지만, 수년간의 외로운 생활 때문에 아직도 때로는 미칠 지경이 되곤 한다. 이 글을 처음 쓰던 날 밤 나는 그런 무너짐을 경험했다.

나는 시애틀에 살고 있는 친구 가족과 함께 이틀간의 추수감사절 휴가를 보냈다. 비록 나는 그들에게 낯선 사람이었지만, 그들과 대화하면서 나는 마치 집에 온 듯한 느낌을 받았다. 추수감사절 저녁 만찬은 가족 모임과 맛있는 음식 냄새, 그 계절만의 독특한 분위기 때문에 더욱 즐거웠다. 우리 중 몇 명은 시원한 가을바람을 맞으며 오래도록 산책을 즐겼다. 나는 그 가족들이 감정적으로 힘든 상태에 있을 때 그들을 돕기도 했다. 그래서 나는 내가 쓸모가 있고 그들에게 사랑을 받고 있다고 느꼈다.

하지만 내가 돌아왔을 때 우리 집은 텅 비어 있었고 몹시 추웠다. 우리 교회의 교인들은 모두 추수감사절 휴가를 떠났다. 장작 때는 난로에 불을 붙이기 위해 나는 한 시간 이상 수고를 해야 했다. 장작을 패는 일은 무척 힘들었고, 불쏘시개를 잘 놓으려다가 손가락을 데기도 했다. 내 서재는 연기로 가득 찼다. 전에는 그 난로에 불을 붙일 때 문제가 생긴 적이 없었다. 내 좌절감은 계속 커졌고 결국에는 "하나님, 저는 혼자 있고 싶지 않아요!"라고 소리쳤다.

그 외로움 속에 견딜 수 없을 만큼 큰 고통은 없었다. 하지만 그 짜증은 이 큰 집의 차가운 침묵을 더욱 두드러지게 했고, 나는 휴가 기간 내내 나와 함께할 사람이 없다는 사실 때문에 수백 번 눈물을 흘렸다. 우리가 저녁에도, 아침에도, 정오에도 얼마든지 슬픔을 토해 내며 하나님께 부르짖을 수 있다는 이 시편은 얼마나 큰 위안이 되는가?

현실적이 될 수 있는 자유는 우리에게 특별한 위안이 된다. 시인이 계속 말하고 있다시피 주님은 "나의 목소리를 들으시기" 때문이다. 우리가 주위의 다른 사람에게 계속 불평을 말하면 그들은 그 말을 듣기 지겨워하고, 때로는 우리의 탄원에 귀를 막아 버린다. 하지만 그와는 대조적으로 주님은 심지어 우리가 수십억 번 똑같은 주제로 말을 한다 해도 우리의 부르짖음에 항상 귀를 기울이신다.

NIV는 '들으신다'는 동사를 진행형으로 번역한다. 주님은 그분의 신실하신 성품 때문에 우리에게 항상 귀를 기울이실 것이다. 반대로, 우리가 부르짖을 때 우리가 그분의 음성에 귀를 기울인다면, 우리는 자신의 슬픔을 객관적으로 바라볼 수 있고, 그것을 통해 성장할 수 있으며, 그분의 위로의 말씀을 듣고 고통을 견딜 수 있는 힘을 얻게 될 것이다.

베드로는 "너희 염려를 다 주께 맡기라 이는 그가 너희를 돌보심이라"(벧전 5:7)라고 말할 때 시편 55:22을 생각하고 있었을지 모른다. 시편 기자가 독자에게 "당신의 근심을 주님께 던져 버리십시오."라고 권면할 때, 그는 '던지다, 팽개치다'라고 번역될 수 있는 동사와 '어떤 사람에게 주어진 모든 것'이라는 명사를 사용하고 있다. 우리의 존재를 구성하는 모든 것(우리에게 등 돌려 버린 가까운 친구로 인한 끔찍한 슬픔도 포함된다)을 스스로 짊어지기보다 주님께 던져 버려야 한다.

이는 참으로 엄청난 초대이지만 우리는 그 초대를 받아들이기를 주저하고 있다. 더욱이 그것을 받아들인다 해도 때로는 잠시 동안만 그렇게 할 뿐이다. 모든 짐을 하나님의 발아래 던졌다가도 우리는 잠시 후 그것을 다시 집어 들고 우리의 생각과 생활 속에서 그것과 함께 살기 시작한다. 왜 우리는 주님의 말씀을 철저하게 받아들여 우리의 염려를 그분께 맡기지 못하는 것일까?

그 한 가지 이유는 "저녁과 아침과 정오에 나는 근심 중에 부르짖습니다."라는 구절이 주는 탈출구를 우리가 확신하지 못하기 때문인 것 같다. 동일한 옛 생각이 우리에게 떠오를 때마다 우리는 얼마든지 '반복해서' 그것을 주님께 내던지도록 초청을 받는다. 우리가 그 습관을 훈련해서 우리를 괴롭히는 것이 무엇이든 그것을 그분의 손에 맡겨 버린다면, 우리는 어지러운 생각들로 인한 고통을 훨씬 덜 받게 될 것이다.

이것은 우리의 생각을 훈련시키는 것과 관련된 문제다. 우리는 자신의 내부로 파고들어가서 우리 자신의 정신과 영혼 안에서 그 생각들과 투쟁을 벌일 수도 있다. 하지만 주님께 부르짖고 그분이 붙들어 주시는 것을 경험할 수도 있다.

이것이 바로 시인이 확신하는 바다. 그리고 이것은 강세 대명사를 통해 다시 한 번 강화된다. 히브리어 본문은 "그러면 그분이 당신을 붙드실(sustain) 것입니다."라고 주장한다. '붙들다'라는 동사는 영양 공급의 의미를 포함하는 복잡한 형태다(히브리어에서는 문법적으로 '피엘 미완료형'이다. ― 역자). 그러므로 우리는 하나님이 우리를 붙드신다고 할 때 그것이 다만 우리를 받쳐 준다는 의미만은 아님을 확신할 수 있다. 그분의 영양 공급은 우리에게 삶을 견딜 수 있도록 힘을 준다. 우리가 주님께 모든 짐을 던져 버린다고 해서, 즉시 그 모든 짐이 사라지는 것은 아닐지라도 그것을 견딜 수 있는 능력은 갖게 될 것이다.

우리가 신뢰하던 사람에게 배신당할 때 이 위안의 말씀은 우리에게 해답을 준다. 그런 깊은 상흔을 완전히 없애는 길은 없을 것 같다. 그렇기 때문에 그런 죽음과도 같은 슬픔 속에서도 우리가 붙들린 바 된다는 사실로 인해 소망을 발견한다.

탄식 속에서도 내가 붙들린 바 된다는 이 진리로 인해 나는 오랜 치료의 과정을 시작할 수 있었다. 내가 결국 배신의 고통을 '완전히 지나간 것으로' 만들 필요는 없다는 것을 알게 되었을 때, 나는 그 고통 속에서도 나를 붙들어 주시는 주님을 더욱 철저히 의지할 수 있었다.

우리 삶에 고통은 있다. 그것을 쫓아낼 수는 없다. 그 존재를 부인할 수도 없다. 성공적으로 대처할 수도 없다. 하지만 우리는 주님께 부르짖을 수 있고 그러면 주님은 그 소리를 들으실 것이다. 우리가 그 고통의 짐을 주님께 던져 버릴 때, 주님이 우리를 위로하셔서 우리가 그 상흔을 건설적으로 감당하도록 하실 것이다. 우리는 자신이 받은 깊은 사랑의 표식으로서, 그리고 사랑의 대가로 치러야 할 고통의 표식으로서, 그 상흔을 정말로 사랑하는 법을 배우게 될 것이다. 그것은 고귀한 사랑을 위해 엄청난 대가를 치르신 예수님과 우리를 연결하는 표식이다.

시인은 이 외에도 확신을 주는 말을 또다시 하고 있다. 나는 우리가 깨달은 문맥과 더 완전한 조화를 이루도록 22절의 마지막 부분을 히브리어 원문에 따라 다음과 같이 번역해 보려 한다. 즉, 이 구절은 "그분은 결코 의로운 자가 넘어지도록 하지 않으십니다."라는 뜻보다는 "그분은 의로운 자가 영원히 흔들리게 하지 않으실 것입니다."라는 의미일 수 있다. 우리는 의로운 자가 결코 넘어지지 않을 것이라고는 말할 수 없다. 우리는 모두 넘어짐의 경험을 가지고 있다. 그러나 중요한 것은 그런 넘어짐이 평생 계속되지는 않을 것이라는 점이다.

히브리어 본문은 '않다'라는 부정어로 시작해서 '그가 넘겨주실 것이다', 그리고 '영원히'라는 단어들로 이어진다. "그는 결코 우리를 흔들림(shaking)에 영원히 넘겨주지는 '않으실' 것이다." '흔들림'이라는 단어는 '안전'(security)의 반대말로 '비틀거리다, 미끄러지다'라는 동사에서 파생되었다. 우리가 삶의 경험 때문에 흔들릴 때에라도 주님은 우리가 그것에 영원히 두드려 맞게 하지는 않으실 것이다.

하나님은 우리를 밀치시지 않는다. 오히려 삶이 엉망이 되어 우리가 넘어지려고 할 때 하나님은 항상 우리를 돌보신다. 언약의 하나님은 우리가 낮아질 때 진흙 속에서 짓밟히도록 내버려 두지 않으실 것이다. 하나님께 우리의 모든 염려를 내던져 버리는 것을 더 잘 배우면 배울수록, 우리는 하나님이 우리를 붙들어 주시고 우리가 넘어지지 않게 지키시며 우리를 빠르게 회복시켜 주시는 것을 더 많이 경험하게 될 것이다.

열쇠는 저녁과 아침과 정오에 주님께 부르짖는다는 데 있다. 염려를 주님께 다 맡기라고 말한 후 베드로는 "이는 그가 너희를 돌보심이라"(벧전 5:7)라고 그 이유를 설명한다. 주님은 우리와 관계된 모든 것을 지켜보고 계신다. 주님은 무한히 사랑스럽고 배려하는 눈빛으로 우리 삶의 모든 사소한 부분과 가장 작은 넘어짐까지도 일일이 지켜보고 계신다. 주님은 우리를 그분의 마음 밖으로 치워 버리실 수 없다. 우리가 계속해서 아침과 정오와 밤에 주님을 부른다면, 우리 역시 주님을 우리의 마음 밖으로 치워 버릴 수 없다.

묵상을 위한 질문

1. 고난당할 때 감사하는 일은 왜 중요할까?

2. 최근에 주님은 어떤 방법으로 나를 자유롭게 하시고 내게 넓은 곳을 허락하셨는가?

3. 괴로울 때마다 언제든지 주님께 부르짖을 수 있다는 것은 내게 어떤 가치가 있는가?

4. 주님이 내 말을 들으실 것이라는 사실을 나는 어떻게 알 수 있는가?

5. 내 염려를 주님께 던져 버린다는 것, 그리고 그것을 다시 던져 버린다는 것은 무슨 뜻인가?

6. 그렇게 했을 때 하나님이 붙들어 주시는 것을 어떻게 경험했는가? 내가 그 염려를 다시 취했기 때문에 그런 붙들어 주심을 경험하지 못한 적이 있는가?

7. 우리가 넘어질 수 있다는 사실을 인정하는 것이 왜 중요한가? 우리가 영원히 흔들리는 것을 주님께서 허락하지 않으실 것이라는 사실이 왜 우리에게 용기를 주는가?

09

두려워해도 괜찮습니다

>   내가 두려울 때
>   나는 주님을 신뢰할 것입니다.
>   하나님 안에서, 나는 그분의 말씀을 찬양합니다.
>   내가 신뢰하는 하나님 안에서, 나는 두려워하지 않을 것입니다.
>   [육체가] 내게 무엇을 할 수 있겠습니까?
>
>   [시편 56:3-4]

"영웅적이 된다는 것은 당신이 아무것도 두려워하지 않는다는 뜻이 아니다." 이 말은 처음에는 우리를 놀라게 하지만, 그다음에는 그 말의 진실이 우리를 자유롭게 만든다. 위험한 상황 속에서도 두려워하지 않는 사람은 대개 무슨 일이 일어나고 있는지를 제대로 알지 못한다. 어쨌든 모든 상황과 일의 진행 상황을 알고 있는 사람이 진정으로 용기 있는 사람이다.

기독교인이 된다는 것이 반드시 두려워하지 않는 사람이 되어야 한다는 뜻은 아니다. 제자도를 향한 소망 속에서 우리는 더욱더 주님을 의지하는 자가 되려고 노력하고, 그렇게 하지 못하는 것을 유감스러워한다. 우리는 자신이 마땅히 도달해야 한다고 생각하는 영적 성숙을 이루지 못한 것을 부끄러워한다. 그럴 때 우리는 외로움을 느낀다. 하나님의 백성이라는 공동체에 소속될 만큼 충분히 강한 그리스도인이 아니기 때문이다. 더욱이 두려움과 외로움은 서로를 강화하는 경향이 있다. 외로움을 더 느낄수록 위협적인 상황 속에서 더욱 두려워하게 되고, 더 큰 두려움은 우리를 더욱 외롭게 만든다. 다른 이들은 우리가 느끼는 불안을 똑같이 느끼지 않는 것처럼 보이기 때문이다.

두려움과 외로움의 이런 상승 작용 속에서 시편 56편 말씀은 우리에게 큰 위안이 된다. 이 말씀은 특히 시편 55편, 즉 신뢰하던 사람에게 배신당한 고통을 생생하게 묘사하는 시편 바로 뒤에 등장한다. 지금 위대한 영웅 다윗도 자신이 때때로 두려워한다는 것을 정직하게 인정한다. 더구나 그것은 그가 주님을 더 특별히 신뢰하게 되었던 그런 시기에 있었던 일이다.

프랑스 평신도 신학자이자 사회학자인 자크 엘륄은, 기독교는 비관주의적이지도 않고 낙천주의적이지도 않으며 현실주의적이라고 주장한다. 우리의 믿음이 진실해지려면 자기 삶 속에서의 하나님의 일하심을 단순히 이상적으로만 이야기해서도 안 되고, 또 반대로 삶의 낙심되는 부분과 인간적 실패만을 우울하게 강조해서도 안 된다. 낙천주의는 하나님이 우리의 삶 속에서 이룩하신 승리를 너무 확대시켜서 그것을 허위로 만들고, 비관주의적 낙담은 하나님의 은혜와 자비를 무시하고 우리를 절망으로 이끈다. 엘륄의 말에 따르면, 기독교적 현실주의는 건강한 상식을 바탕으로 해서 죄의 현실성과 신뢰의 소망 사이에 균형을 이룬다. 신뢰의 소망은 모든 형태의 죄와 악에 대한 하나님의 궁극적 승리에 대한 소망이다.[14)]

기독교 공동체 안에서는 우리 실존의 두 가지 차원이 대화에 의해 균형을 이루어야 한다. 그런 방식으로 우리는 '연약하고 실패하고, 소원과 동기를 가진 인간'으로 서로를 동일시할 수 있고, 한편으로는 우리 삶 속에서 하나님의 일하심으로 인한 훈련과 그 결과를 볼 수 있다. 우리는 하나님이 다른 이들 속에서 하시는 일을 통해, 또 우리 속에서 역사하시는 하나님의 사역에 우리 자신을 맡길 때 목격하게 되는 일의 과정을 통해 격려를 받는다. 시인은 "나는 당신을 신뢰할 것입니다."라는 선언에 "내가 두려울 때"라는 전제를 달아 균형을 잘 맞추고 있다.

영어 번역보다는 히브리어 원문이, 우리가 두려워할 때, 신뢰가 그런 시기의 특징이 될 수 있다는 사실을 더욱 강조해 준다. 문장은 "…의 날"(the-day-of)이라는 구조로 시작한다. 이런 표현은 미완료 시제, 즉 미완성 행동의 시제와 결합되었을 때는 "…하는 그날에"(in the day when)라는 의미를 갖는다. 다시 말해서 우리가 두려워하는 바로 그때가 신뢰의 때라는 것이다.

대개 우리는 두려울 때면 두려운 감정을 억누르려 열심히 노력한다. 그러나 두려움을 내리누르려는 시도는, 우리가 근심을 가두어 두고 있는 병마개를 더 이상 붙들 수 없을 때가 되면, 공포를 화산처럼 폭발시킬 가능성을 가지고 있다. 이와는 대조적으로 시편은 감정을 다루는 다른 방법을 제안한다. 그것은 두려움의 실재성을 받아들이고 그 가운데서 주님을 신뢰하는 법을 배우라는 것이다.

실제적으로 이런 생각을 훈련하는 것은, 두려움을 억누르기 위한 미칠 듯한 노력으로부터 우리를 자유롭게 할 수 있다. 이 글을 처음 쓰기 시작하던 날, 나는 몹시 어지러웠다. 나는 저혈압 때문에 가끔 어지러움을 느끼기는 하지만 그날의 증세는 아주 심했다. 전에는 두려워하지 않으려고 노력할 때마다, 오히려 내 장애 때문에 이제 곧 정상적인 생활을 할 수 없을지 모른다는 근심과 공포가 폭발적으로 엄습해 오곤 했다. 나는 내가 왜 우리 집 부엌 바닥에 쓰러져 있었는지를 알고 싶었지만 점점 거세지는 두려움의 감정을 없앨 수가 없었다.

하지만 나는 이 구절을 계속 묵상하고 있었고 이 시편이 가르치는 감정을 다스리는 법에 푹 잠겨 있었기 때문에, 이런 기도를 계속 드리려고 노력했다. "주님, 지금 제 몸에서 진행되는 일 때문에 두렵습니다. 왜 제 몸이 이렇게 기능 장애를 일으키는지 모르겠습니다. 두렵습니다. 하지만 저는 주님이 당신의 백성을 돌보시는 하나님이심을 압니다. 그리고 저를 돕기 위해 주님이 이곳에 계심을 압니다. 비록 제가 지금 느끼는 것이 두려움이라 할지라도 주님을 신뢰하는 법을 제게 가르쳐 주십시오."

이 기도가 어리석게 들릴지 모른다. 그러나 두려워할 수 있는 자유는, 내 문제를 더욱 복잡하게 만드는 극심한 공포로부터 나를 해방시킨다. 그 때문에 나는 여러 증상을 보다 이성적으로 생각할 수 있었고, 혈압을 높이기 위해 고기 수프를 먹고 혈당을 높이기 위해 단 것을 먹을 수 있었다. 그 후 한 시간 이내에 정상적으로 기능이 회복되어, 내가 방문하고 있던 교회에서 계획했던 대로 성경 공부를 인도할 수 있었다.

그 전체 과정은 두려움에 대한 시편 기자의 접근 방법이 정당함을 내게 확인시켜 주었다. 우리는 두려울 때, 염려의 원인에 초점을 맞추는 대신에 주님이 어떠한 분이신지에, 그리고 그분이 신뢰할 만한 분이라는 사실에 집중해야 한다. 우리는 통제할 수 없는 현실인 감정을 억누르지 않아도 된다. 오히려 우리는 그 감정을 보다 많은 진리로 단단히 묶어서 생산적인 방향으로 돌릴 수 있어야 한다. 그때 우리를 불안하게 만드는 모든 것 가운데서도 우리와 함께 계신 주님의 임재를 정말로 기뻐할 수 있다.

우리가 두려움에 이렇게 반응할 수 있는 것은 주님께서 우리를 돌보실 것이라는 완전한 보장이 있기 때문이다. 주님과 우리의 언약적 관계는 우리에게 약속을 주었고, 그 약속은 우리의 신뢰에 기초가 된다. 그렇기 때문에 시편 기자는 이어서 "하나님 안에서, 나는 그분의 말씀을 찬양합니다."라고 선포한다. 그분의 말씀은 찬양받아야 한다. 그 말씀은 신실하신 하나님의 성품을 우리에게 알려 주기 때문이다. 성경 내용은 하나님이 우리의 신뢰를 받기에 충분하신 분이라는 사실에 대해 풍부한 증거를 제공해 준다.

'말씀'이라는 히브리어 단어는 사람의 언어 자체만을 의미하는 것이 아니라 그 말의 내용과 실현까지 의미한다. 따라서 성경의 이야기가 우리에게 제공하는 것은 성경 속에 기록된 하나님의 약속만이 아니다. 거기에는 그 약속들의 실체도 포함된다. 그 실체로서 가장 탁월한 것이 바로 예수님이다. 그분은 약속의 말씀(Word; 요 1:1-14)이자, 신약에서는 그 약속의 실현이다. 그렇기 때문에 우리는 성경을 하나님의 계시로서 인정한다.[15]

구약 백성에게 말씀은 모세와 선지자들로부터 구두로 받은 가르침이었다. 그 선지자들은 하나님과 백성 사이의 언약 관계에 대한 주님의 말씀을 선포했다. 이제 우리는 우리를 위해 기록된 성경을 가지고 있기 때문에, 필요할 때는 언제든지 성경을 펼쳐서 우리를 향해 하나님이 선포하신 말씀의 장엄함을 배울 수 있고, 두려울 때는 그 말씀을 의지할 수 있다.

더욱이 우리는 성경을 암기하는 훈련을 통해 그 말씀을 우리의 생각 속에 넣을 수 있고, 기억된 말씀을 통해 언제든지 하나님의 성품을 상기해 낼 수 있다. 그럴 때 우리는 손에 잡을 수 있고 의지할 수 있는 것, 즉 두려울 때 기댈 수 있는 특정한 약속을 갖게 된다.

두려울 때 하나님을 의지하라고 강조하고 난 후, 히브리어 본문에는 중요한 진전 사항이 있는데, 영어 번역에서는 이것이 눈에 잘 띄지 않는다. 3절에서 "나는 당신을 신뢰할 것입니다."로 번역되어 있는 부분은 미완료형 동사를 사용하는데, 이것은 아직 끝나지 않은 행위를 나타낸다. 두려울 때 우리는 계속해서 신뢰해야 한다. 그러나 우리가 하나님 안에서 그분의 말씀의 계시를 받았다는 점을 강조한 후 4절에서 시편 기자가 사용하는 '신뢰하다'라는 동사는 완료 시제이고 완료된 행위를 나타낸다. 일단 말씀 안에서 우리에게 계시된 하나님이 신뢰할 만한 분이라는 사실을 배웠으면, 우리는 단호하게 신뢰함으로 응답할 수 있다.

그렇기 때문에 시인은 이어서 "나는 두려워하지 않을 것입니다."라고 말한다. 일단 우리가 주님께 대한 신뢰를 바탕으로 해서 두려움을 다루는 과정을 통과하고 나면, 우리는 더 이상 그것을 두려워하지 않는 시점에 이르게 된다.

4절 마지막 부분에서 시인은 우리가 더 이상 두려워할 필요가 없는 이유를 하나 더 덧붙인다. "[육체가] 내게 무엇을 할 수 있겠습니까?" NIV는 "육체"를 "죽을 인간"이라고 배타적으로 번역했지만, 나는 그 번역을 약간 고쳤다. 히브리어 원문에서는 우리가 보통 '육체'라고 번역하는 단어를 사용하기 때문이다. 그 단어는 전능하고 전지하신 하나님과 비교했을 때 깨지기 쉽고 잘못되기 쉬운 인간을 지칭한다. 하나님이 우리 편에 계신다면 단지 인간일 뿐인 공격자들이 우리에게 무슨 일을 할 수 있겠는가?

우리는 중앙아메리카의 오스카 로메로(Oscar Romero)와 여러 성직자들과 같은 기독교 영웅들의 용기에 감명을 받는다. 그들은 죽음의 위협 속에 있으면서도 자신의 사역을 용감하게 계속 수행해 나갔다. 분쟁 지역에서 사역하는 그런 성도들은 그들의 역할과 지리적 위치에 내재해 있는 위험을 그저 잊고 지냈던 것이 아니다. 오히려 그들은 자신의 두려움을 통과해서 일을 수행했고, 이 시편의 통찰력에 이르렀다. 도대체 인간에 불과한 자들이 우리에게 무슨 일을 할 수 있단 말인가?

예수님이 "내가 내 친구 너희에게 말하노니 몸을 죽이고 그 후에는 능히 더 못하는 자들을 두려워하지 말라"(눅 12:4)라고 하셨을 때, 육체적 상해에 대한 두려움으로부터의 자유를 언급하신 것이다. 바로 다음에 예수님은 다음과 같은 진리로 우리를 위로하신다. "참새 다섯 마리가 두 앗사리온에 팔리는 것이 아니냐 그러나 하나님 앞에는 그 하나도 잊어버리시는 바 되지 아니하는도다 너희에게는 심지어 머리털까지도 다 세신 바 되었나니 두려워하지 말라 너희는 많은 참새보다 더 귀하니라"(눅 12:6-7).

우리는 자주 "우리가 두려워해야 할 유일한 것은 두려움 그 자체다."라든가, "당신이 당신 자신의 최악의 적이다."라는 말을 듣는다. 그러나 우리는 이런 표현들의 진짜 성경적 뿌리를 알아보지 못한다. 그렇기 때문에 자신이 가지고 있는 무엇보다도 큰 진리를 인식하지 못한다. 하나님은 오래전에 이미 다른 사람을 두려워할 필요가 없다고 말씀하셨다. "육체가 무엇을 할 수 있겠습니까?"라는 질문을 주의 깊게 연구한다면, 우리는 삶 가운데 두려움을 만들어 내는 것들 속에서 보다 용감하게, 또한 건설적으로 일해 나갈 수 있을 것이다.

남들이 어떻게 생각할지 몰라서, 또는 그들이 우리의 '무지'를 어떻게 놀릴지 몰라서 우리의 믿음을 다른 사람들에게 말하기가 두려운가? 기독교적 원칙을 따랐다가 당하게 될 경제적 결과를 두려워하는가? 부정행위를 거절하거나, 관심을 필요로 하는 문제를 가진 학생을 자동적으로 낙제시키지 않으면, 우리는 해고당할지도 모른다. 하지만 단지 육체일 뿐인 인간들이 우리에게 무슨 일을 할 수 있겠는가?

통치 체제 안에서 고귀한 원칙을 수호하려고 저항하다가 감옥에 가게 될까 봐 두려워하는가? 많은 나라에서 기독교인들이 박해와 고문을 받고 있다. 그러나 그들은 정의를 위한 자신의 사역과 증언을 멈추지 않고 있다. 또 사도 바울의 본보기를 생각해 보라. 그는 감옥에서도 확신에 찬 담대함과 기쁨으로 글을 썼다. 단지 인간들이 우리에게 무슨 일을 할 수 있단 말인가?

그들은 우리를 조롱하거나 거부할지도 모른다. 그러나 우리가 주님의 약속과 미래에 대한 소망으로 굳게 붙들려 있다면, 그 모든 것이 도대체 무슨 문제란 말인가? 그들은 우리를 감옥에 잡아넣을지도 모른다. 그러나 오히려 하나님의 사랑을 증언하는 우리의 능력이 더 강해질 뿐이다. 우리는 현대 문화의 공허한 철학을 받아들이지 않기 때문에 학문적 프로그램에서 괴로운 일을 당할 수도 있다. 그러나 그것은 복음의 고귀함과 진리를 드러낼 수 있는 위대한 기회가 될 수 있고, 우리가 삶 속에서 정말로 원하는 것이 무엇인지를 깨닫는 데 도움이 될 수도 있다(내 인생의 방향이 신학 쪽으로 바뀌게 된 이유는 부분적으로, 대학원에서 영어를 전공할 때 괴롭힘을 당했기 때문이다).

자신의 인간적 노력이 실패했을 때 기독교에 매력을 느끼게 되었다고 말하는 사람들이 많이 있다. 하나님이 허락하시지 않는 한, 죽을 인간들이 우리에게 할 수 있는 일은 아무것도 없고, 그것은 결국 우리에게 선이 된다는 것을 증언해 주는 사람들에 의해 우리는 기독교로 인도되었다. 이것은 우리가 두려울 때 의지할 수 있는, 성경에서 우리에게 확신을 주는 많은 말씀 중 하나일 뿐이다.

시편 56:3-4은 우리가 두려움에 직면했을 때 무엇을 해야 하는지를 보여 준다. 만약 우리가 의지하는 하나님의 성품을 바라보며, 비록 두려울 때라도 하나님을 신뢰하는 일에 집중한다면, 우리는 그분 말씀의 진실성에 감사하는 자리에 서게 될 것이고, 그로 인해 자유로워져서 두려움 없이 그분을 신뢰하게 될 것이다. 죽을 인간에 불과한 자들이 우리를 해칠 수 없다는 사실을 깨닫는 것은 우리가 그런 마음을 훈련하는 데 도움이 된다. 믿을 만한 말씀과 확실한 약속을 가지신 하나님이 우리와 함께하시는데, 육체가 우리에게 무엇을 할 수 있단 말인가?

**묵상을
위 한
질 문**

1. 나는 언제, 왜 두려워하는가?

2. 두려움을 억누르려고만 할 때 어떤 일이 일어나는가?

3. 두려움을 억누르는 대신, 두려움을 다스릴 수 있는 방법을 어떻게 배울 수 있는가?

4. 하나님을 신뢰할 때 그분의 말씀은 내게 어떻게 소망을 주는가?

5. 어떤 상황 속에서 두려움을 성공적으로 다스린 경험이 있는가? 그 과정에서 나는 나의 두려움에 대해 무엇을 배웠는가?

6. 사람들이 할 수 있는 일을 내가 두려워할 필요가 없는 이유는 무엇인가? 나는 어떤 환경에서 두려워하는가? 나는 그 두려움을 어떻게 다루어야 할까?

7. 시편 56:3, 4의 전개 과정이 왜 중요한가?

10

하나님은
우리의 눈물을 기록하십니다

나의 탄식을 기록하십시오.
　　당신의 두루마리에 나의 눈물을 기록하십시오.
　　그것이 당신의 기록에 있지 않습니까?
그때 나의 원수들이 물러갈 것입니다.
　　내가 도움을 구할 때 말입니다.
　　이를 통해 나는 하나님이 나를 위하신다는 것을 알게 될 것입니다.
하나님 안에서, 그분의 말씀을 찬양하며,
　　주님 안에서, 그분의 말씀을 내가 찬양하며,
내가 신뢰하는 하나님 안에서, 나는 두려워하지 않을 것입니다.
　　[육체가] 내게 무엇을 할 수 있겠습니까?
　　　　[시편 56:8-11]

주님은 나의 방황을 계수하고 계십니다.
　　나의 눈물을 당신의 병에 담으십시오.
　　그것이 당신의 기록에 있지 않습니까?
그때 나의 원수들이 물러갈 것입니다.
　　내가 부르는 날에 말입니다.
　　하나님이 나를 위하신다는 사실을 나는 알고 있습니다.
　　　　[시편 56:8-9 (NRSV)]

아빠가 방에 있을 때는 아이가 큰 소리로 울다가, 아빠가 자신을 무시하고 방을 나가 버리면 아이가 울음을 멈추는 이유는 무엇일까? 울음은 아마도 자신을 이해해 달라는 호소일 것이다. 만약 울음이 통하지 않는다면, 그 아이는 아빠의 관심을 끌기 위해 곧 다른 방법을 시도할 것이다. 반면에 만약 어떤 사람이 그 아이에게 관심을 기울이면서 아이의 말을 들어준다면 그 아이는 울음을 멈출 것이다. 더 이상 울 필요가 없기 때문이다. 그 아이는 이제 이해받는다고 느낀다.

이제 살펴볼 시편 56편 구절들은 우리의 울음을 멈추게 할 수 있다. 울음이 효과가 없기 때문이 아니라, 하나님이 들으시고 돌보시고 이해하신다는 사실을 우리가 알기 때문이다. 하나님은 참으로 우리의 눈물과 고통에 깊은 관심을 기울이신다. 주님은 우리를 그분의 마음에서 제거해 버리실 수 없다.

이 구절에서 히브리어 본문은 '방황, 유리함'(wandering)이라는 뜻의 단어로 시작되고, 그 단어에 '나의'라는 대명사가 덧붙어 있다. 구약에서 이 단어는 오직 이곳에만 등장하기 때문에 우리는 시인이 자신의 상황을 묘사하기 위해 대단히 신경을 써서 단어를 선택했다는 사실을 알 수 있다. 이 단어는 도망자가 정처 없이 떠돌아다니는 것을 보여 주며, 아무도 아는 사람 없는 외로운 이의 생활을 시각적으로 그리고 있다.

이 그림은 나에게, 우리 '에베소 공동체'에 얼마간 머물렀던 한 여인을 떠오르게 한다. 에베소 공동체는 당시 위기를 당한 사람들의 피난처였다. 그 여인은 무일푼으로 이곳에 왔고 몇 달 동안 머무른 후 갑자기 떠나 버리고 말았다. 몇 달 후 다시 돌아와서는 자동차를 버려둔 채 알래스카에 있는 통조림 공장으로 일하러 떠났다. 우리는 그녀가 알래스카에 있는 동안 연락을 할 수가 없었다. 하지만 그녀는 고기잡이 시즌이 끝나기 한참 전에 갑자기 돌아와서는 자기 차를 가지고 다시 어디론가 가 버렸다. 그녀의 방황에는 대개 정해진 목적지가 없었다. 우리는 그녀의 소재를 알 수 없었다. 우리는 그녀를 쫓아다니며 돌봐 줄 수가 없었다. 그녀의 소지품 중 일부가 우리 집에 있었지만, 우리는 그녀가 어디에 있는지 도무지 알 수 없었고, 언제 돌아올 것인지도 몰랐다. 우리는 그녀를 정말 걱정했지만 그녀의 행방을 추적할 방법이 없었다.

그녀에 대한 나의 관심 때문에 이 시편의 이미지가 아주 분명해졌다. "주님은 나의 방황을 계수하고 계십니다." 비록 때로는 아무도 우리의 행보에 관심이 없는 것처럼 느껴지지만, 비록 때로는 우리가 그 여인처럼 사람들의 눈과 마음에서 멀어진 채 낯선 곳을 방황하고 있을지 모르지만, 그러나 그때에도 주님은 여전히 우리를 세밀히 관찰하고 계신다. 주님은 우리와 관련된 모든 일을 세세하게 돌보고 계신다.

번역본 사이의 차이는 히브리어 본문의 모호성을 드러낸다. 그것은 시인의 방황과도 유사하다. NRSV는 "주님은 나의 방황을 계수하고 계십니다."라고 말하는 반면, NIV는 문제의 히브리어 명사를 "탄식"이라고 번역한다. 같은 단어를 예루살렘성경(Jerusalem Bible)은 "동요함"(agitation)이라고 번역하고, NASV는 "유리함"(wanderings)이라고 적는다. 이 모든 번역에서 요점은 하나님이 우리를 돌보신다는 것이다. 우리의 모든 혼돈과 정처 없는 유리함, 불안, 요동, 탄식 가운데서 주님은 모든 것을 주의 깊게 기록하고 계신다.

시인은 계속해서 주님께서 얼마나 세밀히 우리의 고통에 주목하시는가를 이야기한다. 그는 동사의 명령형을 사용해서 우리의 눈물을 그분의 병에 담을 것을 주님께 요구한다. 우리는 주님이 그렇게 하실 것이라는 사실을 안다. 그다음에 시인은 "그것이 당신의 기록에 있지 않습니까?"(NRSV)라고 묻고 있기 때문이다. 여기서 "기록"이라고 번역된 명사는 첫 행에서 사용된 '계수하다'라는 동사와 연관된다. 이 명사 역시 드물게 사용되는 단어이고, 구약에서는 오직 여기에서만 문서 또는 기록물이라는 뜻을 가진다. 따라서 시인은 하나님이 참으로 정확히 계수하고 계신다는 사실을 강조할 의도를 지닌 듯하다.

첫 번째 동사인 '계수하다'는 히브리어에서 '유리함'이라는 단어와 언어유희를 이룬다. 이 언어유희와 어원상의 상호 관계는 문장을 시적으로 연관시켜 주고, 하나님이 우리 삶의 모든 사소한 부분에 대해서도 주의를 기울이고 계신다는 사실을 강조한다.

"나의 눈물을 당신의 병에 담으십시오."(NRSV)라는 하나님에 대한 명령은 인상적이다. 우리 앞에서 울고 있는 어린아이는 우리가 자신의 슬픔을 함께해 주기를 바란다. 마찬가지로 만약 누군가가 우리의 눈물을 알고 있다면 우리는 그것을 견디기가 훨씬 쉬워진다. 만약 우리가 잠들기 전까지 울부짖었던 내용을 누군가 중요한 사람이 알아준다면 어떻겠는가? 시인은 자신의 눈물이 헛되지 않도록 그 모든 눈물을 가죽 부대 안에 보관해 주실 것을 하나님께 요구한다.

이 그림은 위안이 되면서도 우리를 즐겁게 한다. 가죽 부대들이 줄지어 놓여 있는 하나님의 창고를 상상해 보기 바란다. 각 부대에는 개인의 이름이 적혀 있고 그 사람이 울 때마다 주님은 그 눈물을 그곳에 저장해 두신다. 나는 때로 하나님이 나를 위해서는 적어도 병 70개는 사용하셔야 할 것이라고 생각한다. 참으로 이것이 이 구절의 핵심이다. 우리의 당황함이나 방황이나 울음이 얼마나 많든지에 상관없이 하나님은 그 모든 것을 세심하게 돌보신다.

7년간의 결혼 생활을 끝내고 혼자가 되었을 때, 나는 몇 달 동안 지속적인 깊은 우울감에 빠져 있었다. 주말에 공동체에서 성경을 가르칠 때면 나는 아주 즐거웠다. 하지만 주중에 혼자 집에 있을 때는 흐느끼다가 밤이 깊어서야 겨우 잠이 들곤 했다. 내 모든 눈물을 하나님이 병에 보관해 주신다는 사실은 내게 정말로 큰 위로가 되었다.

주님이 나의 눈물을 그분의 가죽 부대에 보관하시기 때문에, 내가 그 눈물에 빠져 죽지 않으리라는 것을 나는 알았다. 때로는 소용돌이치는 절망의 검은 구름이 나를 삼켜 버릴 것처럼 보였지만, 그 가운데서도 하나님은 나를 보호하시기 위해 내가 그분의 임재를 느낄 수 있도록 허락해 주시곤 했다. 궁극적으로 눈물은 우리를 압도할 수 없다. 하나님이 그 눈물을 계수해 두셨기 때문이다. 그렇기 때문에 시인은 이어서 "그때 나의 원수들이 물러갈 것입니다. 내가 도움을 구할 때 말입니다."라고 말할 수 있다. "…하는 날에"라는 표현은 우리가 앞 장에서 살폈던 "내가 두려워하는 날에"라는 표현과 평행을 이루는 듯이 보인다. 우리가 하나님께 부르짖을 때 주님은 원수가 우리를 이기지 못하게 하실 것이다.

히브리어 표현은 신뢰를 더 강하게 강조한다. "내가 도움을 구하려고 부르짖는 그날에 나를 미워하는 자들은 [두려움과 수치 때문에] 내게서 물러갈 것입니다." 하나님이 우리 편에 계셔서 우리의 눈물과 두려움을 기록하고 계시기 때문에, 하나님이 우리를 위해 행하시는 능력으로 적들은 수치를 당하거나 겁에 질릴 것이다.

9절의 결론 부분은 더욱 강한 확신과 보장을 나타낸다. "하나님이 나를 위하신다는 사실을 나는 알고 있습니다."(NRSV). 우리 삶이 어려울 때 우리는 이것 외에 다른 위안은 알지 못하지만, 이것은 결코 공허한 약속이 아니다. 우리의 하나님이 우리를 위하신다.

내가 이 글을 처음 쓰던 날 밤, 세 사람이 전화로 내게 상담을 청해 왔다. 마지막에 상담한 여자는 자신의 이야기를 들려준 후, 밤늦은 시간에 좋지 않은 이야기를 그토록 많이 늘어놓은 것에 사과했다. 비록 내가 그 문제들에 대한 특별한 해답을 갖고 있지 못하다 해도, 그녀가 슬픔 가운데서도 자신의 문제를 정리하기 위해 내게 그 이야기를 들려준 일을 내가 기쁘게 생각하고 있다는 사실을 알려 주려고 나는 노력했다. 이제 나는 그녀를 위해 어떻게 기도해야 할지 좀 더 잘 알게 되었고, 가능하면 그녀에게 도움이 되고 싶다. 하나님은 훨씬 더 효과적으로 우리를 돌보시고, 지지해 주시고, 우리에게 귀 기울여 주신다.

우리 외로움의 비극은 우리가 그 고통을 홀로 짊어져야 한다는 것이다. 이것은 같은 말을 불필요하게 반복하는 것이 아니다. 그 짐을 혼자 짊어져야 한다는 사실 때문에 우리의 절망감이 배가되고, 그것이 다시 외로움이라는 공허감을 가중시킨다는 사실을 인정해야 한다. 그러므로 마거리트가 내게 준 액자에 기록된 말과 같은 확신이 우리 모두에게는 참으로 필요하다: "잊지 마세요. 무슨 일이 있어도, 나는 당신의 친구입니다." 마거리트는 내가 외로운 세월을 보내는 동안 내 옆에 신실하게 있어 주었다.

언약의 주님은 시인 다윗의 말을 통해 우리를 위로하신다. 그러므로 우리는 확신을 가지고 시인에게 답할 수 있다. "하나님이 나를 위하신다는 사실을 나는 알고 있습니다."

사도 바울은 이렇게 말한다. "만일 하나님이 우리를 위하시면 누가 우리를 대적하리요 자기 아들을 아끼지 아니하시고 우리 모든 사람을 위하여 내주신 이가 어찌 그 아들과 함께 모든 것을 우리에게 주시지 아니하겠느냐"(롬 8:31b-32). 만약 하나님이 우리와 함께 계신다면, 우리에게 꼭 있어야 할 것이 없을 리가 있겠는가? (이 질문은 이 책의 15장에서 더 상세하게 다룰 것이다.)

우리의 기독교 공동체는 이런 확신과 위로를 제공하는가? 대부분의 사람들은 하나님의 임재가 인간의 모습을 입고 나타나기를 바란다. 그렇기 때문에 이 말씀은 외롭거나 슬퍼하는 사람들을 위해 교회가 누군가를 보내야 한다는 요청이기도 하다. 그는 하나님의 약속을 구체화할 수 있어야 하고 아무것도 아끼지 않는 사람이어야 한다.

시편 56:10-11은 앞 장에서 우리가 4절을 다루면서 연구했던 후렴을 반복하는데, 한 가지 독특한 어구를 그에 덧붙인다. "하나님 안에서, 그분의 말씀을 찬양하며,"(이 어구는 이미 4절에서도 사용했다)라는 어구 뒤에 시인은 다음과 같은 평행구를 덧붙인다: "주님 안에서, 그분의 말씀을 내가 찬양하며." 이런 이중적 표현은 그 내용을 강조할 뿐 아니라 나의 하나님이신 그분은 '주님', 즉 언약을 지키시는 분이라는 사실을 의미 있게 선언한다. 우리는 하나님의 약속을 의지할 수 있다.

이 후렴구는 우리가 두려움 없이 하나님을 신뢰할 수 있고, (하나님과 우리의 관계를 고려할 때) 유한한 육체인 사람들은 문제가 될 만한 그 어떤 일도 우리에게 할 수 없다는 사실을 상기시켜 준다. 하나님이 우리의 눈물과 염려, 두려움과 기도를 모두 기록하신다는 확신의 말씀 이후에 이 구절을 읽으면 그 의미가 더 강력하게 와 닿는다. 지금 우리는 우리에 대한 하나님의 관심 속에 얼마나 많은 것이 포함되어 있는가를 잘 알기 때문이다.

우리는 우리에게 주신 주님의 말씀을 신뢰할 수 있다. 주님이 우리의 기도를 들으셨고 우리의 눈물을 기록하셨기 때문이다. 그분의 말씀에는 위로의 소망이 담겨 있는데, 그 말씀은 우리의 눈물을 닦아 줄 뿐 아니라 그 눈물을 영원히 제거해 버리겠다고 약속하신다.

그러므로 우리는 감사의 제사로 이에 응답한다. 시인은 자신의 맹세를 지킬 것을 약속한다. 그리고 우리는 돌아서서 우리의 삶을 찬양과 감사와 기쁨으로 가득한 환호를 드리는 데 사용하기로 다짐한다. 결국, 우리가 아는 것은 이것이다. "하나님은 우리를 위하신다."

**묵상을
위 한
질 문**

1. 영적 생활에서, 자신이 방랑자라고 느낄 때는 언제인가?

2. 하나님이 나의 방황을 아시고 그것에 주목하신다는 사실을 나는 어떻게 알고 있는가?

3. 하나님이 내 삶에서 가장 작고 세세한 부분까지 돌보신다는 사실을 아는 것은 내게 어떤 영향을 미치는가? 그 사실 때문에 나는 두려운가, 아니면 기쁜가? 그 이유는 무엇인가?

4. 하나님이 나의 모든 눈물을 그분의 병에 간직하신다고 생각하는 것은 왜 위안이 되는가?

5. 내가 도움을 구할 때 내 원수들이 곧 물러가지 않으면 어떻게 되는가?

6. 하나님이 나를 위하신다는 사실을 어떻게 아는가?

7. 이 시의 후렴구의 첫 번째 사용(4절)과 두 번째 사용(10-11절) 사이에서 이 시는 어떻게 진행되는가? 그것이 믿음과 관련해서 중요한 이유는 무엇인가?

11

올바른 두려움

주님께서 자신을 위해 경건한 자를 따로 떼어 놓으셨다는 것을 알라.
　내가 그분을 부를 때에 주님께서 들으실 것이다.
네 분노 중에 죄를 범하지 말라.
　네가 침대 위에 있을 때,
　깊이 반성하고 잠잠하라. (셀라)
올바른 희생 제물을 드리고
　주님을 신뢰하라.

[시편 4:3-5]

떨며 죄를 짓지 말라.
　네 침대에서 마음속으로 묵상하고,
　잠잠히 있으라. (셀라)
의의 희생 제물을 드리고,
　주님을 신뢰하라.

[시편 4:4-5 (NASV)]

나는 팀(Tim)이 그의 신장병을 위한 새로운 치료법을 의사와 의논하는 동안 그를 위해 기도하겠다고 약속했다. 수년 동안 그는 1주일에 세 번씩, 두 개의 커다란 투석 바늘을 팔에 꽂아야 했다. 그러면 그의 피는 8시간 이상에 걸쳐 인공 신장을 통해 순환되었다. 그의 복막에 항구적 투석 장치를 달면, 투석 장치를 연결했다가 투석 과정이 끝나면 다시 그것을 제거하는 지루한 과정을 생략할 수 있고, 오랜 시간 동안 투석 장치를 관리해야 하는 작업 및 그의 몸을 쇠약하게 만드는 엄청난 화학적 충격에서도 벗어날 수 있었다. 그러나 새로운 치료법은 다른 합병증의 위험이 있었다. 나는 팀이 그 모든 장단점을 비교하는 동안 그를 위해 기도하겠다고 약속했지만, 어떻게 기도해야 할지는 모르고 있었다.

나는 수영장에서 보통 때는 시편을 묵상하지만 그때는 특별히 기도 시간으로 사용했다. 전에는 특정한 사람을 위해 두 시간 동안 기도해 본 적이 없었지만, "주님께서 자신을 위해 경건한 자를 따로 떼어 놓으셨다는 것을 알라."는 말씀을 생각할 때, 내 기도는 점점 더 열정적으로 변했다. 시편 4편을 통해 나는 팀과의 우정에 대해, 하나님이 그를 얼마나 잘 돌보시는가에 대해, 또 외로움에서 두려움의 올바른 위치가 어디인가에 대해 중요한 교훈을 많이 얻었다.

첫째, 팀은 하나님이 따로 떼어 놓으신 사람이라는 것을 나는 그 시편을 통해 확신할 수 있었다. 언약의 주님은 그를 특별히 택하셨다. 특별한 청년 사역을 위해 계속 그를 사용해 오셨다. 이 사실을 깨닫자 커다란 확신이 파도처럼 내게 밀려 왔다. 나는 기도에 대해 배우게 될 모든 것과 팀이 그의 의사 결정 과정을 통해 배우게 될 모든 것에 기대를 가졌다.

우리는 "주님께서 자신을 위해 경건한 자를 따로 떼어 놓으셨다는 것을 알라."라는 진리를 알라는 명령을 받았다. 이 명령형이 의미하는 것은 우리가 그 말씀을 기억하며 살 때 그 지식이 중요한 결과를 가져온다는 사실이다. 그 결과 중 하나가 다음 행에 소개된다. 즉 우리가 주님을 부를 때 주님이 그 소리를 들으실 것이라는 사실을 믿을 수 있다. 다른 결과는 이 장의 후반부와 다음 장에서 다룰 것이다.

만약 주님이 경건한 자를 그분을 위해 따로 떼어 놓으셨다면, 우리가 질문해야 할 것은, 그들의 경건함이 먼저이고 그 경건함 때문에 하나님이 그들을 따로 떼어 놓으신 것인지, 아니면 하나님이 어떤 이를 따로 떼어 놓으셨고 그것이 그의 경건함의 원인이 되는 것인지 하는 것이다. 성경 다른 구절의 문맥에 비추어 볼 때 본문이 의미하는 것은, 따로 떼어 놓으시는 행위가 하나님의 주권적 행위라는 것이다. 본문은 이 점을 강조한다. 이 구절은 특히 강세 대명사를 사용해서 "그분 자신을 위해"라고 주장한다. 우선 경건함은 선물이고, 그다음으로는 반응인데, 그 자체가 주님의 선택의 원인이 되는 특성은 아니다.

따로 떼어 놓인다는 것은 구별되는 것, 분리되는 것을 의미한다. 거룩한 그릇은 성전 예배에 쓰이기 위해 성별되었다. 거룩한 목적에 사용되기 위해 다른 모든 그릇과 구별되었고 오직 예배를 위해서만 사용되었다.

우리가 '경건한'이라고 번역하는 단어는 히브리어 '헤세드'에서 온 것인데, 우리는 이에 대해 이미 이 책의 1장에서 살펴보았다. 완전한 '헤세드', 곧 능동적이고 확고하며 신실한 은혜와 인자하심은 하나님만의 특성이다. '경건하다'라고 불리는 사람들은 하나님의 온유한 긍휼을 부지런히 실천함으로 그런 덕목을 추구하고 발전시키는 이들이다. 그들은 그들을 향하신 하나님의 '헤세드'를 수동적으로 먼저 받았을 뿐이다. 따라서 시편의 이 첫 부분은 신자의 삶을 특징짓는 '적극적 소극성'(active passivity)이라는 역설을 강조한다.

팀은 이 형성 과정을 잘 보여 준다. 그는 하나님의 용서하심을 대단히 깊이 인식하고 있다. 그 결과로, 자기 주위에 있는 사람을 섬기기 위해 다가갈 때 그와 같은 사랑을 자신의 삶에 구현하려고 적극적으로 노력한다. 그는 주저하지 않고 자신의 실패를 고백하지만, 경건함에서 항상 성장하고 있다. 하나님은 팀이 주님의 사람이 된 이후 얼마나 성장했는가를 알고 계신다.

어떤 사람들은 "하지만 나는 분리되는 것을 원하지 않아. 나는 이미 외로워. 더 이상 단절되고 싶지 않아."라고 말할지도 모른다. 다행히도 우리가 분리되는 것은 홀로 있기 위해서가 아니라, 하나님 백성이라는 공동체에 소속되기 위해서다. 더욱이 우리는 단지 '세상(복음에 대적하는 문화적 원리라는 의미에서)으로부터' 분리될 뿐만 아니라 주님을 '향해', 그리고 주님을 섬기기 위해서 세상을 '향해' 분리된다. 주님은 자신을 위하여 우리를 따로 불러내시고 우리 삶에서 그분의 사역을 위해 모든 은사를 이용할 수 있게 하신다. 우리의 외로움은 주님이 우리를 그 안에 두신 공동체의 돌봄과 우리를 돌보시기 위해 주시는 선물을 통해서 해결된다.

그 선물들 가운데 첫 번째 것이자 이 구절에서 보장하는 것은 우리가 주님을 부를 때 주님이 그 소리를 들으신다는 것인데, 이는 마치 사랑하는 사람을 선택하는 것과 같다. 특정한 사람에게 관심이 집중되어 있는 사람은 그 어떤 다른 사람보다도 그 사람의 요구에 더 관심 있게 귀 기울일 것이다.

하나님이 우리 각자를 그렇게 선택하셨다는 것은 우리의 기쁨이다. 한 사람이 누군가를 사랑하는 자로 선택하고 나면, 다른 모든 사람은 제외된다. 그러나 주님께서 창조하시는, 우리의 특별한 위치와 그분과의 관계는, 우리가 주님을 부를 때 주님이 우리 각자의 소리를 모두 들으실 것이라는 사실을 보장한다.

이 보장은 우리가 서로를 위해 기도할 때 우리에게 깊은 위안이 된다. 내가 팀을 위해 기도하는 동안 나는 그 기도의 유익이 분명히 나타날 것이라는 사실 때문에 기뻤다. 나중에 팀은 의사와 상의하는 동안 하나님의 지혜로 완전히 둘러싸인 느낌을 받았다고 말했다.

그다음에 등장하는 히브리어 어구는 여러 영어 성경이 서로 다르게 번역한다. NIV는 "네 분노 중에 죄를 짓지 말라", 예루살렘성경은 "벌벌 떨라. 범죄를 포기하라", KJV는 "두려움 가운데 서서 죄를 범하지 말라"라고 번역한다. NASV는 "벌벌 떨라. 그리고 죄를 짓지 말라"라고 번역했다. 많은 번역본이 벌벌 떤다는 개념을 포함하고 있다. 두려움 때문에 '떨면서 나아온다'라는 의미가 첫 번째 히브리어 동사에 있기 때문이다.

그다음 명령이 죄로부터 멀리 떠나라는 것이고, 그 앞에 등장했던 개념은 따로 분리되어 있다는 것이기 때문에, 나는 그 '떨림'을 경외함으로의 부름, 흥분 또는 마음의 동요로의 부름으로 보아야 한다고 생각한다. 여기서 죄를 범한다는 동사는 표적을 못 맞히는 것, 또는 잘못된 곳으로 가는 것을 뜻한다. 따라서 전체 문장은 성경에서 대단히 중요하기는 하지만 보통은 간과되는 문제, 곧 신자의 삶에서 두려움의 적절한 위치가 어디인지를 제시한다.

마르틴 루터는 그의 글에서 이 주제와 율법의 바른 사용에 대한 그의 인식을 긴밀하게 연관시킨다. 종교 개혁자들은 율법이 우리를 선하게 만들 수 없다는 사실을 계속 강조했다. 오히려 율법은 우리가 얼마나 악하며 우리가 얼마나 구원자를 필요로 하는지를 우리에게 보여 주는 거울이다. 그 기준에 비추어 볼 때 우리는 성인(聖人)처럼 행동하는 일에 전적으로 실패했으며, 하나님의 은혜의 선포와 속죄 사역 덕분에 존재하고 있음을 알 수 있다. 비록 주님이 우리를 경건한 자로 따로 떼어 놓으셨지만, 우리의 인간적 본성은 경건하게 살지 못하게 우리를 방해한다.

이것이 바로 우리가 올바로 두려워해야 하는 이유다. 우리에게는 거룩하신 하나님 앞에 설 수 있는 권리가 전혀 없다는 사실을 두려움과 떨림으로 깨달을 때(이사야 6장의 선지자 경험과 비교해 보라), 우리는 삼위일체 하나님이 그리스도의 죽음 안에서 우리에게, 즉 그분의 원수였던 우리에게 증명해 보여 주신 그 위대한 사랑 안에서 즐거워하게 될 것이다(롬 5:8).

"이 얼마나 놀라운 사랑인가"(What Wondrous Love Is This)라는 찬양은, 우리를 위해 죽기 위해 "그리스도께서 자신의 왕관을 벗어 놓으셔야 했던", 우리 마음을 뛰게 하는 사실을 선포한다. 그것은 너무 대단한 일이어서 사실일 수가 없는 것처럼 보이기도 한다. 우리의 무가치함과 무능함과 실패를 올바로 깨달을 때 우리는 하나님 사랑의 무한함에 놀라 찬양하게 되고, 죄를 범하지 않겠다는 간절한 소망으로 그 사랑에 응답하게 된다.

우리는 두려움을 잘못 사용하는 것에 대한 경고를 받아야 한다. 하나님은 우리를 위협하시지 않는다. 만약 그렇다면 우리는 겁에 질린 나머지 실수를 하거나, 친절을 베풀지 않을 것이다. 그렇게 하기보다는, 우리가 당해 마땅한 하나님의 진노를 직시하고, 그 옆에 놓여 있는 하나님의 은혜, 즉 우리를 죄와 죽음으로부터 구원하시는 은혜의 무한함을 바라볼 때, 우리는 두려움과 경외 속에서 하나님의 뜻에 순종하기를 간절히 바라게 된다.

이런 변증법적 균형을 강조하기 위해 마르틴 루터는 전체 십계명에 대한 설명을 "우리는 하나님을 지극히 두려워하고 또 사랑해야 한다."라는 말로 시작한다. 우리가 두려움과 사랑 사이의 긴장감을 적절히 유지할 때, 하나님의 진노, 즉 우리가 마땅히 당해야 할 것이기 때문에 두려워하는 하나님의 진노에 대한 인식은, 하나님의 자비에 대한 감사와 놀라움에 압도될 것이다. 하나님은 그 자비 때문에 우리에 대한 진노를 참아 오신 것이다. 그러므로 우리는 하나님의 은혜를 결코 당연한 것으로 여길 수 없고, 극심한 공포 대신에 감사가 우리의 선한 행실의 동기가 된다.

NIV는 시편 4편의 4절이 강조하는 바를 놓친다. NIV는 이 구절을 "네가 침대 위에 있을 때"로 시작하지만, 히브리어 본문은 "찾으라"(search)는 명령과 함께 극적으로 시작된다. 본문은 경건한 자에게 자기 내부를 살피고 잠잠하라고 교훈한다. 이 명령은 '셀라'라는 단어의 의식적(儀式的) 추가를 통해 강화된다. '셀라'는 아마도 예배자들에게 방금 전에 들었던 내용을 몇 분 동안 묵상하게 만드는 역할을 했을 것이다.

만약에 이 구절이(NIV가 번역하듯이) 우리가 분노 중에 해야 할 일을 말해 주는 것이라면, 무엇이 우리를 화나게 만드는지를 우리 마음속에서 찾고 죄를 범하지 않는 것으로 반응해야 한다(에베소서 4:26에서 이 구절을 인용하는 문맥을 보라). 하지만 만약 이 구절의 첫 단어가(NASV가 번역하듯이) '두려움' 또는 '떨림'이라면, 침대 위에서 침묵 중에 묵상하는 것은 하나님과의 바른 관계다. 우리는 자신의 악함과 주님의 은혜를 생각하고, 죄를 범하지 않으려는 소원으로써 그 사실에 반응해야 한다. 우리를 자유롭게 만드는 그런 진리들에 대해서 우리가 멈춰 서서 놀라고 있을 때, 침묵은 우리가 보일 수 있는 가장 적절한 반응이다. 눈에 덮인 산들의 장엄한 광경이 때때로 우리를 압도해서 침묵으로 몰아넣듯이, 하나님의 크신 은혜의 무한함은 우리로 하여금 그분 안에서 두려움으로 침묵하게 만든다.

또한 침묵은 우리의 부끄러움과 겸손과 동의를 의미한다. 나는 '체념'(resignation)이라는 단어를 쓸 뻔했지만 그런 부정적인 수동성이 우리가 하는 침묵의 특징이라고 생각하지 않는다. 오히려 우리는 주님이 누구이신지에 대해 보다 많이 배우려는 열심을 가지고, 시편 46편이 명령한 방식대로 소망을 품고 기다린다. "너희는 가만히 있어 내가 하나님 됨을 알지어다"(시 46:10).

"두려워하고 죄를 짓지 말라"라는 번역은 시편 4편의 그다음 구절로 강화된다. 시인은 계속해서 "의의 희생 제물을 드리고, 주님을 신뢰하라."

라고 우리를 초대한다. 앞 장에서 우리는 두려움에 대한 반응으로서 주님을 신뢰하는 것을 배웠다. 여기서 신뢰는 경건의 제사를 드린 것의 필연적인 결과다.

우리는 스스로 의롭게 될 수 없다. 거룩함과 마찬가지로, 하나님 앞에서의 의로움은 하나님이 그분 자신을 위해 우리를 따로 떼어 놓으실 때 우리에게 허락된다. 이 말씀을 들었던 구약의 이스라엘 백성은 율법의 명령에 순종하는 마음으로 특별한 의의 희생 제물을 드렸다. 하지만 그 제사는 그들을 의롭게 하기에 충분한 것이 아니었다. 희생 제사를 통해 확인된 하나님과 그들의 언약을 상기시키는 것이었다(출 24장). 신약의 프리즘을 통해 볼 때 우리는 그것이 '그분', 곧 완전한 희생 제물이 되셔서 우리 모두에게 의로움을 선물로 주실 그분을 미리 보여 주고 있다는 것을 알게 된다.

신약 시대에 살고 있는 우리에게 희생 제사의 요구 사항은 더 이상 적용되지 않는다. 예수님이 우리를 위해 그것을 만족시키셨기 때문이다. 그 대신 의의 제사를 드리라는 교훈은, 자신의 생명을 버리신 그리스도의 희생에 응답하고, 옳고 정의로운 것을 추구하라는 끊임없는 초대다. "너희 몸을 하나님이 기뻐하시는 거룩한 산 제물로 드리라 이는 너희가 드릴 영적 예배니라"(롬 12:1)라는 바울의 촉구는 이 시편 구절을 변형한 것이다.[16]

우리가 드릴 가장 훌륭한 제사는 주님을 신뢰하는 것이다. 주님이 우리에게 가장 바라시는 것은, 어떤 방법으로든 우리가 그분의 사랑을 획득할 수 있다고 생각하지 않고, 그분의 사랑이 우리에게 값없이 주어졌다는 사실을 믿는 것이다.

주님이 그분 자신을 위해 우리를 따로 떼어 놓으셨기 때문에, 우리가 하나님의 뜻을 실현하기 위해 의로운 길을 선택함으로써 하나님께 반응하기를 주님은 원하신다. 우리 중 의로운 자들에게 그것은 도덕성으로의 부르심이고 '종의 도'로의 초대이며, 우리 주위에 있는 사람들을 돌볼 때 하나님이 우리에게 무엇을 명령하시든지 그 일에 전적으로 헌신하라는 간곡한 권고다.

주님을 신뢰할 때, 우리는 우리의 희생이 주님께 온전히 용납될 수 있음을 깨닫는다. 그러면 우리는 더 완전하게 그분께 응답할 수 있도록 자유로워진다. 더욱이 우리를 하나님께 먼저 바치고 그다음에 다른 사람들에게 헌신하는 과정에서, 우리는 외로움에서 해방되어 새로운 목적과 성취감과 온전함을 찾아 기뻐하고 있는 자신을 보게 된다. (이 주제는 다른 글에서 다룰 것이다. 여기서는 그 문제를 소개한 것뿐이다.)

"주님을 신뢰하라."라는 마지막 명령으로 시편 56편에 대한 우리의 연구가 완성되었다. 우리는 두려워하면서도 계속 주님을 신뢰할 때 결국 두려워하지 않게 된다는 것을 배웠다(이 책의 9, 10장을 보라). 잘못된 두려움을 갖지 않는 것은 이제 우리가 올바른 두려움을 이해한 것과 조화를 이룬다. 올바른 두려움을 가질 때 우리는 죄를 짓지 않기로 선택할 수 있다. 우리는 우리를 억누르는 두려움에서 해방되고, 우리를 자제하게 만드는 올바른 두려움을 갖게 되었다. 그러므로 우리 자신을 하나님이 받으실 만하고 거룩하고 살아 있는 희생 제물로 드릴 수 있도록 자유로워졌다. 하나님이 그분 자신을 위해 경건한 자를 따로 떼어 놓으셨기 때문이다.

**묵상을
위 한
질 문**

1. 주님이 그분 자신을 위해 나를 따로 떼어 놓으셨다는 것은 무엇을 뜻하는가?

2. 내가 경건하다는 것은 무슨 뜻인가? 그것은 내가 사는 방법에 어떤 영향을 미치는가?(이것이 율법으로 바뀌지 않도록 조심하라.)

3. 하나님이 나를 따로 떼어 놓으셨다는 것은, 내가 하나님을 부를 때 하나님이 나의 소리를 들으신다는 사실을 어떻게 보장하는가?

4. 올바른 두려움은 나를 죄로부터 어떻게 지키는가?

5. 두려움과 사랑 사이에서 적절한 균형을 어떻게 찾을 수 있는가? 무엇이 그 균형을 유지해 주는가?

6. 내가 이런 일들을 침대 위에서 묵상한다면 어떤 결과가 있겠는가?

7. '의의 제사를 드린다'는 개념은 내게 무슨 의미가 있는가?

12

좋은 일이 없을 때도
기뻐할 수 있습니다

많은 이들이 "누가 우리에게 선을 보여 줄 수 있겠는가?"라고 묻고 있습니다.
　오! 주님, 주님의 얼굴의 빛을 우리에게 비추소서.
　그들의 곡식과 새 포도주가 풍성할 때보다 더한 기쁨으로
　　주님이 내 마음을 채우셨습니다.
　나는 평안히 눕고 잘 것입니다.
　　오! 주님, 당신만이
　　나를 안전히 거하게 하시기 때문입니다.

[시편 4:6-8]

　요즘에는 연재만화도 재미가 없다. 어떤 이들은 일자리가 줄어드는 것에 대해, 회사 경영상의 어리석은 결정에 대해, 또는 우리 시대의 부도덕성에 대해 냉소적인 농담을 한다. 또 어떤 이들은 복지 예산을 삭감하는 것과 같은 정부 정책을 공격한다. 소위 '재미있다는 것'이 웃음을 주기는커녕 세상이 대단히 재미없다는 것을 보여 준다. 이 모든 슬픈 농담 속에 숨어 있는 것은 "어딘가에 선한 것이 있기는 있단 말인가?"라는 회의적 질문 같다.
　시편 4편에 나타난 다윗의 세계에도 이와 유사한 절망적인 정서가 있다. 경건한 자들이 고난 때문에 고통당하고 세상이 속임수와 우상 숭배로

가득 차 있을 때(1b절과 2절), 시인은 주위 사람들이 "누가 우리에게 선을 보여 줄 수 있겠는가?"라고 질문하는 것을 듣는다.

미국 전역에 넘쳐나는 거대한 쇼핑센터에서 사람들이 물건을 찾아 다닌다. 자질구레한 장신구와 장난감, 최신 스타일의 물건들과 가정용 가전제품으로 가득한 점포들은 우리의 영혼을 영원히 고양시켜 줄 '바로 그 물건'을 우리에게 제공한다. 심지어 어떤 가게는 그 상호에서부터 우리가 그곳에서 행복을 살 수 있을 것이라는 느낌을 준다.

어느 날 아침, 나는 침대에서 일어나기 전에 라디오에서 크리스마스 광고를 들었는데, 그 압박감 때문에 슬픔에 휩싸였다. "당신의 귀여운 딸이 크리스마스 선물로 이 인형을 받는다면, 그 눈은 기쁨으로 반짝일 것입니다." "올해 크리스마스 파티를 위해 어떤 옷을 고르셨나요?" "당신이 크리스마스 파티에서 무엇을 대접할지 저희가 말씀드리죠. 아마도 사람들은 내년 크리스마스까지 그 이야기를 할 것입니다." 하지만 이 모든 옷과 오락물이 지속적인 행복을 주지 못할 때, 많은 이들이 "누가 우리에게 선을 보여 줄 수 있겠는가?"라고 물을 것이다.

6절에서 '묻고 있다'(are asking)로 번역된 동사는 히브리어 분사로서 어떤 상태나 계속적인 동작을 나타낸다. 사람들은 어느 곳에서든, 또 어떻게 해서든 선한 것을 찾아내려고 계속 노력하고 있다. 그들은 자신이 발견한 것에 계속해서 만족하지 못하기 때문이다.

이에 대해 시편 기자는 해결책을 제시하는데, 그것은 주님께서 당신 자신을 위해 경건한 자를 따로 떼어 놓으셨다는 원리와 연관된다(11장 참조). 이 시편의 고민스러운 질문 바로 다음에 강력한 탄원이 있다. "오! 주님, 주님의 얼굴의 빛을 우리에게 비추소서." 하나님께 그 얼굴을 우리에게로 향해 달라고 간청하는 히브리어 표현은 겸손한 자세에서 나온다. 하나님의 은혜와 자비의 표식을 요청하면서, 시인은 오직 하나님의 사랑의 행동과 그 얼굴을 드심을 통해서만 그분의 빛의 선물이 우리에게 주어질 수 있다는 사실을 온전히 인식한다.

아마도 민수기 6:24-26의 '아론의 축도'를 암시하는 "당신의 얼굴의 빛"이라는 표현은 그분의 백성에 대한 하나님의 지극한 관심을 나타내는 가시적 이미지다. 정말로 진심을 다해 우리를 돌보는 사람이 우리를 바라볼 때, 우리는 그 이미지를 생생하게 경험한다. 이 글을 처음 쓰기 며칠 전, 나는 캘리포니아 여행에서 돌아왔다. 원래 그 여행은 나흘 동안만 할 예정이었지만, 장 중첩증으로 인한 긴급 수술 이후 회복 기간 때문에 3주나 걸리고 말았다. 공항에서 나를 맞이해 준 친구들의 얼굴에서 볼 수 있었던 광채는 나에 대한 충만한 사랑이었다.

주님께 그 얼굴의 빛을 비추어 달라는 시인의 요구는, 도저히 표현할 수 없는 그분의 거룩한 광채를 기술하기 위해, 우리가 이해할 수 있는 인간적 용어를 사용한 것이다. 주님의 얼굴빛이 우리 위에 임할 때, 우리는 그분의 모든 은사를 충만히 받을 것임을 안다. 그렇게 될 때 오직 하나님의 백성만이 누릴 수 있는 참된 기쁨이 반드시 임할 것이다.

주님께서 "내 마음에" 주신 이 기쁨은, 다른 이들이 그들의 곡식과 새 포도주가 풍성할 때 누리는 행복보다 더 큰 것이라고 시인은 선포한다. 그것은 단지 감정이나 공고하지 못한 환경에 의존하는 것이 아니라, 변하지 않는 사실에 기초한 것이기 때문이다. 히브리어에서 '마음'은 의지의 처소를 뜻한다. 우리는 감정적으로는 행복을 느끼지 못할지 모르지만, 은혜에 의해 우리의 것이 된 거룩한 기쁨을 마음으로 알고 그것을 선포할 수 있다. 사람들이 행복을 아무리 추구한다 하더라도 우리를 창조하시고 당신 자신을 위해 우리를 선택하신 주님과의 진정한 개인적 관계가 없이는 결코 만족을 발견할 수 없다.

25년 전 '기쁨'(Joy)이라는 단어의 성경적 의미를 알기 위해 처음 씨름했던 때부터 지금까지, 나는 그 개념과 관련해서 글을 쓸 때면 그 단어의 첫 글자를 대문자로 쓰고 있다. 그 당시 나는 캠퍼스 사역을 하던 아이다호(Idaho) 대학에서 바울의 빌립보서 연구를 인도하고 있었다. 그때 한 참석자가 "주 안에서 항상 기뻐하라 내가 다시 말하노니 기뻐하라"(빌 4:4)라는 구절이 말하는 그런 기쁨이 어떻게 가능한지 이해할 수 없다고 했다. 바울이 자주 반복했던 기쁨에 대한 교훈을 다음의 '세 가지 차원 이론'으로 설명할 수 있다.

우선 우리는 헬라어 동사가 복수형이라는 사실을 기억해야 한다. 이것은 우리가 기뻐하는 이 일을 혼자 하지 않는다는 뜻이다. 빌립보서 4:4을 "너희 모두 주님 안에서 항상 기뻐하라. 그리고 내가 다시 말한다. 너희는 모두 기뻐하라."라고 번역하는 것이 더 낫다. 더욱이 그 동사는 계속적인 동작을 요구하는 명령형이다. 기독교 공동체는 상호간의 기억과, 실현된 기쁨의 원인 때문에 항상 기뻐할 수 있다.

더욱이 그리스도 안에서의 우리의 기쁨을, 하나님과 관계가 없는 사람들의 삶과 비교해 보라. 세상에는 기본적으로 두 가지 차원의 실재, 곧 행복한 경험과 슬픈 경험이 있을 뿐이다. 나란히 포개진 우리의 두 손은 현실의 이 두 가지 측면을 보여 줄 수 있다. 위에 놓인 손은 삶의 행복의 층(floor)이다. 모든 일이 잘 되고 있을 때 우리는 행복을 경험한다. 돈이 많을 때, 사랑하는 배우자나 친한 친구가 있을 때, 부모나 직장 상사와 관계가 좋을 때, 학교에서 모두 A학점을 받았을 때, 집안일이 순조롭게 되어 갈 때 그럴 것이다. 반면에 아래쪽 층은 삶의 슬픔이다. 일이 잘 풀리지 않을 때 우리는 슬픔을 경험한다. 배우자와 싸우거나 상대방에게 버림당했을 때, 형편없는 학점을 받았을 때, 가족이 말썽을 부릴 때, 다른 이들과의 관계가 좋지 않을 때, 돈이 떨어졌을 때, 아마도 그럴 것이다. 모든 이들은 여러 번에 걸쳐서 삶의 두 가지 층을 경험해 보았을 것이다.

그러나 기독교인에게는 실재의 세 번째 층이 있다. 여기서 당신의 두 손을 바닥 위에 놓기 바란다. 당신이 행복의 손이라고 가정한 것을 다른 손 위에 올려놓으라. 바닥은 무한하고 사방을 향해 끝없이 뻗어 나가고 있다고 상상해 보라. 또한 그 바닥은 결코 깨질 수 없는 돌처럼 아주 단단하고 강하다고 생각해 보라. 이 바닥은 기독교인이라는 존재의 기반이다. 이것은 한 가지 간단하고도 근본적인 사실을 뜻한다. 즉, 예수 그리스도께서 죽음을 이기고 부활하셨으며, 그로 인해 우리가 언제나 하나님과 화해할 수 있게 만드셨다는 사실이다. 그 무엇도 이 사실을 깨뜨릴 수는 없다. 그 무엇도 죽음과 악에 대한 예수님의 영원한 승리를 파기할 수 없다. 성경은 이 기쁨을, 무한하고 깨질 수 없는 '부활 사실'에 대한 확고한 의존이라고 부른다.

부활의 진리는 적어도 다섯 가지 이유로 우리에게 기쁨을 준다. 첫째, 그리스도의 부활은 모든 악의 세력과 정사를 그분이 이기셨다는 증거다. 그 세력 중에서 마지막 원수는 죽음이었다. 그러므로 그 세력 중 어느 것도 더 이상 우리를 지배할 수 없다. 둘째, 우리가 예수님을 죽였을 때에도, 우리가 하나님의 원수였을 때에도 하나님은 우리를 사랑하셨기 때문에, 우리는 우리 죄를 영원히 용서받고 하나님과 완전히 화해했음을 안다. 학자들은 대속의 방법에 대해, 그리스도의 죽음이 우리의 자리를 대신할 수 있는 이유에 대해 논쟁하기도 하지만, 우리는 성경을 통해 예수님의 삶과 고난, 죽음과 부활이 우리의 죄악을 대속했다는 것을 확신할 수 있다. 셋째, 그리스도께서 죽음에서 부활하셨기 때문에 우리 역시 부활해서 영원히 그분과 함께 살게 될 것을 우리는 안다. 넷째, 부활은 약속의 하나님이 펼치시는 장대한 드라마 최종편의 시작이며, 그분이 항상 당신의 약속을 지키신다는 증거다. 그러므로 우리는 하나님이 영원히 악을 제거하시고 우리의 눈에서 눈물을 닦아 주실 그날을 고대한다. 다섯째, 부활의 승리는 우리 역시 일상생활의 싸움에 필요한 힘을, 성령의 능력 안에서 항상 우리와 함께하시는 그리스도의 임재 안에서 발견할 수 있음을 보증해 준다.

만약 바닥에서 두 손을 떼면 당신은 부활 없이 실존을 보게 된다. 환경에 따라 동요하면서 그 두 가지 층은 든든한 실체를 기초로 삼지 못한 채 주위를 표류한다. 행복의 손을 떼어 보라(그러면 세상에서의 즐거움은 사라지고 문제만 많아진다). 남는 것은 슬픔의 손이고, 변화와 실망의 폭풍으로 난타당한다.

이제 눈을 돌려 기독교인의 삶을 바라보자. 거기서는 행복의 층과 슬픔의 층 속으로 기쁨이 밀려들어온다. 그 기쁨은 무한하며 결코 깨지지 않는 부활 층(floor)으로부터 스며들어 오는 것이다. 신자의 삶에서 모든 것이 잘못되었다고 가정해 보자. 위에 얹혀 있는 행복의 손을 치워 버리고 오직 슬픔의 손만 남아 있다. 하지만 보라! 그 손 아래에는 누구도 앗아 갈 수 없는 무한한 기쁨의 층이 있다.

그 무한한 바닥에 비해 슬픔의 손은 크기가 얼마나 되는가? 사도 바울은 "생각하건대 현재의 고난은 장차 우리에게 나타날 영광과 비교할 수 없도다"(롬 8:18)라고 말한다. 우리를 위한 하나님의 약속들이 진리임을 증명하는 부활 사실은 흔들리지 않은 채 남아 있다. 비록 내가 수없이 많은 핸디캡을 가지고 있긴 하지만, 하나님 임재 안에서의 완전함과 영원성에 비한다면 그 고난의 크기가 얼마나 되겠는가?

지금까지 말한 비유를 계속한다면, 바닥에 깔린 기쁨의 크기를 알아보기 위해서는 슬픔의 손의 손가락을 펴 보기만 하면 된다. "하나님을 사랑하는 자 곧 그의 뜻대로 부르심을 입은 자들에게는 모든 것이 합력하여 선을 이루느니라"(롬 8:28). 우리 삶에서 슬픔의 손가락들도 그 사이의 공간으로부터 기쁨을 끌어 온다. 하나님이 그 모든 요소를 하나로 섞어 짜셔서, 선을 위해 함께 역사하는 조화로운 전체를 만드시기 때문이다. 나는 수많은 핸디캡과 싸우면서, 나를 지지해 주고 도와준 친구들, 의사들, 치료의 기적, 내 모든 필요를 채워 주신 하나님의 공급하심 속에서, 하나님의 신실하심을 본다.

기쁨은 추상적인 개념에 불과한 것이 아니다. 시인은 하나님이 현실적으로 그의 마음과 뜻을 채워 주셨다고 그분을 찬양한다. 그렇기 때문에 내가 처음 홀로되면서 가장 슬펐던 시간에 주님의 기쁨은 내 삶을 지탱해 주었다. 몇 달 동안, 나는 언젠가 고통과 비통이 없는 영원한 생명으로 부활할 것이라는 기쁨에 내 슬픔이 삼킨 바 되리라는 소망으로 삶을 지탱할 수 있었다. 슬픔의 손은 무한한 바닥에 비하면 너무나 작다. 이 책을 쓰면서, 내가 홀로되고 처음 4년 동안 하나님이 어떻게 나의 모든 슬픔이 다른 사람에게 유익이 되도록 바꾸셨는가를 돌아보았다. 나는 가르치는 사역을 통해 다른 사람들을 도울 수 있었다. 슬픔의 손 밑에 있는 기쁨은 슬픔을 뚫고 계속해서 위쪽으로 스며들고, 우리 자신뿐 아니라 다른 사람을 위해서도 슬픔을 선으로 바꾼다.

우리는 피상적인 행복의 손으로 우리의 존재를 재빨리 덮고는, 사실은 그렇지 않음에도 불구하고, 모든 것이 다 잘되고 있는 척할 필요가 없다. 행복은 일시적이고 그것을 만들어 내는 환경에 좌우된다. 하지만 주님이 주시는 기쁨은 영원하고, 그리스도께서 죽음에서 부활하셔서 우리를 하나님과 화목하게 하셨다는 이미 성취된 사실에 기초한다. 그 사실은 확정적이고 영원한 진리다.

인간의 "곡식과 포도주"는 (다른 것이라 할지라도) 잠시 동안만 우리를 행복하게 해 주고 곧 사라져 버린다.[17] 이와는 대조적으로, 주님과 우리의 관계에 의해 창조된 진정한 기쁨은 결코 퇴색하거나 사라지지 않는다.[18]

나는 기독교인이 된다는 것이 반드시 행복해지는 것을 뜻한다고는 생각하지 않는다. 외로움과 싸우는 사람들에게는 도저히 행복할 수 없는 많은 시간들이 있다. 하지만 우리는 "주 안에서 항상 기뻐할" 수 있다. 주님은 실제로 그분의 얼굴의 빛을 우리에게 비추시기 때문이다. 그리고 기뻐하라는 명령은 복수형인데, 이는 우리가 기독교 공동체 안에서 기뻐한다는 사실을 상기시켜 준다. 우리가 자신 안에서 기쁨을 찾거나 느낄 수 없을 때에도 기독교 공동체는 우리에게 기쁨을 가져다준다.

시편 4편은 우리가 주님의 평강을 알 수 있다고 선언한다. 8절에서 시인은 자신이 '샬롬' 가운데서 눕기도 하고 자기도 할 것이라고 말한다. 여기서 우리는 성경적인 평강이 기쁨과 함께하는 것을 알 수 있다. 하나님과의 관계로 인해 우리가 삶의 슬픔을 다룰 수 있다면, 우리는 평안한 중에 눕기도 하고 잠들 수도 있을 것이라고 시인은 예상한다. 세상의 소요 때문에 걱정하느라 누워서 깨어 있는 일은 없을 것이다(4절). 침묵 속에서 우리는 주님을 신뢰하게 될 것이다(이 책의 11장을 보라).

오직 주님만이 우리를 "안전히" 거하게 하신다. '안전'에 해당하는 히브리어 명사는 우리가 이미 시편 여러 곳에서 만난 '신뢰하다'라는 동사와 연관된다. 세상의 것 속에는 안전함도 없고 영원한 행복도 없다. 그러므로 '외로움' 또는 '분리'라는 단어와 관련해서 이 마지막 구절에서 강조하는 것은, 오직 주님만이 우리를 위해 그와 같은 안전함을 창조하실 수 있다는 사실이다. 우리는 말로 다 할 수 없는 기쁨 가운데서 그분과 함께 깨어 있을 뿐 아니라, 한없는 평강을 누리며 그분 안에서 잠잘 수 있다.

묵상을 위한 질문

1. 나를 둘러싼 세상이 그러는 것처럼, 나도 행복을 얻기 위해 헛된 일을 추구했던 적이 있는가? 그렇다면, 어떤 방식이었는가?

2. 하나님께 그 얼굴을 들어 내게 빛을 비추어 달라고, 담대하게 요구할 수 있는 이유는 무엇인가?

3. '하나님의 얼굴의 빛'이라는 이미지는 내게 어떤 의미를 전달해 주는가?

4. '주님의 기쁨'이란 무엇인가? 행복과 기쁨의 차이는 무엇인가?

5. 바울이 교훈하는 대로, 항상 기뻐한다는 것은 어떻게 가능한가?

6. 주님과의 관계가 어떻게 나로 하여금 평안 가운데 눕기도 하고 잠도 잘 수 있게 만드는가?

7. 오직 주님만이 나를 안전히 거하게 하실 수 있는 이유는 무엇인가?

13

올바른 자랑

내가 항상 주님을 송축하리라.
　주님을 찬양함이 항상 내 입술에 있으리라.
내 영혼이 주님 안에서 자랑하고,
　고통당하는 자가 이를 듣고 기뻐할 것이라.
나와 함께 주님을 영화롭게 하라.
　우리 함께 주님의 이름을 높이자.
　　　　　　　　[시편 34:1-3]

나는 이번 13장을 쓰고 싶지 않았다. 나는 성경 말씀에 대해 다른 사람들과 이야기를 나누고 그들과 토론하고 싶지만, 성경을 가르치고 모임을 조직하고 글 쓰는 일은 모두 내가 혼자 해야 하는 일이다. 13장을 쓰기 시작할 때 나는 그 수고로 인한 고독감 때문에 심한 외로움을 느꼈다.

이 일을 시작하기 위한 동기를 얻기 위해 팀(Tim)에게 전화를 걸어 도움을 청했다. 하지만 팀은 투석 작업을 앞두고 평소보다 기분이 좋지 않았고 다른 사람과 이야기하고 싶어 하지 않았다. 그래서 나는 책상 앞에 앉아 울면서 우울한 감정이 일어나는 것을 느꼈다. 손가락이 아팠다. 발이 시렸다. 머리가 어질어질했다. 나를 위로해 주고 돌봐 주고 "너를 사랑해."라고 말해 줄 사람을 얻기 위해서라면, 나는 무엇이든 줄 수 있었다.

기도 파트너인 일레인(Elaine)에게 전화를 걸어 내가 감정적으로 어려운 상태에 빠져 있다고 말하면서, 내 태도가 달라졌다. 우리는 항상 주님을 찬양해야 한다고 이야기를 나누었다. 이 글의 주제에 대해 일레인과 이야기를 나누면서 나는 시편 34편이 주장하는 기도와 교제 훈련의 엄청난 유익을 경험했다. 기도와 교제는 서로를 지지한다.

시편 34편 제목에 따르면, 이 시는 다윗이 아비멜렉 앞에서 미친 척했을 때 지은 것이다. (이에 대한 설명은 사무엘상 21:10-22:2에 있다. 서로 다른 기록 때문에 다윗의 원수의 이름에 약간의 혼동이 있다. 아마도 이 시편에서 사용된 명칭은 그 왕이 속했던 왕조의 이름일 것이고, 그는 가드 왕 아기스일 것이다.) 사울에게서 도망친 다윗은 핍박받는 사람들을 모으기 시작했다. 아마도 이 시편은 훨씬 후기에, 즉 다윗이 스스로 경험했던 일과 그에 대한 자신의 반응, 그리고 그것이 그의 삶에서 갖는 가치를 반추해 볼 수 있게 되었을 때 썼을 것이다. 이는 분명히 세심하게 계획한 시이다. 두운(頭韻)이 정확히 들어맞기 때문이다. 각 절의 첫 글자가 히브리어 알파벳 순서대로 되어 있다.

자신의 삶을 되돌아보면서 다윗은 주님께서 모든 것을 완전히 통제하고 계셨다는 사실을 깨닫고, 이 찬양의 시를 통해 하나님의 사랑에 응답한다. 그의 시는 우리를 돌보시는 하나님의 성품을 상기하는 훈련을 하도록 우리를 격려한다. 심지어 별로 찬양하고 싶은 기분이 아닐 때에도 우리는 찬양하는 습관 속에서 위로를 받는다.

다윗은 '무릎을 꿇다' 또는 '무릎을 꿇고 경배하다'라는 뜻의 어원에서 파생된 동사를 사용해서 이 구절을 시작한다. 이 동사가 강세형(피엘)으로 사용될 때 그 뜻은 '축복하다, 찬양하다'가 된다. 이 동사의 어원이 뜻하는 것은, 주님을 항상 찬양하는 것은 겸손에 기초한다는 점이다. 무릎을 꿇는다는 것은, 비록 우리가 당하는 표면적 사실들은 그 반대인 것처럼 보여도, 주님은 항상 우리의 찬양을 받으실 만한 분임을 인정하는 것이다.

우리는 앞에서 이런 의식적이고 의도적인 행동을 생각해 보았다. 비록 일상의 추잡함은 우리를 유혹해서 주님을 '항상' 찬양하지 못하도록 하겠지만, 주님을 찬양하기로 선택하는 것은 두 가지 사실을 깨달을 때 훨씬 쉬워진다. 첫째는 주님이 찬양을 받으시기에 합당하다는 것이고, 둘째는 주님을 찬양할 때 우리에게 놀라운 유익이 있다는 사실이다. 그 유익에 대해서는 이 글 후반부에서 다룰 것이다.

"주님을 찬양함이 항상 내 입술에 있으리라."라는 부분은 이 시의 첫 행과 그 단어 배열에서 평행을 이룬다. '계속'이라는 뜻을 지닌 명사가 이곳에서는 부사처럼 사용되고, 여기서 동사가 없는 것은 이러한 상태를 강조하는 역할을 한다: "그 경배와 감사는 반드시 우리 입에 있을 것이다."

나는 치주염 때문에 턱의 상태가 계속 악화되어 낙심하고 있다가, 기독교인 치과 의사에게 내 입 안에 있는 부분 의치(bridge)에 '주님을 찬양함'이라는 이름을 붙였다고 농담했다. 그 의치는 항상 내 입 안에 있기 때문이다. 몇 시간 또는 며칠에 걸친 강의가 끝나고 그 의치 때문에 입이 아플 때마다 내가 했던 그 농담이 떠올랐다. 통증 때문에 그 의치의 존재를 강하게 느낄 때마다 나는 주님을 찬양하기로 약속했던 것을 상기했다.

두 번째 절에서 시편 기자는 그의 영혼이 주님 안에서 자랑할 것이라고 선포한다. 히브리어 본문은 "주님 안에서"라는 어구를 제일 앞에 둠으로써 이를 강조한다. 이 진술은 오직 그리스도의 십자가만을 자랑으로 여긴다는 바울의 말을 상기시킨다. 십자가 외에 다른 것은 도무지 자랑할 가치가 없다는 것이다(빌 3:7-11; 롬 5:1-11).

"나의 영혼"이 주님 안에서 자랑할 것이라는 진술은 우리가 처음 생각했던 것보다 훨씬 더 큰 의미를 지닌다. 우리가 이 책의 4장에서 보았던 것처럼 히브리어 단어 '네페쉬' 또는 '영혼'은 존재 전체, 인격체의 진정한 본질을 의미한다. 다시 말해서 다윗은 자신의 가장 깊은 자아 안에서, 자신의 자랑은 자신의 성품에 대한 것이 아니라 주님의 성품에 대한 것이 되어야 함을 인식한 것이다.

'자랑'의 개념이 기독교인들에 의해 쉽게 왜곡되고 있다. 우리는 교만한 자랑을 하게 될까 봐 너무 두려워서, 어떻게 자랑하는 것이 올바른지 모르고 다만 거짓된 겸손으로 도망쳐 버리기 쉽다. 올바로 자랑한다는 것은 무엇을 신뢰해야 할지를 겸손히 인정하는 것이다. 그러므로 주님 안에서 자랑한다는 것은 주님이 하신 일과 우리의 삶에서, 더 중요하게는 세상 속에서 주님이 일하시는 모습을 우리가 어떻게 보았는지를 사람들에게 알려 주는 것을 뜻한다.

예배 또는 공적 모임에서 '간증'은 너무나 자주 그 당사자를 부적절하게 높인다. 그 간증을 들은 후 우리는 "저 사람이 동행하는 하나님은 정말 놀라우신 분이구나."라고 생각할 수 있어야 하는데 실제 분위기는 그렇지 않다. 좋은 간증은 그것을 듣는 모든 사람이 '하나님'을 더 잘 알도록 해야 한다.

우리가 자랑하는 목적은 다음 구절에서 아주 명확하게 드러난다. "고통당하는 자가 이를 듣고 기뻐할 것이라." 교회에는 보다 진실한 증언이 있어야 하고, 그래서 약하고 비천하고 억압받는 사람들이 우리와 함께 기뻐할 수 있어야 한다. 여기에서는 'shamah'와 'samach'라는 두 히브리어 동사가 그들의 메시지를 극적으로 강조하기 위해 언어유희적으로 사용되고 있다. 듣는 것(shamah)은 그 소리와 경험 둘 다에서 즐거워하는 것(samach)과 밀접하게 연관된다.

다윗의 시편은 우리에게 그 원리를 기독교 공동체 속에서 적극적으로 활용하라고 권한다. 주님이 우리의 삶 가운데서 하고 계신 일을 증언하는 것이 다른 이들에게 얼마나 엄청난 가치가 있는지를 알기만 한다면, 우리는 그 일을 더 자주 할 것이고 그 일을 통해 우리는 더 강해질 것이다. 교회 입구에서 대화할 때의 주제는 무엇인가? 예배 시간에 하나님이 행하시는 일을 기뻐하기 위한 시간이 있는가? 위대한 이야기, 곧 하나님이 이스라엘 백성과 초대 교회를 통해 세상에 행하신 일을 기억하기 위해 성경에 기록된 여러 교훈을 읽고 있는가?

우리 사회에 후원 단체가 많다는 것은, 우리가 직면하고 있는 고통을 이미 통과한 사람들이 가지고 있는 긍정적인 경험을 통해 힘을 얻고자 하는 사람들의 욕구가 매우 크다는 사실을 시사해 준다. 교회는 고난당하는 사람들이 소망을 가지고 양분을 공급받을 수 있는 안전한 포구가 되어야 한다.

다음에 등장하는 시적 평행구(즉, 동의어와 유사 구절을 사용해서 동일한 주제에 대한 일치된 관점을 보여 주는 두 행)는 주님 안에서 자랑하는 사람들이 교제하는 것이 중요함을 강조한다(3절). 시인은 먼저 청중에게 함께 주님을 높이자고 말한다. 첫 행에 있는 히브리어 동사의 뜻은 무언가를 위대하게 만든다는 것이다. 우리가 주님을 더 위대하게 만들 수는 없다. 하지만 우리 주위에 있는 사람들에게 그분의 위대하심을 분명하게 나타내면서 기뻐할 수는 있다.

재능 있는 친구를 칭찬하는 것은 쉬운 일이다. 나는 전에 함께 살았던 줄리(Julie)의 작품을 다른 사람들에게 보여 주거나, 사람들을 초대해서 그녀가 아름답게 노래하는 것을 들려주고는 했다. 줄리의 노래를 듣거나 줄리의 작품을 보는 사람들은 틀림없이 그녀의 재능으로 인해 유익을 얻을 것이다.

같은 이유 때문에 우리는 기쁜 마음으로 주님을 찬양한다. 그분의 임재와 목적과 긍휼하심에 대해 듣는 사람들은 모두 크게 유익을 얻을 것임을 알기 때문이다. 하나님을 알아야 한다는 도전을 받아들인 사람에게는 누구에게나, 하나님은 자신이 찬양을 받기에 합당한 존재라는 사실을 신실하게 증명해 보이신다는 사실을 우리는 알고 있다. 복음 전파는 즐거운 특권이요 자연스러운 반응이다. 우리는 주님이 이미 위대하신 분인 것을 사람들이 볼 수 있게 전할 뿐이다.

시적인 평행구인 "우리 함께 주님의 이름을 높이자."라는 구절은 그 초청을 더욱 친근하게 만든다. '이름'이라는 용어는 인격체의 성품을 표시하기 때문에, 주님의 이름을 높인다는 것은 그분의 '헤세드' 또는 인애, 그리고 우리가 지금까지 살펴본 그분의 모든 속성을 인정함을 강조하는 것이다. 우리는 그분의 이름을 높이는 행위를 함께하도록 초청을 받았다. 우리는 각자 하나님의 성품에 대해 나름대로의 독특한 관점을 가지고 있기 때문에, 하나님이 어떤 분이신지 더 많이 알기 위해서는 서로 이야기를 나누는 것이 필요하다.

가장 좋은 사실은, 함께 주님을 높이고 찬양하는 것이 우리의 외로움을 견디기 쉽게 해 준다는 것이다. 기도 파트너에게 전화했던 그날 밤, 나는 이 글을 쓰기 시작했고, 하나님의 신실하심을 함께 '자랑한다'는 것이 이 글을 쓸 수 있는 동기가 되었다. 그 주제가 너무나 흥미로운 것이어서 나는 곧 빠르게 타자를 치기 시작했다.

나중에 나는 다시 일레인에게 전화를 걸어서, 우리가 나누었던 대화가 내게 꼭 필요한 것이었다는 기쁜 소식을 알려 주었다. 그러고 나서 우리는 다시 한 번 함께 "주님을 찬양할" 수 있었다. 시편 34편의 이 구절 안에 있는 진리를 깊이 경험하면서 나는 기쁨으로 충만해졌다. 주님을 기뻐하는 것이 우리의 힘이며(느 8:10b), 항상 우리의 삶을 든든히 지탱해 준다(13장 참조).

그날 저녁 나는 하던 일을 잠시 멈추고 장작 난로를 점검해 보았다. 거기서 내가 얻은 교훈을 강화시켜 주는 이미지를 볼 수 있었다. 조금 전에 통나무 한 개를 더 넣었기 때문에 불이 훨씬 더 잘 타오르고 있었다. 통나무가 한 개만 있으면 잘 탈 수 없다. 하지만 두 개가 겹쳐지자, 추웠던 서재가 훨씬 더 따뜻해졌다. 마찬가지로 하나님 백성이 함께 찬양을 드릴 때 그 찬양은 훨씬 더 찬란하게 빛을 발한다.

지금 당신이 나와 함께 있다면 나는 당신을 의자에서 일으켜 세우고 라디오에서 흘러나오는 힘찬 음악 선율에 맞추어 당신과 함께 춤을 출 것이다. 이와 같은 유쾌한 생각 덕분에, 이 글을 다 쓰고 수정 작업을 하고 있을 때, 하나님께 드리는 찬양을 항상 내 입에 두고 싶다는 소망이 더욱 간절해졌다.

자신을 추슬러 앞으로 나아갈 수 없을 정도로 힘들 때, 우리는 스스로 즐거움을 만들어 내거나 에너지가 남아 있는 것처럼 가장할 필요가 없다. 찬양하는 습관이 있다면, 다시 새로워지는 것은 항상 가능하다. 우리가 하나님을 송축할 때, 우리가 복을 받는다. 하나님의 사랑 안에서 자랑할 때, 하나님의 사랑을 자랑하며 하나님이 하신 일을 선포할 때, 우리는 그분의 임재로 충만해진다. 그 일을 함께할 때 우리는 두 배로 용기를 얻는다.

묵상을 위한 질문

1. 나는 정말로 항상 하나님을 찬양할 수 있는가?

2. 우리 입술에서 찬양을 잃어 버렸을 때 어떻게 회복할 수 있을까?

3. 우리의 자랑을 경건하게 유지할 수 있는 방법은 무엇일까?

4. 내가 자랑할 때 고난당하는 자가 그것을 듣고 기쁨으로 응답하는가? 내 증언 중에서 그들에게 도움이 안 되는 것은 무엇인가? 어떻게 자랑할 때 효과가 있는가?

5. 함께 주님을 찬양하자고 특별히 초청하고 싶은 친구는 누구인가? 그 이유는 무엇인가?

6. 내게 그런 친구가 많이 없다면, 형제자매들의 지지를 받아 내가 힘을 얻을 수 있는 공동체를 어떻게 하면 찾을 수 있을까?

7. 내가 속한 공동체는 어떻게 하면 주님의 이름을 함께 높이기 위해 서로 돕는 참된 공동체가 될 수 있을까?

14

얼굴의 광채와 천사들

주를 앙망하는 자들은 광채가 나고,
　　그들의 얼굴은 수치로 덮이지 않는다.
이 곤고한 자가 부르니 주께서 그의 소리를 들으시고,
　　그를 모든 환난에서 구원하셨다.
주의 천사들이 주를 경외하는 자들을 둘러 진 치고,
　　주가 그들을 구원하신다.

[시편 34:5-7]

나는 내 얼굴에서 광채가 나는 것을 알았다. 그것은 분명히 당황스러운 일이었지만, 내 친구인 젊은 피아니스트의 연주를 듣고 기쁨을 감출 수 없었다. 나는 신학을 공부하는 내 친구가 이 음악회를 준비할 때 악보를 함께 읽기도 했다. 그렇기 때문에 나는 연주하기가 까다로운 부분을 알고 있었고, 그런 부분들이 성공적으로 연주되는 것을 들었을 때, 내 친구가 건반을 마스터한 것 때문에 찬란히 빛나는 기쁨을 느낄 수 있었다.

다윗은 하나님의 백성을 묘사하면서 유사한 그림을 사용한다. 원문은 "그들이 그분을 올려다보았고 빛을 발했다."이다. 첫 번째 동사의 형태는 그들이 깊은 관심을 기울였다는 것을 뜻한다. 매우 주의 깊게 주님께 집중했기에 그들은 빛을 발한다. 두 번째 동사는 그 광채는 그들이 주목한 것에 대한 당연한 반응이라는 것을 암시한다. 하나님의 백성은 하나님을 바라볼 때, 하나님의 경이롭고 포용하는 사랑에 의해 빛을 발한다.

여기서 우리는 40일 동안 시내 산에서 주님과 함께 있다가 내려왔을 때 그의 얼굴에 수건을 둘러야 했던 모세를 생각할 수 있다. 출애굽기 34:29-35, 고린도후서 3:7-13에 따르면 모세에게서 너무나 강한 빛이 나와서 백성은 그를 쳐다볼 수 없었다. 고린도후서에 따르면 모세의 비밀이 밝혀진다. 산에서 내려오고 얼마 지나자, 모세의 얼굴은 빛을 잃기 시작했다. 더 이상 하나님의 임재 속에 있지 않았기 때문이다.

점점 사라져 가는 광채를 숨기기 위해 수건을 둘러야 했던 모세의 이야기는 우리가 계속해서 주님의 임재 속에 머물러야 한다는 사실을 알려 준다. 다윗이 말하는 광채는 한번 주어지면 영원히 지속되는 선물이 아니다. 그것은 우리가 바라보는 것이 반사되는 것이다. 주님을 바라보면 바라볼수록 우리는 점점 더 그분을 닮아 간다. 바울이 고린도후서 3:18에서 강조하다시피 우리는 영광의 한 단계에서 다음 단계로 올라갈 것이다.

친구가 피아노를 연주한다고 해서 내 얼굴이 항상 빛났던 것은 아니다. 고등학교 시절 친구 한 명은 피아노 연습을 제대로 하지 않았고, 때로는 심각한 기억 장애로 고통스러워했다. 그때 나의 신뢰는 수치로 바뀌기도 했다(물론 그 때문에 내가 그리스도 안에서 그를 덜 사랑했던 것은 아니다). 그러나 주님과 우리의 관계에서는 우리 얼굴이 수치를 당하지 않으리라는 것을 확신할 수 있다. 하나님은 언제나 그분의 성품대로 행하실 것이다.

우리가 주님을 바라볼 때 수치를 당했던 적이 있는지, 잠시 동안 생각해 보자. 고통스러워하며 '그렇다'라고 대답해야 한다면 우리는 이 문제를 더 깊이 생각해 보아야 한다. 대개 우리는 무언가를 찾지 못한 것에 실망하고 자신이 원하는 대로 일이 풀리지 않을 때 당황한다. 그럴 때 우리는 하나님이 우리의 기대를 저버렸다고 생각한다.

어떤 젊은 기독교인 여성은 하나님이 그녀의 마음의 소원을 이루어 주시겠다고 약속하셨으므로 하나님이 그녀의 기도에 응답하셔서 결혼할 남자를 보내 주셔야 한다고 주장했다. 하지만 그 기도가 응답되지 않아 부끄러움을 당한 것은 순전히 그녀의 책임이다. 주님 약속의 전체 문맥을 주의 깊게 살펴보지 않았기 때문이다. 이 일은 우리가 성경을 항상 전체적인 문맥 속에서 연구해야 한다는 사실을 다시 한 번 알려 준다.

시편의 다음 구절도 조심스럽게 읽어야 한다. 그렇지 않으면 하나님이 우리를 저버리셨다고 오해하게 된다. 히브리 시인은 "이 곤고한 자가 부르니 주께서 그의 소리를 들으시고, 그를 모든 환난에서 구원하셨다."라고 말한다. '곤고한 자'라는 단어는 우리가 앞 장에서 보았던 명사와 동일한 것으로, 압제를 당하는 사람을 뜻한다. 이 시에서 다윗이 '이' 곤고한 자라고 말한 것은 자기 자신의 경험을 지칭하기 위해서일 것이다. 그는 자신의 목숨이 아비멜렉에게 위협을 받았을 때, 주님께 도움을 구하기 위해 부르짖었던 일을 회상한다.

주님의 신실하심은 (시편 다른 구절에 대한 연구에서 우리가 여러 번 본 바와 같이), 그분이 곤고한 자의 부르짖음을 들으시고 그를 모든 환난에서 구해 내셨다는 사실에 의해 다시 한 번 강조된다. 이 문장에서 사용된 마지막 동사는 우리가 이 책의 8장에서 살펴본 것으로, '넓게 해 주다, 해방하다'라는 뜻이다. '환난'에 해당하는 단어는 이 책의 6장에서 본 것으로서, 우리가 묶이거나 궁핍해졌을 때 당하는 곤경을 뜻한다. 주님은 가난한 자를 급박한 상황에 놓이게 만든 모든 것으로부터 그를 구해 내셨다.

하나님이 우리를 모든 어려운 문제로부터 벗어나게 해 주지 않으신다고 불평하지 않으려면 이 부분을 주의 깊게 읽어야 한다. 여기서 동사가 의미하는 것은, 모든 도전 속에서도 우리가 굳게 설 수 있도록 주님이 공간과 여지를 만들어 주신다는 것이다. 우리가 당하는 구체적인 역경은 사라지지 않을지도 모른다. 그러나 하나님은 우리에게 피할 길을 주시고, 우리가 그 고난을 견딜 수 있게 하신다(고전 10:13).

이 말씀은 특히 홀로 있고 외로운 사람들을 자유롭게 한다. "하나님은 나를 버리셨어. 하나님은 내 외로움을 달래 줄 사람을 보내 주신 적이 없어."라고 말한다면, 하나님의 공급하심을 정확히 파악하지 못한 것이다. 하나님은 우리에게 현실을 견딜 수 있는 힘을 주심으로, 우리와 함께할 친구를 주심으로, 보다 냉철하게 문제를 다룰 수 있도록 충분한 여유와 평강을 주심으로, 우리를 모든 어려움에서 구원해 주신다.

이 책을 처음 쓰기 시작했을 때, 나는 남은 생애 동안 외로움의 문제와 씨름해야 할 것이라고 생각했다. 하지만 하나님은 그 어느 해에도 나를 저버리지 않으시고 내가 용기를 얻을 수 있는 길을 마련해 주셨다. 내 기도 파트너인 일레인을 주셨는데, 앞서 말한 바와 같이 일레인은 내가 이 책을 쓰도록 동기를 부여해 주었다.

때로는 음악이 우리를 하나님의 임재 속으로 인도하기도 한다. 친구의 전화 한 통 또는 카드 한 장이 우리를 일으켜 세우기도 한다. 친구가 했던 말을 상기하는 것만으로도 충분할 때가 있다. 가장 견디기 어려운 순간에는, 필요한 위안을 얻기 위해 기독교 공동체 내의 누군가에게 손을 뻗어 도움을 구해야 할지도 모른다. 하여튼 하나님은 우리에게 필요한 것을 반드시 공급해 주신다. 내가 이 책을 쓰고 여러분이 이 책을 읽는 동안, 나는 외로움을 다루시는 하나님의 신실하심이 여러분에게 더욱더 실제가 되기를 기도한다. 때로 주님의 공급하심은 우리가 전혀 예상하지 못했던 방법으로 나타나기도 한다. 만약 우리의 눈과 마음이 열려 있다면, 그분이 깜짝 놀랄 만한 일을 감춰 두고 계심을 알게 될 것이다. 하나님의 말씀은 항상 우리를 위하고, 그것 자체가 놀라운 일이다.

내가 가장 놀라워하는 것은 천사다. 나는 이 글의 첫 부분을 강림절 첫 주일, 즉 새로운 교회력이 시작되는 시기에 썼다. 회개하며 성탄절을 준비하는 기간이기 때문에, 그때가 되면 나는 항상 새 교회력과 화환을 벽에 걸고, 말구유 장면과 천사들의 찬양 그림이나 모형으로 집을 꾸미면서 그 절기를 기념하곤 한다.

우리는 실제로는 천사를 잘 모르고 그림으로 그릴 수도 없다. 바로 그렇기 때문에 나는 무척 다양한 천사들, 즉 종이·직물·도자기·짚으로 만든 천사들과 함께 매년 즐거운 시간을 보낼 수 있었다. 시편 34편에 기록된 주님의 약속에 따르면, 주님을 경외하는 자들 주위에는 천사들이 진을 치고 있는데 그들의 목적은 주님의 구원을 이루는 것이다. 친구들은 하나님이 내게는 별도의 천사를 더 배치하셨거나, 아니면 내게 파송된 천사들은 업무량이 다른 천사들에 비해 두 배일 것이라고 농담을 하곤 한다. 나는 많은 신체장애를 가지고 있을 뿐 아니라 먼 거리를 다녀야 하기 때문에, 하나님이 천사를 통해서 보호하신다는 것은 내게는 그저 어린 시절의 판타지에 불과한 것이 아니다.

히브리어 본문은 "진을 치고 있는"(encamping)이라는 동사의 분사형으로 시작한다. 이 단어는, 천사들이 탁월하고 지혜롭고 강력하지만 이들은 계속해서 주님을 두려워하는(경외와 겸손으로 존경한다는 뜻) 존재일 뿐임을 강조한다. 그리고 나서 "… 주위에"라는 전치사가 등장하는데, 이 전치사는 구원이라는 사실 속으로 우리를 인도한다. 천사들은 우리 주위에 진 치고 있기 때문에, 그들은 우리를 어려움으로부터 구해 낼 수 있다.

성경에서 '주의 천사'라는 말은 때로는 주님 자신을 지칭하는 것처럼 보인다. 어떤 곳에서는 '천사'라는 단어가 하나님의 메시지를 전달하는 사람을 지칭하는 것 같다. 하나님의 말씀을 우리에게 전해 주고 우리를 보호해 주는, 우리 주위에 "진을 치고 있는" 천사와 같은 사람들을 우리는 모두 알고 있다. 전에 내 비서였던 샌디(Sandy)는 내 손이 갈라지는 것을 막기 위해 내 욕실 청소와 설거지까지 대신 해 주었다. 그 덕분에 나는 건강한 손으로 타자를 치고, 기타를 치고, 찬송을 인도하고, 연구와 저술을 위해 많은 시간을 사용할 수 있었다.

또한 성경은 문자 그대로 천사 같은 존재, 즉 우리를 보호하고 우리를 위해 싸우는 눈에 보이지 않는 전사(戰士)들을 이야기한다. 계몽주의를 숭배하는 사람들은 진리가 오직 과학적 합리주의에 의해서만 판단될 수 있다는 주장을 폈다. 그것은 우리에게서 신비감과 초자연적인 것에 대한 감각, 그리고 무엇보다도 하나님의 일은 인간의 이해력을 무한히 초월한다는 사실에 대한 인식을 빼앗아 갔다. 반면에 천사들은 오늘날 뉴에이지 운동과 가장 많이 관련 있는 것으로 되어 버렸다. 그리고 천사들이 오직 우리의 개인적 유익을 위해서만 존재한다고 믿는 경향이 있다.

이와는 대조적으로 성경은 하늘의 천군의 일부로서 천사, 천사장, 스랍, 그룹을 언급하며, "하늘에 있는 악의 영들"(엡 6:12)에 대한 천사들의 끊임없는 싸움을 포함해서 그들의 사역에 감사해야 한다고 말한다. 천사들에 대해서는 여러 곳에서 간헐적으로 진술한다. 이사야 6장의 부름받는 장면, 다니엘 8-12장의 가브리엘과 미가엘, 누가복음 1장에서 스가랴와 마리아에게 나타난 천사, 요한계시록 14-16장에 나타난 천사의 사역 등이 그 예다. 그러나 우리는 천사에 대해서 많은 사실을 알 수는 없다.

우리가 알아야 할 천사에 대한 모든 내용을 요약해 주는, 유명한 이야기가 있다. 엘리사가 목숨을 잃을 위기에 처했을 때 그의 종은 두려움에 잠긴다. 그 종은 도단성을 둘러싸고 있는 아람 군대의 말과 전차들만 볼 수 있었기 때문이다(왕하 6:8-23). 그가 엘리사에게 부르짖자 엘리사는 조용히 대답한다. "우리와 함께한 자가 그들과 함께한 자보다 많으니라"(왕하 6:16). 그리고 주님께서 종의 눈을 열어 주실 것을 위해 기도한다. 그러자 그 종은 즉시로 "불 말과 불 병거가 산에 가득하여 엘리사를 두른 것"(17절)을 보고 깜짝 놀랐다. 주님의 보호가 자세히 묘사되지는 않았지만 대단히 실제적인 것이었다. (이사야 6장의 소명 장면에 등장하는) '스랍'이라는 이름은 '불'이라는 단어에 뿌리를 두고 있고, 따라서 스랍은 '불 같은 존재'라는 의미를 갖는 것으로 보이기 때문에, 바로 그들이 엘리사가 보았던 하늘 군대였을 수도 있다.

우리의 문제는 대개 우리가 천사를 보지 못한다는 것이다. 우리를 위해 우리의 외로움이라는 아픔과 싸우고 있는 주님의 사자를 알아보기 위해서는 주님께서 우리의 눈을 열어 주셔야 한다. 그들은 하나님 임재라는 진리를 우리가 깨닫도록 우리 주위에 진을 치고 있다. 홀로 있어서 두려울 때, 우리는 하나님 군대로서의 천사를 진지하게 고려해 볼 필요가 있다. 하나님은 우리를 보호하고 돌보시기 위해 계속 천사를 보내 주신다.

내 친구 샌디가 다시 생각난다. 몇 년 전 미니애폴리스(Minneapolis)에서 모임을 마치고 집으로 돌아왔을 때, 나는 심각한 귓병으로 고통스러웠다. 나는 병원 응급실로 실려 갔고, 샌디가 최대한 빨리 병원 응급실로 나를 찾아와서 내가 약을 타고 사소한 문제를 해결하도록 도와주고, 나를 자기 집으로 데려가서 저녁밥을 지어 주고, 저녁 내내 나를 돌봐 주었으며, 내 귀에 약을 넣어 주고, 다시 나를 내 집으로 데려다 주고는 (나는 집에 일주일 동안 혼자 있었다) 내가 침대에 눕는 것까지 지켜봐 주었다. 다음 날 아침 내가 깨어났을 때도 샌디는 나를 돌봐 주고 있었다.

이 글을 쓰면서 샌디를 생각할 때, 나는 하나님이 내 주위에 허락해 주신 모든 천사들로 인해 감사의 눈물을 흘리지 않을 수 없다. 아마도 다음 질문들은 당신의 삶에 있었던 천사들을 좀 더 깊이 생각해 보는 데 도움이 될 것이다.

> **묵상을 위한 질문**
>
> 1. 주님을 바라볼 때 광채가 나는 것을 경험한 적이 있는가?
>
> 2. 하나님과의 관계에서 하나님을 부끄러워해 본 적이 있는가? 그 이유는 무엇인가?
>
> 3. 주님께서 나의 환난을 '없애' 주신 것은 아니라 해도, 그 환난을 '견딜 수 있도록' 해 주신 것을 경험한 적이 있는가?
>
> 4. 초자연적인 돌보심을 받은 경험이 있는가? 인간의 상상을 초월한 그와 같은 보호하심을 다른 사람들은 어떻게 설명하는가?
>
> 5. 내 삶에서 천사처럼 나를 섬겨 주는 사람들은 누구인가?
>
> 6. 천사에 대한 개념처럼, 완전히 구식으로 보이지만 성경에 분명하게 기록되어 있는 개념을 어떻게 이해해야 할까?
>
> 7. 나는 다른 사람을 위해 하나님의 천사가 될 수 있는 기회를 어떻게 활용했는가?

15

주님의 선하심을 맛보아 알라

주님이 선하시다는 사실을 맛보아 알라.
그에게 피하는 [강한] 자는 복이 있다.
너희 성도들아, 주님을 경외하라.
그를 경외하는 자에게는 부족함이 없다.
사자들은 약해지고 굶주릴 수도 있다.
그러나 주님을 찾는 자는 모든 좋은 것에 부족함이 없다.

[시편 34:8-10]

요즘에는 자신이 주로 어떤 경로를 통해 배우는지를 알 수 있는 다양한 테스트가 있다. 그 테스트에는 몇 개의 범주로 나누어진 수많은 질문이 있는데, 그것을 통해 전문가들은 조사 대상자가 주로 시각을 통해 배우는지, 청각을 통해 배우는지, 촉각/움직임을 통해 배우는지, 본능적으로 배우는지, 아니면 그 외에 어떤 방법으로 배우는지를 알아낸다.

그동안 책을 읽고 연구하면서, 나는 내가 주로 시각을 통해 배우는 사람일 것이라고 생각했다. 그러나 약 15년 전에 그 테스트를 받아 보고 그 결과에 놀랐다. 내 삶의 유형이, 시각적이거나 청각적인 카테고리에서는 세 가지만 해당되는 반면, 촉각/움직임에 속한 카테고리에서는 아홉 가지나 해당된다는 사실을 알았기 때문이다. 분명히 그 당시에 나는 손으로 만질 수 있는, 실질적인 방법을 통해서 가장 잘 배우고 있었다. 나는 다른 사람을 안아 주는 것을 좋아했는데, 그 검사 결과를 보고, 나의 그런 성향이 비정상적인 것이 아닌가 하는 염려에서 해방될 수 있었다.

자신이 가장 잘 배우는 방식을 발견하고 나면, 더 효과적으로 외로움에 대처할 수 있다. 어떤 유형의 사람이냐에 따라, 음악을 들을 때, 또는 책을 읽을 때, 또는 하나님의 사랑으로 자신을 안아 주는 사람과 함께 있을 때, 위로를 받는다.

시편 34:8은 특별히 감각을 통해 배우는 사람을 위해 기록된 것으로 보인다. 시인은 단지 "주님의 선하심을 검토해 보라"라고 말하지 않는다. 그는 우리에게 "주님이 선하시다는 사실을 맛보아 알라."라고 권면한다. '맛보다'라는 동사는 우리에게 경험을 통해, 그리고 하나님의 선하심 안으로 당장 뛰어들어 하나님의 선하심을 확인해 보라고 격려한다. 하나님께 증명할 기회를 드리지 않는다면, 하나님이 고귀한 분이신 것을 우리가 어떻게 알 수 있겠는가?

이 구절은 우리가 다른 이들에게 주님을 전하도록 강한 동기를 부여한다. 많은 사람이 하나님과의 관계 속으로 들어가지 못하는데, 그 이유는 그들이 아직 하나님의 자비, 하나님의 진리, 하나님의 너그러움, 하나님의 탁월함을 맛보지 못했기 때문이다. 그들은 하나님께 대한 사람들의 온갖 불평을 듣고 읽었을지 모른다. 그들은 복음을 드러내야 할 기독교인의 실패한 삶을 보고 깊은 상처를 받았을지도 모른다. 그러나 그들은 성경에서 주장하는 내용을 실질적인 방법으로 직접 경험하고 확인해 볼 기회를 전혀 갖지 못했다.

몇 년 전에 한 기독교 잡지가 한 젊은 여성의 이야기를 실은 적이 있다. 누군가 그녀에게 성경이 "효과가 있는지" 확인해 보도록 도전했고, 그 일로 인해서 그녀는 기독교인이 되었다. "원수에게 보복하지 말라."라는 말씀을 읽고 그 원리를 실천하면서 기독교의 진리를 깨달았다.

외로울 때 우리는 너무 쉽게 자기 연민에 빠질 수 있다. 하지만 우리가 실망하지 않을 것이라는 사실을 확실히 알고 있었던 다윗은 우리에게 하나님의 선하심을 맛보라고 권면한다. 다윗은 하나님의 선하심을 충분히 경험했기 때문에 그 시도가 결코 실패하지 않으리라는 사실을 확신할 수 있었다.

성만찬은 기독교인들에게 하나님의 선하심을 과거와 현재와 미래에 맛볼 수 있는 기회를 제공한다. 그와 같은 실질적인 참여를 통해 기독교인들은 그리스도께서 우리를 위해 실제적으로 하신 일, 곧 그리스도께서 자신의 몸을 찢고 피를 쏟으며 죽으신 일을 기억한다. 또한, 떡과 포도주를 나누고 식탁에 함께 둘러앉은 공동체 속에서 우리는 그리스도의 현존을 경험한다. 마지막으로, 우리는 예수님의 약속이 이루어질 미래의 식탁을 바라본다. 우리가 언젠가 예수님과 함께, 또 하늘의 모든 성도들과 함께 큰 잔치를 벌일 것이라고 예수님은 약속하셨다.

성인이 되고 나서 내 외로움을 해결할 수 있었던 한 가지 좋은 방법은 다른 사람을 식사에 초대해서 하나님의 임재를 함께 나누는 것이었다. 그들과의 대화, 우리가 함께 있다는 즐거움, 하나님이 창조하신 것으로 만든 음식의 냄새와 감촉, 기도하기 위해 서로 손을 맞잡는 일은 우리로 하여금 주님의 선하심을 맛보고 느끼게 해 주었다.

8절의 시적 평행구 속에서 다윗은 주님을 피난처로 삼아 그분께 피하는 사람은 복이 있다고 말한다. 사실 히브리어 본문은 선포에 더 가깝다. NIV에서 "사람"(man)라고 번역한 단어는 여성이나 어린아이와 대조되는 힘센 남성을 뜻한다. "복이 있도다"라고 번역된 단어는 연계형이기 때문에, 이 문장은 "오, 자기 자신이 아니라 주님 안에서 피난처를 찾는 전사

(戰士)의 복 있음이여"라고 말하는 것과 같다(히브리어 명사는 '절대형' 또는 '연계형'으로 쓰인다. 절대형은 다른 명사의 수식을 받지 않고 독립적으로 문장에 등장하는 경우이고, 연계형은 다른 명사에 의해 수식을 받는 경우다. — 역자). 이것 역시 '손으로 만질 수 있음'(tangibility)에 대한 진술이다. 그런 피난처를 찾는 것은 따뜻함과 신체적 피신을 의미하기 때문이다.

다음으로 다윗은 우리에게 주님을 경외하라고 촉구한다. 이 책의 11장에서 사랑과 두려움 사이의 성경적 균형을 논할 때 사용했던 동사는 여기서 다윗이 선택한 동사가 아니다(11장에서는 그 동사가 하나님의 진노에 대한 두려움이라는 의미로 사용되었다). 7절과 9절에서 다윗은 주님을 '경외하다'라는 뜻의 동사를 선택한다. 문맥 때문에 우리는 '경외'라는 단어를 통해 "감사하고 찬양하라"는 초대의 말을 들을 수 있다. 앞에서 다윗은 주님께 피하는 자들에게 복이 있고, 그다음 구절에서는 하나님을 경외하는 자는 모든 좋은 것에 부족함이 없을 것이라고 말하기 때문이다. 하나님을 경외할 때 우리는 자신을 둘러싸고 있는 모든 것 속에서 하나님의 선하심을 인식하게 된다. 그런 인식으로 인해 우리는 더욱 감사함으로 하나님께 응답한다.

하나님을 경외해야 하는 사람은 그분의 성도들이다. 성도라는 이름은 하나님이 그분의 백성으로 따로 떼어 놓기 위해 우리를 선택하셨다는 사실을 상기시킨다. 그렇게 함으로써 주님은 그분의 것인 거룩함이라는 성품을 우리에게 주셨다. 이사야 6장의 환상처럼 하나님의 거룩하심에 대한 성경적 그림은 매우 감동적이다. 선지자는 장엄한 보좌에 앉아 계신 하나님의 거룩하심을 보고, 천사들의 음성을 통해 그 거룩하심을 들었을 때, 두려움과 공포로 가득해지고 자신의 죄를 부끄러워했다. 아마 여러분은 지금 하나님의 거룩하심과 장엄하심을 떠올리기 위해 이사야 6장을 읽고 묵상하고 싶을지 모르겠다. 우리 역시 하나님의 완전하심을 대면하면 무릎을 꿇고 "화로다 나여 망하게 되었도다"라고 외치지 않을 수 없다. 선지자와 마찬가지로 우리도 부정한 입술을 가진 자들이며, 그와 같은 사람들 사이에서 살아가고 있다.

그러나 우리 믿음의 기쁨은, 하나님이 그분의 의로 우리를 덮으시고, 우리를 완전하신 그리스도의 몸에 참여하게 하심으로 우리를 거룩하게 하셨다는 사실이다. 이사야 6장에서의 선지자와 마찬가지로 우리는 은혜의, 불타는 숯으로 정결해졌다. 이것이 바로 바울이 여러 신약 교회의 "성도들"에게 편지를 보낸 이유이다.

때때로 나는 집회에 참석한 사람들에게 성도(saint)라면 손을 들어 달라고 요청하곤 하는데, 지금까지 모든 사람이 다 손을 드는 경우는 없었다. 어떤 이유로든, 우리 기독교인들은 성도됨(sainthood)이란 삼위 하나님의 선포와 행하심과 은사로 우리가 이미 소유하고 있는 것이라는 사실을 배우지 못했다. 이 진리는 우리가 성도처럼 행동하느냐 그렇지 않느냐에 달려 있지 않다.

더구나 하나님과 교제하는 즐거움은, 하나님의 용서와 확증, 은혜로 능력 주심을 통해, 우리가 계속해서 성도처럼 행동할 수 있게 해 주신다는 데 있다. 하지만 우리가 그렇게 살든 그렇게 살지 못하든지에 상관없이 우리가 성도라는 사실은 계속 유지된다.

그러므로 그 성도됨을 즐거워하는 우리는 주님을 경외하고자 한다. 우리는 하나님께 합당한 영광을 올려 드리고, 하나님이 우리의 삶 속에서 창조하시는 거룩함을 받아들이기를 원한다.

이어서 다윗은 주님을 경외하는 성도에게는 아무런 부족함이 없을 것이라고 약속한다. 우리가 부족함이 없을 것이라는 말씀을, 우리가 외로울 때는 믿기 어려울 것이다. 우리는 "하지만 나는 친구가 없어요." 또는 "저를 돌봐 줄 사람이 지금 당장 필요해요."라고 말한다. 그렇다면 다윗이 우리에게 거짓말을 한 것인가?

우리가 하나님을 가장 절실하게 필요로 할 때, 왜 때로 하나님은 우리를 거부하시는 듯 보이는 걸까? 다윗은 단지 음식이나 잠잘 곳과 같은 것에 대해서만 말하는 것일까? 곧이어 다윗이 사자를 주제로 해서 이야기하기 때문에 우리는 그렇게 생각할 수도 있다.

하지만 내가 볼 때 시인은 먹을 것이 없어서 고통당하는 것에 대해서만 이야기하는 것 같지 않다. 오히려 다윗이 예를 들기 위해 사자를 선택한 이유는 그들이 피에 굶주린 것과 힘을 상징하기 때문인 것 같다. 사자는 그 강함에도 불구하고 무언가 부족하고 굶주릴 수도 있다고 다윗은 말한다. 이 이미지에서 우리가 알 수 있는 것은, 힘(power)은 우리의 필요를 채워 줄 수 있는 수단이 되지 못한다는 점이다. 조작이나 착취나 변론이나 피에 굶주린 복수로 우리의 열망을 만족시켜 줄 수 있는 사람은 없다.

반면에, 다윗은 주님을 찾는 사람은 모든 좋은 것에 부족함이 없을 것이라고 계속해서 이야기한다. 10절에서 사용된 '찾다'라는 동사는 다윗이 5절에서 사용한 '앙망하다'(개역개정)라는 동사와 같다. 5절에서 그 동사는, 기도와 예배를 통해 거룩함을 추구하고 주님을 알기 위해 그분 앞으로 나아가는 것을 강조한다.

다윗의 주장은 대단히 주의 깊게 구성되어 있는데, 그것은 주님을 경외할 때만 모든 좋은 것에 부족함이 없을 것이라는 사실을 우리에게 상기시키기 위함이다. 우리는 우리 생각에 좋은 것 몇 가지를 놓칠지도 모른다. 그러나 주님의 목적을 추구한다면, 우리는 '참으로' 좋은 것 중 그 어느 것도 부족하지 않을 것이다.

존 화이트(John White)의 판타지 소설 《게버라의 탑 The Tower of Geburah》은

이 점을 명백하게 보여 준다. 어린아이인 웨슬리(Wesley)는 다른 세계에서 모험을 하다가 가알(Gaal)이라는 목자를 만나는데, 그 목자는 예수님을 상징한다. 큰 어려움을 만났을 때 그들은 진솔한 대화를 나누는데, 악에 대적해서 싸우는 일이 성공할 것 같지 않을 때도 그 싸움은 노력할 만한 가치가 있는 일인가에 대한 내용이다.

[웨슬리] "실패할 것을 안다 하더라도 악에 대항해 싸우는 것은 항상 가치가 있는 일이라고, 내가 그렇게 말하기를 당신은 원하는군요. 하지만 그것은 말도 안 됩니다. 그런데도 당신은 내가 그렇다고 말하기를 원하시네요."
[가알] "너는 내가 무슨 생각을 하는지 많이 아는 것처럼 보이는구나. 하지만 나는 네가 나를 신뢰하고 있는지를 알고 싶을 뿐이다."
"당신을 신뢰하느냐구요?"
"그래. 내가 이토록 위험한 일을 네게 맡긴 것은 내 실수라고, 너는 의심하는구나."
"그런 식으로 말씀하시니 끔찍하게 들리는군요."
"앞으로 너에게 일어날 모든 일을 내가 말해 주지 않는다 해도, 너는 나를 신뢰해야 한다."
"물론 우리는 당신을 신뢰합니다."
"내가 무슨 일을 하는지 내가 알고 있다고 너는 믿는 거니?"
아니라고 대답하면 가알을 모욕하는 것이 될 것 같아서, 웨슬리는 불편한 마음으로 이렇게 말했다. "네, 그런 것 같아요. 말하자면, '그렇다'는 거죠."
"너는 내가 너를 염려하지 않는다고 생각하니? 결국은 내가 목자가 아니라는 뜻이냐?"
웨슬리가 가알의 눈을 들여다보았을 때, 그는 가알이 그를 '돌보고 있음'을 마음 깊이 알 수 있었다. 더구나, 그는 가알이 하고 있는 일을 가알 자신이 알고 있다는 사실을 갑자기 깨달았다. 또한 자신의 질문이 가얄에게 상당히 모욕적이었다는 것을 깨달았다. 그는 자신이 작고 초라하다고 느꼈다.

"그러면 내가 네게 명한 대로 행하라. 위험은 실제적이다. 그러니 내가 네게 한 말을 명심해라. 네가 해야 할 일은 미래를 내다보는 것이 아니라 다만 현재를 살아가는 일이다. 그 일에는 나를 신뢰하는 것도 포함된다."[19]

만약 주님이 여기 계셔서 우리가 그분의 눈을 들여다볼 수 있다면, 우리 역시 그분이 우리를 돌보고 계신다는 사실을 확인할 수 있을 것이다. 비록 우리가 간절히 원하는 것 몇 가지를 주님이 무시하는 것처럼 보일 때도 있지만, 주님은 궁극적으로 우리에게 무엇이 최선인지 알고 계시고, 그 과정에서 우리가 마음 상하는 것으로 인해 우리와 함께 슬퍼하신다.

다시 한번 우리는 하나님 성품에 대한 문제로 되돌아가야 한다. 하나님은 선하신가, 그렇지 않은가? 하나님의 선하심을 볼 수 없을 때도 있다. 그러나 우리는 하나님의 선하심을 시험해 보도록, 사실은 그 선하심을 찾아보도록 초청받았다. 하나님은 분명히 선하시기 때문이다.

때로 인간의 악함이 하나님의 완전한 뜻을 방해하는 것은 사실이다. 예를 들어, 하나님은 분명히 세상 사람들이 모두 충분한 식량을 얻도록 의도하셨다(창세기 1:26-31에 기록된 하나님의 창조 계획을 보라). 그러나 인간의 탐욕과 서방 세계의 물질주의적 소비가 하나님의 의도를 방해하고 있다. 기독교 공동체에 속한 우리는 모든 사람이 충분한 식량을 갖기 원하시는 하나님의 목적에 좀 더 적극적으로 참여해야 한다.

우리는 자신이 보기에 선한 것이라고 생각되는 것을 받아 누리는 일에만 신경 쓰기 때문에 하나님이 주시는 가장 좋은 것을 놓쳐 버릴 때가 많다. 외로울 때 우리는 우리를 위로해 줄 사람이 없다는 이유로 하나님께

화를 낼지도 모른다.

그럴 때 "좋은 것이 가장 좋은 것의 적일 수 있다."(The good can be the enemy of the best)라는 말은 잔인하게 들릴 수 있지만, 오랫동안 외롭게 지내는 동안 나는 그 말이 사실임을 알았다. 나는 오랜 세월 동안 나를 돕고 붙들어 줄 누군가를 원했고, 그 세월은 끝이 없어 보였다. 내가 좀 더 현명해졌을 때, 사라지지 않을 영원한 위로를 얻기 위해 하나님을 의지하고 바라보도록 하나님이 나를 가르치고 계셨음을 깨달았다. 내가 계속해서 하나님을 찾고 하나님이 내게 가르치고자 하시는 것에 마음을 열 때마다, 나는 어떤 소원들은 내게 정말 필요했던 것이 아니었음을 알게 되었다.

그렇지만 어떤 일은 우리가 미래에도 결코 이해하지 못할 것이다. 그렇기 때문에 앞에서 인용한 가알의 말을 처음 읽었을 때 나는 마음이 찔려서 아팠다. 때로는 오늘 일어나는 일 속에서 안식해야 하고, 미래를 걱정하거나 만사가 왜 그런가를 이해하려고 애쓰지 말아야 한다. (15년 전에 처음으로 이 단락을 수정하면서 웃었던 기억이 난다. 하나님은 내가 이 글을 쓰게 하신 후, 몇 달 후에 집에서 약 11,000km나 떨어진 곳에 있는 병원 침대에 누워서 그 글을 읽게 하셨다. 캘리포니아 산악 지역에서 집회를 인도하다가 소장 중첩증으로 고생했다. 엄청난 통증 속에서 두 시간 동안 차를 타고 병원에 갔지만, 의사들이 그 원인을 알아 낼 때까지 꼬박 하루를 기다려야 했다. 밤중이 되어서야 응급 의사는 내 소장을 15인치쯤 잘라 냈다. 때로는 오늘 일어나는 일들 속에서 안식해야 하고, 미래를 걱정하거나 만사가 왜 그런가를 이해하려고 애쓰지 않는 것이 꼭 필요하다.)

하나님을 찾는 사람들에게는 참된 복이 약속된다. 그러나 열쇠는 '찾는다'는 말에 있다. 이 말은, 연구하고 기도한다는 것, 찾고 기다린다는 것, 경배하고 섬긴다는 것, 시험을 당하기까지 한다는 것, 몸부림치고 고통당한다는 뜻이다. 그러나 우리가 외롭다고 느낄 때면 그런 마음과 정신의 훈련들을 실천하기가 때로는 어렵다. 특별히 그럴 때 우리는 이 약속을 붙들라는 권면을 받는다: "주님을 찾는 자는 모든 좋은 것에 부족함이 없다." 이 말씀이 참되다는 것을 믿음으로써 우리는, 삶 속에 어떤 복이 임하든지 임하지 않든지, 그 상황을 받아들이고 만족할 수 있다.

"만족은 내가 원하는 모든 것을 갖는 데 있지 않고, 내가 가진 것을 원하는 데 있다." 다윗이 주장한 것처럼, 우리의 욕구가 주님을 찾음으로 걸러지지 않는다면, 아마도 우리의 욕구가 우리의 필요보다 더 커질 것이다. 반면에 주님이 우리의 필요를 채워 주시면, 바울처럼 우리는 "어떠한 형편에든지 나는 자족하기를 배웠노니"(빌 4:11b)라고 말할 수 있다. 그때 우리는 이 책의 12장에서 이야기했던 기쁨을 이해할 수 있을 것이다.

이 글은 놀라운 진행 과정을 거쳤다. 우리는 주님께서 아주 구체적인 방법으로 그분의 선하심을 알 수 있게 해 주신다는 것을 인정하면서 이 글을 시작했다. 반면에 이 마지막 부분에서는, 우리의 감각을 의지하지 않는 법을 배웠다. 때로 우리는 하나님의 선하심을 맛보고 그분이 얼마나 선하신가를 알 수 있을 것이다. 진정으로 성숙한 믿음의 사람은, 인간적인 관점으로는 선한 것이 없는 것 같을 때에라도, 하나님의 사랑을 깨달을 것이다. 그런 성숙함은 계속해서 주님을 찾을 때 자라나게 된다. 사자 같은 힘에 의해서가 아니라 성도의 기다림으로, 우리는 온전한 복을 알게 된다.

묵상을 위한 질문

1. 내가 하나님의 선하심을 가장 깊이 맛볼 수 있는 방법은 무엇인가?

2. 하나님의 사랑을 듣는 것, 그 사랑을 읽는 것, 그 사랑을 느끼는 것 중에서, 나는 어떤 방법으로 하나님의 사랑을 가장 잘 받아들이는가?

3. 축복이란 무엇인가?

4. 내가 성도라는 사실이 내게는 무슨 의미가 있으며, 내 일상생활에 어떤 영향을 주는가?

5. 자신이 무언가 부족하다고 생각해 본 적이 있는가? 무엇이 부족하다고 생각했는가? 이 본문을 연구한 후에는 그 문제에 대해 어떤 느낌이 드는가? (이 본문이 당신 마음을 불편하게 한다고 해도 걱정할 필요는 없다. 완전한 용납이라는 영적 성숙에 도달하기까지는 시간이 걸린다. 문제가 있어도 하나님을 신뢰한다면, 더 실질적으로 하나님과 함께할 수 있다.)

6. 다른 사람들이 '사자'(lion)의 방법으로 필요를 채우려 하는 것을 본 적이 있는가? 나는 그런 적이 없는가? 어떤 방법으로 그렇게 했으며, 그 방법은 왜 성공할 수 없는가?

7. 내가 계속해서 하나님을 찾을 때 내 삶에 부족한 것이 없으리라는 하나님의 약속을 아는 것은, 나의 욕구에 어떤 영향을 미치는가?

16

우리가 모든 소망을 잃었을 때
주님은 가까이 계십니다

나의 자녀들아 와서 내게 들으라.
　　내가 주님을 경외하는 법을 너희에게 가르칠 것이다.

의인이 외치매 주님께서 그 소리를 들으시고,
　　그들의 모든 환난에서 건지신다.
주님은 마음이 상한 자를 가까이하시고
　　영이 깨진 자를 구원하신다.
의인은 고난이 많을 수 있지만,
　　주님은 그를 그 모든 고난에서 건져 내신다.

[시편 34:11, 17-19]

분명히 내 인생에서 가장 슬픈 날이었다. 내가 남편에게 버림받아 괴로워할 때, 마거리트는 내 이야기를 수없이 들어 주었다. 마거리트는 "무슨 일이 있어도, 나는 당신의 친구입니다."라는 문구가 새겨진 액자를 내게 주었고, 그래서 나는 마거리트의 흔들의자에 앉아 울고 싶어서 그 집에 갔다. 나는 다른 위로를 얻으리라고는 기대하지 않았다.

내가 집에 도착하자 마거리트는 굿뉴스바이블(Good News Bible)에서 시편 34편 18절을 읽어 주더니 이렇게 말했다. "바로 너를 위한 말씀이야."

"주님은 마음이 상한 자를 가까이하시고
모든 소망을 잃은 자를 구원하신다."

나는 삶을 마주 대할 수 있는 모든 소망을 잃었다. 그 엄청난 고통을 헤쳐 나가기는커녕 미소 지을 힘도 없었다. 내가 아는 것이라고는 거절당함과 버림받음과 병든 몸과 배신으로 인한 절망뿐이었다. 도대체 왜 계속 살아야 한단 말인가?

마거리트는 내가 그날 하루를 위한 용기를 낼 수 있도록 도와주었다. 바로 이 말씀이다. "주님은 모든 소망을 잃은 사람들을 가까이하신다." 나는 하나님의 임재를 느낄 수 없었다. 나는 하나님의 응답이 무엇인지 전혀 알 수 없었다. 수년간 노력했지만, 내 결혼 생활은 회복되지 않았다. 그러나 나는 위로자(Comforter)가 가까이 계신다고 믿었다.

10여 년이 지난 지금도 그때의 소망 없었던 고통을 글로 쓴다는 것은 힘든 일이다. 당신이 바로 지금 그런 상한 마음과 슬픔 때문에 고통당하고 있을지 모른다. 아니면 그런 고통을 과거에 당했거나 앞으로 당할지도 모르고, 나중에 친구나 가족이 큰 슬픔이나 깊은 절망에 빠졌을 때 그를 위로하기 위해 지금 이 글을 읽어 둘 필요가 있을지도 모른다. 깊은 절망에 빠져 있을 때, 우리는 소망의 근거를 간절히 찾기 원한다.

처음 이 글을 쓸 때, 절망에 대해 글을 쓴다는 것은 내게도 어려운 일이었다. 친구와 가족 중에 큰 고통을 당하는 이들이 많기 때문이다. 낸시는 백혈병과 싸우고 있었다. 신장 투석을 견뎌야 했던 팀(Tim)은 독감으로 인한 무서운 합병증 때문에 고통스러워하고 있었다. 나의 절친한 친구 여섯 명은 일자리가 없었고, 가족 중에서 몇몇은 어려운 환경 속에서 고통스러운 결단을 내려야 할 처지에 놓여 있었다. 이 모든 고통 속에 도대체 소망은 어디에 있단 말인가?

새영어성경(New English Bible)은 18절 첫 부분을 이렇게 번역한다. "주님은 용기가 꺾인 자들에게 가까이 계신다." 이 구절은 의지가 꺾인 것을 가리킬 수 있다. 그러나 하나님이 '마음'을 살피고 깨끗하게 하신다는 의미에서, 사람의 도덕적 특성이 깨지는 것을 지칭할 수도 있다. 그럴 경우 이 구절이 의미하는 것은, 주님은 그들 자신의 죄악과 죄책감 때문에 부서진 자들에게 가까이 계신다는 것이다.

존 화이트의 《게버라의 탑》에는, 심지어 우리가 실패해서 움츠리고 있을 때에도 하나님이 계속 우리에게 가까이 계신다는 진리를 보여 주는 장면이 있다. 소녀 리사(Lisa)는 악한 마법사에게 속아 온갖 맛있는 음식을 실컷 먹었는데, 사실 그것은 진짜 음식이 아니었다. 그러고 나서 물로 몸을 씻으려 했지만, 그것은 진짜 물이 아니었다. 리사가 목자 가알(Gaal)을 만났을 때 그녀의 몸은 매우 더럽고 끈적거렸다. 리사는 가알이 자신을 만지고 싶어 하지 않을 것이라고 걱정했다. 하지만 가알은 부드럽게 그녀의 손을 잡았다. 심지어 리사가 더러운 손을 그의 옷소매에 닦을 때에도 팔을 빼지 않았다. 그래도 가알의 옷은 더러워지지 않았고, 끈적거리던 리사의 손은 깨끗해졌다.

마음이 상한 자를 하나님이 가까이하신다는 것은 바로 이와 같은 부드러움을 뜻한다. 우리의 얼굴이 아무리 더러워도, 우리의 수치심이 아무리 크더라도, 또 우리의 극심한 슬픔 때문에 하나님의 선하심을 믿지 못하거나 목자이신 주님과의 관계를 망친 것으로 인해 우리의 영혼이 아무리 큰 고통을 당하고 있더라도, 하나님은 슬퍼하는 우리 곁에 계속 머물러 계실 것이다.

마음이 상한 자들의 슬픔은 많은 경우에 "왜?", "내가 무엇을 할 수 있었을까?"라는 무력한 질문의 형식을 띤다. 우리의 상한 마음은 종종 우리가 느끼는 (대개 사실과는 다른) 엄청난 죄책감에 의해 더 심해진다. 주님이 가까이 계심을 통해 우리는 죄가 무엇인지, 무엇이 잘못된 죄책감인지를 분명하게 배울 수 있다. 우리의 죄는 값없이 용서받았고, 하나님은 우리가 잘못된 죄책감에서 벗어나도록 우리를 도우실 것이다. 사도 바울은 그 용서와 죄책감으로부터의 해방을 기억하게 하는 말로 여러 서신을 시작하고 끝맺는다. 즉 바울은 성도에게 "은혜와 평강"이 있기를 구한다.

"주님은 마음이 상한 자를 가까이하시고"라는 구절에 대한 시적 평행 구절에서 다윗은 주님이 영이 깨진 자를 '구원하신다'(또는 '구해 내신다')고 선언한다. 그 동사의 어원은 'Yashah'(야샤)인데, '예수'에 해당하는 히브리어 단어 'Yeshua'(예수아)가 여기서 파생되었다. 이 이름의 의미는 천사 가브리엘이 요셉에게 명령할 때 드러난다. "이름을 예수라 하라 이는 그가 자기 백성을 그들의 죄에서 구원할 자이심이라"(마 1:21).

신약 백성인 우리는 우리 시대의 관점에서 뒤돌아보며, 마음이 부서진 자를 주님이 '어떻게' 구원하셨는지를 알게 된다. 우리가 우리의 경험들로 인해 얼마나 산산이 부서졌는지에 상관없이 삼위일체 하나님은 구원하시는 분인 예수아(Yeshua)를 통해 우리의 구원을 완성하셨다.

"영이 깨진"이라는 말은 여러 표현으로 번역될 수 있다. 이것은 종종 성품의 도덕적 결함을 깊이 뉘우치는 것으로 이해되기도 한다. 그 경우에 이 시편에서 약속하는 구원은 회개하는 자를 위한 용서와 화해라는 선물이다. 또 이 표현을 감정적으로 흐트러지고 부서졌다는 의미로 해석할 수도 있다. 또는 굿뉴스바이블처럼 모든 소망을 잃은 것으로 볼 수도 있다. 하여튼 가장 절망했을 때 우리는 이 구절을 우리의 상황과 동일시한다.

해석을 어떻게 하건 이 메시지가 의미하는 것은 동일하다. 하나님이 가까이 계시고, 하나님이 구원하신다는 것이다. 내가 할 수 있는 일이라고는 붙들고 의지하는 일밖에 없었던 그 몇 달 동안, 내가 붙들고 의지한 소망이 바로 이것이다. 내 마음이 너무 상하고 깨져서 더 이상 버틸 수 없다고 느껴졌을 때, 목사님이 나를 안심시켜 주셨다. "마르바, 잊지 말아요. 하나님은 절대로 당신을 놓지 않으실 거예요." 칠흑 같은 절망의 어둠 속에 있을 때, 우리는 그 말씀을 믿고 그 말씀의 참된 빛을 볼 수 있을 때까지, 주님이 가까이 계신다는 위로의 말씀을 계속해서 들어야 한다.

시인 다윗은 현실적이었다. 그는 "의인은 고난이 많을 수 있다."라는 사실을 인정한다. 'raboth'(라보트, "많은")와 'ra'oth'(라오트, "고난들")라는 히브리어 단어의 두운법은 수많은 고난에 대한 공포와 슬픔이라는 우리의 반응을 강조한다. 그렇게 해서 우리는 자신의 많은 문제에 한 가지 문제를 더 추가한다. 즉, 때로 문제에 압도당해 그 문제를 다루는 일을 시작조차 하지 못한다는 것이다. 의인들, 곧 정의롭고 선하고자 하는 사람들이 비참해지고 고통을 당하는 경우가 많다. 하나님의 방법을 선택하는 우리는 더 많은 시련을 당한다. 우리가 그런 고통을 당해도 마땅한 사람이기 때문이 아니라, 악한 세력이 선을 대적하는 싸움에 적극적으로 임하고 있기 때문이다. 바로 그렇기 때문에 주기도문에 "나라가 임하옵시며"와 "우리를 악에서 구하옵소서"라는 구절이 포함되어 있다. 하나님의 뜻을 행하고 하나님 나라의 목적에 참여하는 것의 정반대편에 있는 것은, 우리 자신의 이익을 위해 살려는 유혹과 하나님 대신 악한 세력의 목적을 위해 우상을 숭배하며 행할 수 있다는 가능성이다.

성경은 우리가 신앙생활을 하면서 고난을 당할 때도 즐거워할 수 있다고 말씀한다(약 1:2-8). 고난은 우리의 성품을 온전하게 하고 거룩한 덕을 세우게 한다. 한편 성경은 우리가 경건하게 살아간다면 핍박을 당할 것이라고도 말씀한다(딤후 3:10-12). 이 말씀에 우리는 의아해진다. 만약 내가 핍박을 받지 않고 있다면, 사실 나는 기독교 공동체와는 다른 삶을 살고 있는 것인가? 내가 세상 문화에 동화되었기 때문에, 내 삶에서 나타나야 할 그리스도로 인한 변화를 이웃들이 보지 못하는 것은 아닌가?

더욱이 우리는 선과 악 사이에서 벌어지고 있는 우주적 전투에 적극적으로 참여하고 있다는 사실을 깨달아야 한다. 만약 우리의 소원이 하나님의 목적을 이루는 것이라면 우리는 분명히 장애물을 만나게 될 것이다.

내가 결코 경솔하게 말하는 것이 아니다. 우리는 믿음의 성장과 고난의 증가 사이의 상관관계를 실질적으로 눈여겨볼 필요가 있다. 몇 년 전에, 내가 인도하는 제자 훈련 그룹의 회원들이 성경을 연구하고 기도하는 습관을 확고히 하려고 할 때, 참으로 어려운 일이 많이 있었다. 계속 늦잠을 자느라 기도와 묵상을 위해 사용하려 했던 시간을 놓쳐 버리는 사람도 있었다. 일할 때 계속 짜증스러운 일들이 일어나서 성경 공부를 하려고 할 때 집중할 수 없었던 사람도 있다. 또 어떤 사람은 기도에 집중하려고 할 때마다 정신이 산만해진다고 하소연했다. 가정 문제, 물리적인 장애, 극심한 좌절을 경험하는 사람들도 있었다.

자신이 겪고 있는 여러 어려움을 이야기하면서 우리는 그것이 단지 인간적인 싸움만이 아니라는 사실을 깨달았다. 에베소서 6:12이 우리에게 상기시켜 주는 바와 같이, 우리의 싸움은 혈과 육을 상대하는 것이 아니라 "이 어둠의 세상 주관자들"을 상대하는 것이다. 그러나 우리는 이 세력을 너무 과도하게 영적으로 해석해서는 안 된다. 비록 에베소서 6장이 "하늘에 있는 악의 영들"을 이야기하고 있지만, 6장에서 주로 다루는 것은 오늘날 이 세계 속에서 활동하는 "통치자들과 권세들"이다. 현대 사회에서는 기술과 정책, 또는 돈의 신인 맘몬을 통해 그 모습이 드러난다. 우리의 신앙생활을 방해하는 것은 대부분 우리를 둘러싸고 있는 일상적인 일에서 비롯된다. 그것은 우리의 통제를 벗어나 원래 역할과는 다른 일을 하기도 하고 우리의 삶을 지배하는 신이 되기도 한다.

루이스(C. S. Lewis)에 따르면, (물질적 형태를 취하고 있든, 또는 영적 형태를 취하고 있든) 사탄과 이 모든 악한 세력에 대해 우리가 범할 수 있는 실수는 두 가지다. 한 가지는 그 존재들을 충분히 심각하게 고려하지 않는 것이다. 우리는 "의인에게는 고난이 많다."(시 34:19)라는 구절의 실제성에 주의해야 한다. 또 다른 실수는 그 존재들을 너무 심각하게 받아들여서 그리스도가 그분의 죽음으로 통치자들과 권세들을 물리치시고 그들을 드러내시고 무력화하셨다는 사실을 기억하지 못하는 것이다(골 2:13-15). 부활의 빈 무덤은 그 승리의 확증이다. 그러므로 우리는 시편 34편 기자와 함께 주장할 수 있다. 즉, 의인에게는 고난이 많지만 "주님은 [우리를] 그 모든 고난에서 건져 내신다."(19절)라는 것이다. 똑같은 동사 '건져 내다'가 17절에서도 사용되었는데, 다윗은 의인이 부르짖을 때 주님이 그의 소리를 들으시고 그를 모든 고난에서 건져 내신다고 선언한다. 히브리어에서 반복과 평행구가 사용된 것은, 우리를 더 힘 있게 감싸 주고 위로하기 위해서다.

'건져 내다'라는 동사는 '잡아채다'라는 뜻을 지닌 히브리어 어원에서 파생되었다. 따라서 이 단어는 하나님이 우리를 고난으로부터 취하여 내신다는 이미지를 나타낸다. 이 동사의 선택은 중요하다. 때로 우리의 환경은 (우리가 외로울 때에도) 달라질 수 없기 때문이다. 누군가에게 버림받았을 때, 하나님은 나를 버린 그 사람의 의지 속에 그분의 뜻을 억지로 집어 넣으셔서 그가 내게 돌아오게 만들지는 않으실 것이다. 그럼에도 불구하고, 거절당한 고통 속에 있을 때, 주님은 자신의 사람들에게 가까이 오셔서 그를 그 슬픔으로부터 취하여 내신다. 우리는 치유의 오랜 과정을 인내로써 감당해야만 하지만, 궁극적으로는 주님이 곤경과 고통으로부터 우리를 구해 내실 것이라는 사실을 믿을 수 있다.

나는 치유받기를 초조하게 기다리고 있기 때문에, 이 글의 논의에 11절을 포함시켰다. 이 초청은 우리를 부드럽게 위로한다. "나의 자녀들아 와서 내게 들으라. 내가 주님을 경외하는 법을 너희에게 가르칠 것이다." 깊은 상처를 받을 때마다, 나는 아빠의 무릎에 안겨서 아빠가 나를 두 팔로 감싸고 내 모든 문제를 해결할 지혜를 주시는 것 같은, 자녀로서의 안정감을 갈구했다. 다윗은 주님이 그를 어려움으로부터 구원해 주신 경험을 수없이 했을 것이다. 그렇기 때문에 그는 자신에게 배우라고 자녀에게 하듯 부드럽게 우리를 권면할 수 있었을 것이다.

또한, 주님과 함께 멋진 시간을 보내면서 깊은 지혜를 얻은 모든 사람에게 배우라고 본문 말씀이 우리를 초청하고 있다고 생각한다. 우리는 우리처럼 슬픔을 당하며 고통당한 사람들에게 귀를 기울임으로써 소망을 얻는다. 우리는 그들이 어떻게 슬픔을 견디고 삶을 유지했는지, 어떻게 그들이 그 고난을 통해 성장할 수 있었는지, 그 모든 슬픔 속에서 주님이 어떻게 그들을 가까이하셨는지를 그들을 통해 알게 된다. 이것이 바로 후원그룹과 기도 동역자들, 그리고 신앙인들의 자서전과 간증이 갖는 중요한 가치다.

유익한 자서전과 간증의 특징이 무엇인가 하는 것이 11절 두 번째 행의 주제다. 다윗은 말한다. "내가 주님을 경외하는 법을 너희에게 가르칠 것이다." 사람들이 위로해 주는 말이나 인간적 성취로 인한 자부심은 우리에게 도움이 되지 않는다. 우리는 하나님이 우리를 구해 내실 것을 기대하고 하나님은 그분이 하고 계신 일을 스스로 알고 계시리라고 믿으면서, 주님을 더 경외하고 그분만을 신실하게 의지하게 만드는 것이라면 그것으로 인해 영원한 위로와 소망을 얻는다.

　내 마음이 가장 심하게 상하고 슬펐던 때를 회상해 보면, 나는 그저 내 등을 두드리며 듣기 좋은 말로 "모든 일이 다 잘될 겁니다."라고 말해 주었던 사람들보다는, "얼마 동안은 많이 힘들 거예요. 하지만 하나님이 당신과 함께하세요."라고 말해 준 사람들이 내게 훨씬 더 도움이 되었다는 것을 깨닫는다. 후자의 경우, 잔인하게 들릴 수도 있지만 나는 그 말이 진실임을 알기에 기뻐했던 것을 기억한다.

　이 16장을 쓰기 몇 주 전에, 대단히 현명한 상담자가 내게 충고하기를, 내 사역을 추진하기 위해서는 내 자신의 욕구를 버려야 한다고 말했다. 그는 내가 어쩔 수 없이 외로운 생활을 하겠지만, 프리랜서 성경 강사로서 강의를 위해서라면 어디든 갈 수 있다는 사실을 현실적으로 바라보라고 격려해 주었다. 그는 내가 가진 여러 장애와 하나님을 섬기기 위한 나의 헌신을 분석한 후, 나와 함께할 수 있는 사람을 찾는 것은 무척 힘들 것이라고 결론을 내렸다. 나는 데이트를 하면서 그의 통찰력이 정확하다는 것을 확인했다. 그런 냉정한 말을 듣는 것은 고통스러웠지만, 내가 들었던 말 중에서 가장 중요한 말이었다. 내가 진실과 직면하고, 내게는 하나님만이 만족시켜 주실 수 있는 교제 관계가 필요함을 깨닫게 해 주었기 때문이다. (놀랍게도 10년이 지난 후 하나님은 마이런[Myron]을 내 삶으로 인도해 주셨다. 그 당시 내 장애는 점점 더 심해지고 있었다. 마이런은 내 육체적 문제들이 앞으로 더 심해질 것을 분명히 알았지만 나를 돌보는 일을 기꺼이 떠맡으려 했다.)

　시편 34편은 주님을 경외하는 것을 배우도록 해 주는 교훈에 우리가 귀를 기울일 필요가 있다는 사실을 상기시킨다. 그 진리로 우리는 상한 마음을 해결할 수 있을 것이다. 하나님을 경외하면서 우리는 하나님이 우리 가까이 계신다는 사실을 발견할 것이기 때문이다. 사실 하나님은 우리가 통회할 때 우리에게 가장 가까이 계신다. 우리가 죄악이나 환경에 의해 깨질 때, 하나님이 우리를 사랑해 주시기 위해 우리에게 오신다는 사실을 가장 깊이 알게 된다.

묵상을 위한 질문

1. 내 마음이 상할 때 주님이 가까이 계신다는 사실을 아는 것은 왜 위로가 되는가?

2. 이 성경 말씀에 대한 나의 통찰로, 상한 마음을 가진 친구들을 어떻게 도울 수 있을까?

3. 주님이 구원하신다는 것은 무슨 의미인가? (이 개념의 범위를 너무 제한하지 말라.)

4. 의인을 괴롭히는 고난이 많다는 사실을 아는 것은 내게 위로가 되는가? 그 이유는 무엇인가? 그렇지 않다면, 그 이유는 무엇인가?

5. 주님이 나를 곤경에서 건져 주지 않으시는 것처럼 보일 때, 나는 어떻게 대처할 수 있을까?

6. 내가 지혜와 교훈의 말을 듣기 위해 귀를 기울이는 믿음의 위인들은 누구인가?

7. 그들에게 주님 경외하는 법을 배우는 것은 왜 중요한가?

17

죽을 것 같은 나를
주님께서 도우셨습니다

누가 나를 위하여 일어나서 사악한 자를 칠까?
　　누가 나를 위하여 일어나서 악을 행하는 자를 칠까?
주님이 나를 돕지 않으셨다면
　　나는 곧 죽음의 적막함 속에 거했을 것이다.
내가 "내 발이 미끄러진다."라고 말했을 때,
　　오! 주님, 당신의 사랑이 나를 떠받쳐 주었습니다.
내 안에 근심이 많을 때,
　　당신의 위안이 내 영혼에 기쁨을 주었습니다.

[시편 94:16-19]

나는 하루 종일 근심했다. 내 삶의 모든 차원이 불확실하고 문제가 있어 보였다. 침실이 다섯 개나 되는 큰 집을 어떻게 사용해야 될지에 대한 계획을 세웠는데, 그중 몇 가지는 실패했다. 내가 상담해 준 사람이 고약한 편지를 내게 보냈는데, 내가 그토록 많은 시간을 투자했는데 그가 내 의도를 완전히 오해했다는 사실 때문에 화가 났다(나는 화를 내는 것이 정당하다고 생각했다). 그리고 내 두 번째 책 원고와 관련해서 출판사가 골치 아픈 소식을 전해 왔다. 결국 나는 그 모든 문제에 눌려서 팀(Tim)에게 전화로 도움을 청했다. 우리가 같은 마을에 살았다. 팀이 신장 투석을 하고 있을 때면, 나는 종종 팀에게 전화를 걸어 사역과 개인적 문제에 대해 대화를 나누곤 했다. 팀은 교회에서 청년을 지도하고 있던 찬양 사역자로, 나보다 몇 살 더 많았다. 그는 숙련된 상담자로서 사역의 힘겨움과 즐거움뿐 아니라 내 육체적 한계로 인한 힘든 싸움을 잘 이해해 주었다. 우리는 각자의 어려움과 질문들을 함께 해결해 나가곤 했다.

하지만 그날은 투석 치료를 받는 날이 아니었고 팀은 집에 없었다. 나는 전화를 걸어 달라는 메시지를 자동 응답기에 남겨 놓았지만 그날 저녁 때까지 전화가 없었다. 나는 하나님이 나를 버리셨고 돌보시지 않는 것처럼 느꼈다. 나는 여전히 불안한 채로 잠자리에 들었고 자꾸 잠에서 깼다.

밤중에 전화벨이 울렸다. 팀이 집에 돌아와서는, 당시 내가 밤늦게까지 글을 쓰는 것을 알았기 때문에, 늦은 시간이었지만 내게 전화를 걸었던 것이다. 결코 나는 거절당한 것이 아니었다! (버림받음으로 인해 당했던 쓰라린 고통 때문에 나는 비슷한 문제에 대해서 아주 예민하게 반응했다.) 내가 혼란스러운 문제들을 하나씩 팀에게 털어 놓자, 팀은 부드럽게 나를 질책하며 모든 것을 하나님의 사랑과 돌보심의 관점에서 다시 바라볼 수 있도록 도와주었다. 내가 집과 관련된 어려움을 이야기하자, 팀은 "그 집은 하나님의 집인가요? 아니면, 누구의 집인가요?"라고 물었다.

그가 옳았다. 나는 피난처가 필요한 사람을 맞아들이기 위해 방이 여러 개 있는 큰 집을 샀던 것이다. 위기 사역 담당자는 학교로 돌아가 버렸고, 내가 여행을 하거나 글을 쓸 때는 손님을 돌볼 수가 없다. 하나님은 하나님의 집이 다른 사람들의 필요를 채우는 데 사용될 수 있도록 우리를 분명히 도와주실 것이다. 팀의 질문은 나를 부끄럽게 만들었다. 내 모든 관심사에 대한 하나님의 긍휼하심을 내가 너무 의심했기 때문이다.

나는 내 책에 대한 염려도 팀에게 털어 놓았다. 그러자 팀이 물었다.

"그 책을 하나님의 손에 맡겼나요? 아니면, 아직도 당신이 붙들고 있나요?" 그의 강한 충고는 깊은 사랑의 영으로부터 흘러나온 것이었기 때문에 내게 조금도 상처가 되지 않았다. 내가 사람들을 성경의 대답들로 감싸기 위해 책을 쓴다면, 나는 그 성경의 하나님이 그 책을 책임지실 것이라는 사실을 알아야 했다. 팀의 친절한 질책 덕분에 나는 하나님의 위로하시는 성품을 주목하게 되었다.

그날의 문제를 자세히 다 이야기한 후에도 팀이 전화를 끊지 않았을 때, 놀라운 일이 일어났다. 새벽이 될 때까지 우리는 즐거운 일들에 대한 소망을 나누며 이야기를 나누었고, 그러면서 나는 위로를 받았을 뿐만 아니라 즐거워졌다. 그날 밤의 대화는 고통스럽고 두려운 외로움을 하나님의 임재와 사랑의 선물에 대한 깊은 확신으로 바꾸어 놓았다.

시편 94:16-19이 내가 겪었던 것과 놀랍도록 똑같은 과정을 기록하고 있는 것을 보고 나는 깜짝 놀랐다. 첫 구절에서 시인은 하나님께 자기 원수들에게 복수해 달라고 호소한다. 그 원수들은 교만하고 의기양양하다. 시인은 혼란스럽다. 하나님의 백성이 여러 문제들로 인해 마음이 상하고 있지만, 하나님은 관심이 없는 것 같다.

새로운 밀레니엄을 앞둔 미국에서, 일반적으로 우리는 시편이 쓰일 무렵에 이스라엘 백성이 당했던 것과 같은 탄압을 받고 있지는 않다. 지금 이 세계에서도 많은 사람이 독재 정치 때문에 고통을 당하기는 하지만 말이다. 그러나 하나님과 함께하는 삶은 그런 만행을 끝내도록 우리가 할 수 있는 일을 하라고 요구한다. 우리 자신의 상황에서 삶은 훨씬 더 복잡하다. 우리의 대적들은 사업상의 속임수, 개인적 무관심, 경제적 착취, 제도적 불의를 통해 우리를 억압하고, 그래서 우리는 쉽사리 그들이 원수라는 사실을 깨닫지 못한다. 그러므로 우리가 현대의 시각으로 이 시편을 바라볼 때는, 우리의 문화가 만들어 내는 다른 유형들의 원수를 생각해야만 한다. 그 원수들은 스트레스, 경제적 불안정, 심리 불안, 빈부 격차, 우리의 권력이나 특권에 대한 염려 등일 것이다.

이런 것이 우리를 공격할 때 우리는 시인처럼 부르짖는다. "누가 나를 위하여 일어나서 사악한 자를 칠까? 누가 나를 위하여 일어나서 악을 행하는 자를 칠까?" 아무도 우리 편이 아닌 것처럼 보일 때 좌절감은 점점 더 커진다. 17장의 첫 부분에서 언급했던 그날, 내 생각대로 되는 것은 아무것도 없어 보였다. 그때 나는 '나의' 생각이 최선의 것이라고 생각하고 있었다. 팀과 대화하면서 나는 너무 오랫동안 내 삶이 무척 힘든 싸움이었다고 불평했다. 그러자 팀이 부드럽게 물었다. "올해가 정말 그랬단 말인가요?"

그의 질문은 나를 부끄럽게 만들었다. 올해에 나는 이전 6년간보다 훨씬 더 많이 희망적인 일을 경험했기 때문이다. 하지만 고통스러운 많은 일들이 겹겹이 쌓일 때면, 너무 빨리, 내 편은 아무도 없다고 느낀다.

우리의 질문에 대해 "주님이 나를 돕지 않으셨다면"이라는 말씀이 들려 온다. 주님의 도움은 시인으로 하여금, 나로 하여금, 탈출구를 찾고 계속 나아가게 한다. '돕다'에 해당하는 히브리어 단어는 시편 46편에서 사용된 것과 동일한데, 시인은 "하나님은 우리의 피난처시요 힘이시니 환난 중에 만날 큰 도움이시라"(1절)라고 선포한다. 그날 밤 나는 친구 팀의 존재를 통해 하나님이 그런 도움이시라는 사실을 발견했다. 기독교 공동체 속에 있는 우리는 하나님의 돌보심이 우리를 통해 구체화될 수 있다는 사실을 항상 인식해야 한다. 우리의 위로와 격려의 말을 통해, 또는 팀이 나에게 해 줄 필요가 있겠다고 생각했던 질책을 통해, 우리가 다른 이들에게 하나님의 도움을 전하게 될지 누가 알겠는가?

시인은 시편 94편에서 자신의 두려움과 근심이 얼마나 심했는지 말하고 있다. 주님이 그를 돕지 않으셨다면 그는 "곧 죽음의 적막함 속에 거했을 것"이다. NIV에서 "곧"으로 번역된 히브리어 단어는 '거의' 또는 '대부분'이라고 번역될 수도 있다. 주님이 아니었다면 그는 거의 적막함 속에 거했을 것이다. 히브리어 본문에는 '죽음'이라는 단어가 등장하지 않지만 시인은 죽음을 암시하는 것 같고, 그것은 우리의 경험과도 일치한다. 절망에 빠졌을 때 우리는 거의 죽게 되었다고 생각하거나 죽기를 바란다.

우리에게 닥친 그 어떤 일로 인해 생긴, 이와 같이 점점 더 커지는 두려움은, 아마도 외로움의 가장 심각한 원인과 결과일지 모른다. 우리가 혼자라는 사실 때문에 두려움이 찾아오고, 그 두려움은 외로움으로 인한 슬픔을 증대시킨다. 고통이 파괴적인 파도로 우리를 압도할 때, 그리고 악과 대적하는 우리 곁에 아무도 없을 때, 우리는 공황 상태에 빠진다. 하나님이 과감한 조치를 취해 주시지 않는다면 우리는 분명히 죽을 것이다.

시편 기자가 자신의 불안을 기록한 것은 우리를 격려하기 위해서다. 누군가 다른 사람도 그토록 심한 공포를 경험했고, 그 공포를 극복했을 것이다. 우리는 감히 다른 사람의 공포심이나 우울을 가볍게 여겨서는 안 된다. 우리를 대적해서 일어서는 악에 대한 공포는 대단히 실제적이다. 그 공포에 압도된 사람은 자신이 완전히 혼자이며 무방비 상태라고 느낀다.

그러나 시인은 계속해서 자신이 오해하고 있었다고 고백한다. "내가 '내 발이 미끄러진다.'라고 말했을 때, 주님, 당신의 헤세드가 나를 떠받쳐 주었습니다." 1장에서 우리는 주님의 '헤세드'는 주님의 깊은 인자하심을 뜻하는 것으로, 세상의 여러 사랑과는 전혀 다른 것이라는 사실을 배웠다. 우리가 가장자리 밖으로 미끄러지고 있다고 느낄 때, 주님의 변함없는 돌보심은 우리의 속사람을 떠받쳐 줄 것이다. 내가 공황 상태에 빠졌을 때 내 친구 팀이 내게 분명히 보여 주었던 확신과 사랑은, 바로 주님으로부터 온 것이었다.

  심지어 내가 변덕을 부리고 불평하고 있을 때에도 나는 여전히 사랑을 받고 있었다. 고통과 공포의 순간에 우리를 가장 잘 붙들어 주는 것은, 심지어 우리가 의심 많고 무례한 사람이라 해도 사랑받는 존재라는 확신이다. 자기 자신과 자신의 공포심에 대해 부정적인 생각이 들 때에도, 우리가 주님의 돌보심을 받고 있다는 사실을 알 수 있다면, 우리는 변화를 추구하고 두려워하지 않을 용기를 가질 수 있다. 주님의 인자하심이야말로 우리가 미끄러지고 있다고 느낄 때 우리가 자신을 붙들기 위해 필요한 것이다. 그러면 우리는 추락하고 있다는 느낌이 거짓된 것임을 알 수 있다. 주님이 우리를 부드럽게 붙들고 계시기 때문이다.

  본문의 마지막 절은 놀라운 사실을 보여 준다. 주님의 '헤세드'는 우리를 떠받칠 뿐 아니라, 실제로 공포의 지점을 지나서 기쁨으로 귀결되는 행복감 속으로 우리를 인도한다는 것이다.

  우리의 근심거리가 계속 늘어난다 해도, 주님의 사랑은 우리로 하여금 그 모든 것을 넘어서게 할 수 있다. 히브리어 원문은 몇몇 어구를 포개 놓는다: "나의 내부(내적 부분)에 불안을 조성하는 생각들이 많을 때에" 이 빈틈없는 단어 선택은 때로 우리를 괴롭히는 혼란스러움의 깊이를 그림처럼 생생하게 묘사한다. 불안을 조성하는 생각이나 불안한 의심들은 항상 점점 더 많아지는 것 같다. 그것도 산술급수적이 아니라 기하급수적으로 증가한다. 더구나 그런 생각과 의심은 우리를 표면적으로 괴롭힐 뿐만 아니라 가장 깊숙한 부분까지 공격하는데 이 부분은 다루기가 더 힘들다.

  우리의 '내적 부분'은 문자 그대로 공격을 받을 것이다. 어느 날 밤 나는 친구가 대단히 아프다는 연락을 받았다. 나는 내가 그 사실을 침착하게 받아들이고 그로 인한 불안을 합당하게 잘 처리했다고 생각했다. 하지만 갑자기 소화가 안 되기 시작했다. 의식적 수준에서 감지할 수 있었던 것보다 나는 훨씬 더 긴장하고 있었다.

우리는 점점 더 심하게 고통당하고, 우리를 애태우는 걱정거리들은 마치 눈덩이처럼 커지는 것 같다. 그러나 그런 현실 속으로 '주님의 위로'라는 진리가 밀고 들어온다.

NIV가 '위로'라고 번역하는 단어는 히브리어 원문에서 복수형이다. 그 단어는 '위문하다, 위로하다, 누군가에 대해 동정심을 갖다'라는 뜻을 지닌 동사에서 파생되었다. 항상 복수형으로 사용되고, 복수형은 뜻을 강화한다. 따라서 이 명사는 깊은 위로를 의미한다.

시인은 주님의 위로가 그의 영혼을 기쁨의 자리까지 인도한다고 선언한다. '기뻐하다'라는 동사는 히브리어 본문에서 진행형이고, '운동하는 것'(sporting)을 묘사하는 동사에서 파생되었다. 이 동사는 시편 119:70에서도 사용되었는데, 거기서 시인은 주님의 '토라' 또는 교훈을 기뻐한다. 이사야 66:12에서는 이 동사가 사랑하는 부모의 무릎 위에서 귀여움을 받고 있는 아이를 묘사하는 데 사용되었다. 감정이나 열정의 자리, 이곳에서는 기쁨의 자리를 나타내는 '영혼'은 주님의 위로로 말미암아 주님의 무릎 위에서 춤추는 것으로 비유된다.

하나님은 우리를 위로하실 뿐만 아니라 넘치도록 위로해 주시기 때문에, 우리는 두려움이나 근심의 상황에서 벗어나 순전한 기쁨에 이른다.

내가 절망에서 기쁨으로 넘어가는 데 잘 사용하는 방법은 음악이다. 낙심될 때면 내가 가장 좋아하는 클래식 음악을 듣는다. 음악을 들으면서 내가 자신을 벗어나 기쁨과 유쾌함의 새 영역으로 옮겨지는 것을 느낀다. 이 책의 많은 부분은 라흐마니노프의 장쾌한 음악을 들으며 쓴 것이다.

어떤 경험이 당신을 행복하게 하는가? 잠시 멈추어 서서, 당신이 가진 재능이, 주님이 당신에게 주신 위로임을 생각해 본 적이 있는가? 그 재능을 통해 당신은 근심에서 벗어나 큰 기쁨에 이르게 된다. 각자 개성에 따라 그분의 풍성함을 베풀어 주시니, 하나님은 얼마나 좋으신 분인가?

위기 사역을 위해 큰 집으로 처음 이사를 갔을 때, 나는 내가 이방인처럼 생각되어 크게 위축되었다. 특히 남편의 새 부인이 옛 집에서의 내 공간을 차지하자, 나는 나를 안전하게 지켜 주던 모든 것에서 떨어져 나온 것 같았다. 그런 상실감 속에서 나는 누가 "나를 위하여 일어날" 것인지 궁금했다. 시인과 마찬가지로 때때로 나는, 만약 주님이 나를 돕지 않으셨다면 분명히 죽음의 적막함 속에 거했을 것이다. 하지만 주님은 계속해서 그분의 큰 위로를 허락해 주셨다.

그 큰 집에서 내 마음이 편해졌던 첫날 밤을 결코 잊지 못할 것이다. 내 연구실 겸 작업실이 지하층에 마련되었다. 포장을 뜯고 책을 꺼내어 새 책장 속에 가지런히 꽂아 넣었다. 타자기를 위한 책상도 한쪽에 놓았다. 장작 난로도 점검했고, 친구의 남편은 내 오래된 오디오를 다시 연결해 주었다. 그날 저녁 늦게 난로에 불을 붙이고 차를 한 주전자 끓인 후, 내가 좋아하는 교향곡을 틀어 놓은 채 흔들의자에 누웠다. 처음에는 깨닫지 못했는데 어느 순간 갑자기 내가 '집에' 왔다는 사실을 너무나 뚜렷이 의식하게 되었다. 나는 흔들의자에 앉아 주님의 선하심으로 인한 기쁨 때문에 울지 않을 수 없었다. 마침내 나는 어딘가에 속했다고 느꼈다.

그곳은 방이 아니었다. 그곳은 주님이 그분의 위로를 내게 주시기 위해 창조하신 공간이었다. 그 공간의 모든 것은 나를 위로하기만 한 것이 아니라, 주님의 놀라운 사랑을 상기시켜 주었다. 주님의 사랑은 우리를 문제 너머로 들어 올려 저 높은 기쁨에 이르게 한다.

묵상을 위한 질문

1. 내 인생에서 악에 대항해 내 편에 서 줄 사람이 하나도 없다고 느낀 것은 언제였는가?

2. 악의 세력에 압도당해서 죽고 싶었던 때, 또는 죽을 것 같았던 때는 언제인가?

3. 그럴 때 나는 주님이 도우심을 어떻게 알 수 있었는가? 내 삶에서 그분의 '헤세드'가 일하시는 것을 어떻게 경험했는가?

4. 주님이 나를 붙들고 계시는데도, 내가 상황을 오해해서 미끄러지고 있다고 생각해 본 적이 있는가?

5. 내 안에서 근심이 점점 커지는 것을 경험해 본 적이 있는가?

6. 주님의 위로 덕분에 근심에서 벗어났을 뿐 아니라 기쁨을 누리게 된 적이 있는가?

7. 근심으로 고통당하는 사람들이 주님께서 주시는 위로의 기쁨을 얻도록 내가 어떻게 도울 수 있을까?

18

사악한 자는
윤택하지 못하다

하나님은 참으로 이스라엘에게,
　　마음이 청결한 자들에게 선하시다.
하지만 나는 거의 미끄러질 뻔했고,
　　발 디딜 곳을 거의 잃어버릴 뻔했다.
이는 내가 악인의 형통함을 보고
　　오만한 자를 질투했기 때문이다.
그들은 고난이 없고,
　　그들의 몸은 건강하고 강하다.
그들은 [사람들이] 흔히 짊어지고 있는 짐으로부터 자유롭다.
　　그들은 인간의 질병에도 걸리지 않는다.

내가 내 마음을 정결하게 보존한 것은 분명히 헛된 일이었다.
　　나는 죄가 없다고 내 손을 씻은 것은 헛된 일이었다.

내가 이 모든 것을 이해하고자 했을 때,
　　나는 숨이 막힐 듯했다.
내가 하나님의 성소에 들어갔을 때에야
　　그들의 마지막 운명을 깨달았다.

[시편 73:1-5, 13, 16-17]

한 젊은이가 내 사무실에서 울고 있었다. "이건 불공평해요!" 그는 부르짖었다. "그 여자는 모든 일이 잘되고 있어요. 이 남자 저 남자와 사귀며 온갖 즐거움을 누리고 있어요. 저만 비참합니다."

그는 하나님의 공평하심을 의심하고 있었고, 금방이라도 자살할 것 같았다. 시편 73편은 우리의 일상생활에 너무나도 실제적으로 적용할 수 있는 내용으로, 그를 깜짝 놀라게 했다.

우리도 때로는 시편 기자 아삽과 같은 기분을 느끼곤 한다. 아삽은 다윗이 예배를 위해 임명했던 음악 감독 중 한 사람이었고(대상 6:39), 솔로몬 성전의 낙성식 때는 찬양을 했다(대하 5:12). 시편 73편은 정경에서 아삽이 지은 것으로 알려진 열한 개의 연속적인 시편 중 첫 번째다(그 외에 시편 50편이 아삽의 것이다). 이 여러 시편에서 아삽은 인간의 경험에 대한 날카로운 통찰력을 드러내 보인다. 그는 불경건한 사람들이 모든 것을 갖는 모습을 지켜보면서 받게 되는 엄청난 상처를 깊은 지혜로써 통찰한다. 도무지 공평해 보이지 않는다. 자신을 정결하게 지키고자 하는 사람이, 그런 것에 신경 쓰지 않는 사람보다 더 고난을 당하는 것 같다.

시편 기자와 마찬가지로 우리도 인생의 불공평함에 대해 불평하고 격분한다. 정당한 대답이 있어야 한다. 그렇지 않으면 우리는 하나님이 참으로 선하시다는 것을 믿을 수 없을 것 같다.

우리가 그런 생각을 품고 있을 때, 시인은 믿음의 고백으로 자신의 시를 시작한다: "하나님은 참으로 이스라엘에게, 마음이 청결한 자들에게 선하시다." 나중에 그는 마음을 청결하게 유지하려는 노력이 가치 있는 것인지에 대해 의문을 제기할 것이다. 우선 그는 그 일이 가치가 있다는 진술로 글을 시작한 다음, 그 진술의 진실성을 믿기 위한 싸움을 치열하게 전개해 나간다. 그 전개 과정은 우리가 고통과 고난의 불공평성 때문에 의심을 갖게 될 때 우리에게 교훈을 준다.

이 시편의 원문은 '확실히'(surely)라는 단어로 시작한다. 시인은 다음의 주제를 첫 부분에서 밝힌다. 곧 하나님은 이스라엘에게, 도덕적 성품과 의지가 청결한 자들에게 참으로 의롭고 정의롭다는 것이다. 마음이 청결한 것은 어쨌든 가치 있는 일이라고 그는 선포한다. 하지만 그러고 나서 마치 "하지만 내가 그 사실을 거의 잊을 뻔했던 적이 있다."라고 말하는 듯하다.

실제로 그는 겸손하게 고백한다. "하지만 나는 거의 미끄러질 뻔했고, 발 디딜 곳을 거의 잃어버릴 뻔했다. 이는 내가 악인의 형통함을 보고 오만한 자를 질투했기 때문이다." 그 단순한 현실이 그 자신과 그의 믿음을 망칠 뻔했다. 마음이 혼란스러워서 그의 영적 발걸음이 미끄러질 뻔했다.

우리는 오만한 자들이 그들의 죄악과는 상관없이 편안하게 사는 것에 질투한다. 내가 가장 외로웠을 때, 한 남녀 커플과 이야기를 나누었는데 그들은 동거만 하고 있었다. 그들은 서로 얼마나 사랑하는지, 또 그 사랑을 표현하는 것이 얼마나 중요한지를 이야기했다. 그들은 분명히 행복해 보였고, 그 모습은 혼외정사는 하나님의 도덕적 원칙을 따르지 않는 것이라고 믿었던 나의 믿음과 충돌을 일으켰다.[20] 외로웠던 나는 그들이 마음대로 죄를 짓는 것이 부러웠다. 혼외정사를 즐기며 죄책감을 느끼지 않을 수 있다면 인생이 훨씬 더 쉬워질 것이라고 생각했다.

만약 나처럼 오랫동안 혼자인 기독교인들이 하나님이 계획하신 대로 성적인 순결을 굳게 지키기로 결심한다면, 그들은 외로움과 싸워야 할 뿐 아니라 성적으로 느슨한 우리 문화의 거센 압력과도 싸워야 한다. 다른 사람들은 모두 연인이 있는데 왜 나를 안아 줄 사람은 없는 것일까? 순결을 유지하려는 나의 노력을 누가 인정해 줄 것인가?

"그들은 고난이 없다."라고 아삽은 선언한다. 그들은 영적으로든 육체적으로든 고난을 겪는 것 같지 않다. "그들의 몸은 건강하고 강하다." 사악한 자들의 잘됨에 대한 이 묘사가 히브리어 원문에서는 암호와 같다: "육체적 고통은 없고, 그들의 몸은 살쪘다." 그들은 굴레와 족쇄에 매여 고통당하지 않을 뿐 아니라, 그들의 몸은 충분한 영양을 공급받고 있다. 실제로 그들은 뚱뚱하다. NIV가 "몸"이라고 번역한 단어는 실제로는 '… 앞에'라는 뜻을 지닌 단어에서 파생된 '복부'라는 단어다. 그러므로 이 표현은 그들이 상당히 살이 쪘다는 뜻이다. 배가 나온 것은 대부분의 문화에서 풍요의 상징이고, 미국에서도 부자의 과시적 소비를 가리킨다. 배가 나온 사람은 부자라는 사실을 금방 알아챌 수 있다.

"악인"은 "사람들이 흔히 짊어지고 있는 짐"에서도 자유로운데, 왜 내 친구들은 그토록 심한 장애로 고통을 당해야 하는 것일까? 팀(Tim)은 신장 기능 장애로, 린든은 중풍으로, 낸시는 백혈병으로 고생한다. "그들은 질병에도 걸리지 않는다." 그들은 보통 사람들의 골칫거리나 고역 중 그 어느 것으로도 고통당하지 않는다. 대부분의 사람들과 달리 그들은 병에도 걸리지 않는다. 히브리어 본문의 마지막 분사는 접촉이나 공격을 강조하는 동사에서 파생한 것으로, 대개 질병과 연관되어 사용된다. 그들은 고통과의 접촉을 피해 가는 것 같다. 그 결과 "교만이 그들의 목걸이"(6절)이다.

그들의 교만, 그리고 그들이 하나님을 경멸하고 비웃은 것을 몇 절에 걸쳐 기술한 후, 시인이 자신의 엄청난 좌절을 다음과 같은 불평으로 요약한 것은 이상한 일이 아니다: "이들은 악인들이라도 항상 평안하고 재물은 더욱 불어나도다"(12절). 어떤 이들은 모든 것을 가졌다! 이런 불균형을 우리는 견딜 수 없다.

그래서 시인은 불평한다. "내가 내 마음을 정결하게 보존한 것은 분명히 헛된 일이었다. 나는 죄가 없다고 내 손을 씻은 것은 헛된 일이었다."(13절). 후자는 아마도 의식적(儀式的) 씻음을 의미할 것이고 따라서 우리는 이렇게 추론할 수 있다. "예배를 신실하게 드리는 것도 아무런 유익이 없다."

시인은 하나님의 사람이 되기 위해 노력했지만 아무런 유익을 얻지 못한 것에 유난히 더 반감을 갖는다. 유진 피터슨의 《메시지 The Message》는 다음과 같은 번역으로 지칠 대로 지친 시인의 모습을 잘 보여 준다: "내가 규율에 따라 살았던 것은 어리석은 일이었다. 그것이 내게 무얼 가져다주었는가?" 그런 노력을 기울인 것은 시간 낭비였다고 그는 입을 삐죽인다. 첫째 어구의 "마음"과 둘째 행의 "손"은 시적 평행구를 이루어, 내적으로나 외적으로 모두 깨끗이 유지되었다는 것을 상기시킨다. 하지만 그것도 아무런 소용이 없는 것처럼 보인다.

시인은 이 사실을 공공연히 말하고 싶어 하지 않는다. 그렇게 하면 사람들이 혼란스러워할 것이다. 하지만 그가 이 일을 이해하려 하면 할수록 모든 것이 답답할 뿐이다. 슬픔, 원통함, 수고의 고통은 아무런 결과가 없었다. 불의를 이해하려고 애쓸수록 더욱 고통스러울 뿐이다. 히브리인은 이것을 '고뇌'(travail)라고 부른다.

다시 말하지만, 우리 믿음을 시험에 들게 하는 것은 사태를 분석하고 이해하려는 시도이다. 우리는 계속해서 질문한다. "그들은 자신이 죄를 범했다는 사실을 모른단 말인가? 그들은 얼마나 끔찍하게 우리에게 상처를 주고 있는지 전혀 상관하지 않는다는 말인가?"

우리가 불의를 분석하고 세상을 공평하게 만들려고 노력할수록, 우리는 더 답답해진다. 다른 사람의 성공을 시기하는 것은, 그 성공이 죄악으로 인해 성취된 것이 아니라 해도, 결코 건설적인 일이 될 수 없다. 그 모든 고통을 다룰 수 있는 더 좋은 방법을 써야만 한다.

시인은 더 좋은 방법을 알고 있다. 많이 불평하고 분노한 후에 더 지혜로운 길을 선택한다. 17절은 결정적인 전환점을 나타내기 위해 히브리어에서 매우 드문 구문법, 즉 "…할 때까지"라는 표현으로 시작한다. 시인이 자신의 사고방식으로 그 문제를 이해하려고 했을 때는, 모든 일이 힘들었다. 그가 하나님의 성소에 들어가고 나서야, 그 괴로움이 해결되었다.

여기서 사용된 히브리어 단어는 복수형이기 때문에 '성소들'을 뜻한다. 이것은 성전과 지성소의 많은 구역을 지칭할 것이다. 이 단어는 많은 거룩한 장소를 뜻하기 때문에 이 시대에도 쉽게 적용될 수 있다. 우리는 고난이 불공평하다고 토로하기 위해 반드시 교회 건물 안에 들어갈 필요는 없다. 어떤 성소에나 갈 수 있다. 이 단어는 'qadosh'(카도쉬) 또는 '거룩한'(holy)이라는 어원에서 파생했고, 그렇기 때문에 구별된 장소, 우리가 주님을 만나는 모든 공간을 의미할 수 있다.

18장을 쓰고 있을 때 나는 손가락 사이가 갈라져서 이 부분에서 잠시 글쓰기를 멈추고 손에 로션을 발라야 했다. 몸이 건강하고 강한 사람들, 삶에서 모든 일이 그들 중심으로 이루어지고 있는 것 같은 사람들에 대한 부러움을 글로 쓰고 있는데 내 손에서 피가 나다니, 이 얼마나 아이러니한가. 하지만 내가 글을 쓰는 공간, 즉 나의 성소로 들어갔을 때, 나는 그곳을 그 어떤 것과도 바꾸지 않으리라는 사실을 깨달았다. 그 거룩한 곳에서는 오직 하나님과 나만이 존재했다. (원래 나는 이 책의 제목을 《하나님과 나만이 존재했다》로 하고 싶었다).

나는 당신도 특별한 성소를 가지고 있을 것이라고 확신한다. 그 안에 있을 때(그곳이 물리적인 장소가 아니고, 당신 마음속의 장소라 해도), 무언가를 찾아 헤매는 당신의 이성과 상처받은 당신의 마음은 안식을 얻을 수 있다. 그 거룩한 장소 안에서 우리는 하나님을 만나고 우리의 문제에 대한 하나님의 대답을 들을 수 있다. 참으로 하나님의 대답만이 우리를 만족시킬 것이다. 결혼 언약 관계 파기, 육체적 장애로 인한 한계, 우리를 외롭게 만드는 역사적인 기이한 일들, 변덕스러운 자연현상이나 기계 고장으로 인한 사고 등의 문제를 우리는 결코 만족스럽게 설명할 수 없다. 또 우리가 그 문제를 이해하고 그에 대한 통찰력을 얻게 되었다고 해서 우리 마음의 고통이 완전히 진정되지도 않을 것이다. 그럼에도 불구하고 성소 안에는 전혀 다른 대답이 있다.

시인은 "그때 나는 그들의 마지막 운명을 깨달았다."라고 말한다. 이 구절의 히브리어 동사는 무언가에 주의하는 것 또는 지대한 관심을 가지고 무언가를 묵상하는 것을 강조한다. 거룩한 곳에 들어간 시인은 모든 것을 영원이라는 관점 속에 내려놓는다. 그럼으로써, 삶과 죽음, 그리고 영생을 바라보는 시각이 완전히 달라진다.

시인이 도달한 결론은 다음 장에서 보다 자세히 살필 것이다. 하지만 여기서 적어도 분명한 것은 그의 관점이 달라졌다는 것이다. 삶을 영원이라는 전체적 그림 속에 집어넣기 전까지는 모든 일이 불공평해 보인다. 예수 그리스도를 믿는 우리는 이미 영생을 가지고 있다. 영생은 '머지않아 우리가 죽은 다음 맛보게 될 하늘에 있는 케이크'가 아니다. 요한복음 3:36("아들을 믿는 자에게는 영생이 있고")의 동사들은 현재 시제이다. 우리가 이미 그 선물을 가지고 있다면 그 선물이 주위 환경에 대한 우리의 관점에 지금 어떤 영향을 미칠 것인지를 분별해야만 한다.

에베소서는 "또 함께 일으키사 그리스도 예수 안에서 함께 하늘에 앉히시니"(2:6)라고 선포한다. 이 통찰이 의미하는 것은 우리가 더 이상 사건을 인간적인 눈으로만 보지 않는다는 것이다. 우리는 그리스도의 정신을 공유하고, 우리의 유익을 위해 활동하시는 하나님의 능력의 빛 안에서 전체를 바라보는 예수님의 관점을 추구한다.

영원을 바라본다는 것은 모든 고통이 사라질 하늘나라를 소망한다거나, 지금 번영하는 것처럼 보이는 악한 자들이 결국 지옥에서 모진 고통을 당할 것이기 때문에 기뻐한다는 뜻만은 아니다. 실제로도, 우리는 지옥을 알기 때문에 모든 사람에게 더욱 관심을 갖게 되고, 하나님과 관계를 맺지 않고 죄악 속에서 살아가는 사람들을 주님께로 이끌기 위해 열심히 노력한다. 영원에 대한 관점을 갖는다는 것은, 이 세상에서의 고통이라는 실재가 진리의 전부가 아니라는 사실을 깨닫게 된다는 의미다.

예를 들어, 나는 수년 동안 외롭고 고통스러운 세월을 보냈기 때문에 지금 나의 친구들에 대해 훨씬 더 감사한 마음을 갖게 되었다고 생각한다. 행복해할 수 있는 능력은 우리가 지나온 슬픔의 깊이에 의해 크게 확대될 수 있는 것 같다. '영원'은 지금 친구들과의 관계에 감사하게 한다.

"악한 자들의 마지막"을 생각할 때, 우리는 그들이 얼마나 극심한 고통을 당하게 될지 알게 된다. 그들은 살찌고 행복한 것처럼 보이지만, 그들 내부 깊은 곳에 있는 갈망은 채워질 수 없다. 안식이 없음을 스스로 외면하기 위해 때로는 끔찍할 정도로 열심히 일을 하고, 때로는 그 노력이 성공한 것처럼 보이기도 한다. 하지만 죄가 있는 곳에는 죄책감과 슬픔과 공허함이 있다. 잔인함은 그 보응을 받게 되고, 악에는 그 결과가 따르는 법이다. 그러므로 보복하려는 것은 우리에게 아무 유익이 없다. 오히려 우리는 좌절감 덕분에 긍휼의 마음을 갖게 되고 영원을 바라볼 수 있게 된다. 다음 장에서 이 부분을 더 살펴보겠다.

**묵상을
위 한
질 문**

1. 마음이 청결한 자들에게 하나님은 참으로 선하시다고, 나는 시편 기자처럼 주장할 수 있는가?

2. 삶의 어떤 경험 때문에 그런 주장을 의심한 적이 있었는가?

3. 악한 사람들이 아무 문제 없이 잘 지내는 것을 본 적이 있는가? 그런 모습을 볼 때 어떤 느낌이 들었는가?

4. 악한 사람들의 성공에 대한 부러움, 그들이 내게 준 고통으로 인한 괴로움을 어떻게 해결하고 있는가?

5. 성경은 세상의 불의를 어떤 관점으로 보라고 우리에게 도전하는가?

6. 내 삶에서 성소와 같은 곳들은 어디인가?

7. 영원을 생각하는 관점은, '성공한' 듯 보이는 악한 사람들에 대한 나의 견해에 어떤 영향을 미쳤는가?

19

우리가 우둔할 때
하나님이 손을 잡아 주십니다

내 마음이 몹시 아프고,
    내 영이 쓰라릴 때,
나는 어리석고 무지했습니다.
    나는 당신 앞에서 짐승이었습니다.

그러나 나는 항상 당신과 함께합니다.
    당신이 내 오른손을 붙드십니다.
당신의 교훈으로 나를 인도하십니다.

[시편 73:21-24a]

하루는 훈련을 위해 아주 오래도록 수영을 한 적이 있는데, 그때 수영장을 한 번 왕복할 때마다 한 가지 제목으로 기도를 드렸다. 열 개의 제목으로 기도를 드리면서 그 기도를 계속 반복했다. 첫 번째 왕복할 때는 아직 직장을 구하지 못한, 나와 함께 사는 친구를 위해 기도했고, 그다음부터는 아픈 사람들과 우리 가족을 위해 기도했다. 여섯 번째 왕복할 때는 힘을 다해 감사의 기도를 드렸고, 열 번째 왕복할 때는 찬양을 드렸다.

    수백 번 기도를 반복하면서 나는 내 신앙생활이 참으로 미숙하다는 사실을 깨달았다. 악한 자를 부러워하면서, 하나님과 함께하는 삶이 얼마나 부요한 것인가를 잊고 있었다.

감사하지 않고 형편없었던 자신의 이전 태도에 대한 시인의 생생한 묘사는 우리 모두의 공감을 얻기에 충분하다. 때로 우리는 우리에게 상처를 준 사람들이 성공하는 것을 보며 아삽처럼 반응하기도 했다.

히브리어 원문에서 시편 73:21의 첫 번째 동사는 '시거나 발효되다'라는 뜻의 어원을 가진다. 이 동사는 여기서 강세 재귀형(Hithpael)으로 쓰여, 쓰디쓴 상태임을 강조한다. (나는 21절 NIV에서 두 행의 마지막에 등장하는 형용사의 위치를 바꾸고자 한다.) 시인은 이 책의 18장에서 이야기했던 불평등을 볼 때, 그의 의지와 의도의 자리인 마음이 분노로 가득해진다고 말한다.

다음으로, 시적 평행구에서 아삽은 자기 신장이 찔렸다고 고백한다. '신장'이라는 명사는 '마음'이라는 단어를 구체적으로 표현한 것인데, 신장은 구약에서 감정의 자리를 뜻한다. 그리고 그 단어는 종종 하나님의 시험의 대상으로 표현되기도 한다. 그러므로 시인이 자신의 신장이 찔렸다고 고백할 때, 그것은 감정의 상처를 말하는 것일 뿐만 아니라, 어쩌면 하나님도 그의 정신적 고통의 깊이를 헤아려 알고 계신다는 뜻일 수 있다.

그의 날카로운 시기가 자기 자신을 찔렀다. 우리는 자기 고통의 많은 부분을 스스로 초래하고 있음을 인정해야 한다. 사실 다른 사람이 우리를 해치거나 거절할 때처럼, 고통은 외부에서부터 우리에게 임한다. 그러나 우리는 시기심과 불신하는 마음 때문에 그 고통을 배가시킨다. 자신의 질투가 초래한 '날카로운 찌름'을 강조하기 위해 시인은 '(칼을) 갈다, 날카롭게 하다'라는 어원에서 파생된 동사를 사용한다. 예루살렘성경은 이 부분을 생생하게 번역한다: "내 옆구리를 찌르는 고통으로 내 마음이 점점 더 쓰리게 되었을 때…."

자기 안에서 벌어지는 일들 외에도, 시인은 자신의 태도가 자신의 외적 행위에 영향을 미친다는 사실을 깨닫는다. 히브리어 본문에서 22절은 강세 대명사로 시작한다. 즉, "그러나 '나 자신' — 지금 내 모습은 얼마나 끔찍한가!"라고 외친다. 원문에는 동사가 없다. 문자적으로 이 부분을 번역하자면 "나 — 짐승 같은(brutish)!"이 된다. 따라서 술어로 쓰인 형용사는 좀 더 비난의 색채를 띤다. '짐승 같은'이라는 형용사는 '짐승'이라는 명사와 관련 있고, 그 동사형은 '어리석다, 마음이 둔하다'라는 뜻을 갖는다(NIV에서는 '어리석다'[senseless]로 번역되었다). 성경에서 이 단어는 영적으로 너무 무감각해서 진리를 깨닫지 못하는 사람을 묘사할 때 사용된다.

NIV는 "그리고 나는 모른다."라는 히브리어 어구를 "무지하다"(ignorant)라고 번역했다. 예루살렘성경은 "나는 단지 이해하는 데 실패했습니다."라고 번역하는데, 이는 이 부분의 의미를 잘 살린 것이다. 시인은 실패한 결과로 자신이 주님과의 관계에서 '베헤모트'(behemoth), 즉 잔인한 짐승이나 하마가 되었다고 말한다.

'하마처럼', 이는 우리 자신을 묘사하는 데 그리 사랑스러운 그림은 아니지만, 우리는 하마를 자신과 아주 밀접히 동일시할 수 있을 것이다. 때로 우리는 자신이 얼마나 짐승 같은지, 얼마나 많이 실수하는지, 얼마나 무지한지, 또 그렇게 많은 증거가 주님의 신실하심을 가리키는데도 왜 주님을 신뢰하지 않는지 충격을 받곤 한다. 《메시지》는 다음과 같이 지금까지의 결론을 잘 요약한다.

내가 끔짝없이 둘러싸여 공격을 당하고 쓰디쓴 일을 겪을 때,
내 마음속이 온전히 시샘으로 가득 차게 될 때,
나는 당신 앞에서
완전히 무지한 자, 벙어리 소가 되었다.

하나님이 보시기에 나는 짐승과 같을 것임이 틀림없다. 내가 보기에도 괴물 같았기 때문이다. 우리 자신을 이런 식으로 보는 것은 우리의 영적 성장을 위해 필요한 부분이다. 믿음 없는 것이 우매한 일이라는 사실을 직시해야만, 우리의 무지함과 짐승 같음에도 불구하고 하나님이 어쨌든 우리를 사랑하신다는 무한히 경이로운 사실을 즐거운 기적으로 바라볼 수 있다.

그 경이로움을 《메시지》는 다음과 같이 잘 요약한다. "나는 아직 당신 앞에 있습니다. 하지만 당신은 내 손을 잡으셨습니다."

우리의 짐승 같은 행동과 태도에도 불구하고, 하나님이 그래도 우리를 사랑하신다는 사실에 우리는 충격을 받는다. 히브리어 원문은 여기서도 강세 대명사로 시작한다. "그러나 나 자신은 — 내가 예상했던 것과는 완전히 정반대로 — 계속 당신과 함께." 여기서도 동사의 결여는 간결하고도 분명하게 "나 — 당신과 함께"를 강조한다.

이것은 착각이 아니다. 나는 계속 주님과 함께 '있다'.

어떤 때는 함께 있고, 어떤 때는 떨어져 있는 것이 아니다. 나는 주님과 '계속' 함께 있다. 이것은 그 무엇보다도 중요한 관계다. 계속해서 나는 '주님과 함께' 있다.

'계속'에 해당하는 단어는(NIV에서는 '항상'으로 번역되었다) 실제로는 '지속성'을 뜻하는 명사로서, 특히 시편과 이사야서의 중요한 구절에서 부사로 사용된다. 그중 내가 가장 좋아하는 구절은 시편 16:8이다: "내가 여호와를 항상 내 앞에 모심이여 그가 나의 오른쪽에 계시므로 내가 흔들리지 아니하리로다"(시편 73편도 주님이 오른손으로 붙들어 주심을 강조한다). 또한 우리는 이 명사가 시편 34:1에서 부사로 사용된 것을 보았다. 그 구절에서 다윗은 "내 입술로 항상 주를 찬양하리이다"라고 선언한다(13장 참조).

주님과의 관계가 변함없다는 사실은 우리를 우둔함에서 벗어나게 하고 용납받음으로 인한 자유로운 상태로 인도한다. 우리는 그런 교제의 지속성을 너무 쉽게 당연한 것으로 여기고, 심지어는 우리가 정당하게 하나님의 사랑을 받을 자격이 있다고 생각한다. 우리의 무지함이 짐승과 같다는 사실을 자세히 주목해야 하고, 그것은 우리에게 좋은 약이 될 것이다.

우리가 주님과 함께 있다고 말하는 것은, 우리가 이 책의 다른 부분에서 본 것처럼, 우리가 주님의 생각과 돌보심 안에 있음을 강조한다. 그런데 23절에서 특이한 사실이 표면에 떠오른다. 히브리어 원문에서 '…와 함께'라는 전치사와 결합된 대명사는 '당신'의 여성 단수형이다. 여성 대명사는 앞 절에서도 히브리어 전치사 '…와 함께'와 결합되어 사용되었는데, 그곳에서 시인은 그가 주님과 "함께" 있을 때 베헤모트가 되었다고 말한다. 그러나 24절과 25절에서 대명사는 다시 남성형으로 바뀐다.

이 구절들은 우리가 하나님을 여성으로 생각할 때 그 의미가 더 강력해진다. 하나님의 여성적인 부드러움과 관대하심 앞에서 우둔하고 어리석고 하마 같다는 것은 더 흉측하고 형편없다는 느낌을 준다. 여성적인 하나님의 모성애에 경이로움을 느끼는 것은 더 깊은 의미가 있다. 구약에서 주님의 긍휼을 나타내는 강력한 단어는 '자궁'이라는 어원에서 파생된 것이기 때문에(5장 참조), 성경은 우리에게 하나님의 사랑과 헌신을 모성애적인 것으로 이해하라고 권한다. 따라서 놀라움과 경이는 배가된다. 우리가 짐승처럼 어리석다 해도 하나님은 계속 어머니처럼 우리를 돌보시기 때문이다. 하나님은 우리를 그분과 특별한 관계가 있는 자녀로 꼭 붙들고 계신다.

우리와 계속 함께 계시는 주님의 여성적인 모습은, 23절 결론부에서 볼 수 있는, 우리의 오른손을 굳게 붙들고 계시는 주님의 남성적인 모습과 강한 대조를 이룬다. 내가 "굳게 붙들다"라고 번역한 단어는 손으로 쥐거나 소유한다는 의미를 강조한다. 그러나 여기서 이 단어는 조종하거나 착취한다는 개념이 아니라 은혜로운 의미로 사용되었다. 그래도 이 단어는 '힘'을 뜻한다. 하나님은 우리에게 그분의 은사를 부어 주시기 위해, 우리가 짐승처럼 어리석음에도 불구하고 우리의 손을 굳게 붙들어 주신다.

셈족에 속하는 사람들에게 오른손은 선의의 표식으로 중요하게 기능한다. 그러므로 예수님은 하나님 우편에 앉을 것이라고 말씀하시고(눅 22:69), 바울은 베드로와 다른 사도들이 그에게 친교의 오른손을 내민 것을 기쁘게 생각한다(갈 2:9). 그 행동은 용납과 능력 부여를 의미한다.

반면에 다른 사람에게 왼손을 내미는 것은 모욕적인 행동이었다. 23절은 "내 오른손의"라는 형용사로 끝맺음으로써 기쁨을 강조한다. 영어에서 '오른쪽의'(right)라는 단어는 '올바른'이라는 의미를 지니기 때문에, 우리는 하나님이 어떤 일을 하실 때 자신이 하는 일을 알고 계시다는 사실을 더 깊이 이해할 수 있다. 하나님은 심지어 우리가 짐승 같을 때에도 우리를 돌보기로 선택하신 것이다. 그분은 오른손으로, 즉 올바른 것으로 우리를 붙드신다. 도대체 하나님은 우리의 상태를 모두 아시면서도 어떻게 우리를 사랑하실 수 있는 것일까?

이 구절들을 묵상하고 우리의 외로움과 연관시킬 때, 우리는 경이로움으로 가득 차오른다. 외로움의 고통 속에 있을 때 우리는 끔찍한 악의와 적개심, 그리고 우리 삶에 대한 완전한 무지 때문에 아연해진다. 우리는 보아야 할 것을 보지 못하고, 잘못된 것을 말한다. 우리는 모든 것을 뒤죽박죽으로 만들어 놓고 도대체 해결의 실마리를 찾지 못한다. 하지만 자신이 우둔한 하마와 같다고 느끼는 그 순간에도 우리는 이 영광스러운 선언을 들을 수 있다: "그러나 나는 항상 너와 함께 있다. 내 오른손으로 너를 붙들고 있다." 우리는 하나님의 이미지에 남성적인 것과 여성적인 것이 모두 있음을 앞에서 살펴보았고, 삼위일체 하나님과의 관계 속에서 하나님의 모든 성품(존재하는 모든 것을 훨씬 능가하는 성품)을 충분히 누릴 수 있음을 깨닫는다. 다음 장에서 우리는 시인과 우리 자신이 이렇게 새롭게 자각한 결과가 무엇인지를 더 깊이 살펴볼 것이다.

그러나 먼저 우리는 하나님이 그분의 교훈을 통해 우리를 인도하기를 원하신다는 사실을 기억해야 한다(24a절). 하나님이 항상 우리와 함께하시고 오른손으로 우리를 붙들고 계시기 때문에 우리는 어리석은 실수를 그렇게 자주 하지는 않는다.

시편 전체의 문맥 속에서 우리는 사악한 자의 종말과 우리의 종말이 어떻게 다른지를 진정으로 깨닫기 위해서는 주님의 인도하심이 필요하다는 사실을 배웠다. 상황이 전개되는 방식에 대해 감사하고, 그 상황을 통해 주님의 목적이 이루어지도록 주님 바라보는 것을 배우기 위해서 우리는 하나님과 동행해야 한다.

우리에게 가장 필요한 것은 주님의 교훈이다. 수년 전에 내 인생은 한 교수님이 주신 깨달음으로 완전히 변화되었다. 나는 미처 깨닫지 못하고 있었는데, 그 교수님은 대학원 학자금을 위한 나의 기도에 하나님이 어떻게 응답해 주셨는가를 말씀해 주셨다. 그 이후 나는 내가 하나님의 뜻을 자주 놓치고 있다는 사실 때문에 놀라고 있다. 주님은 우리를 유익한 길로 인도하기를 원하신다. 하지만 우리는 주님의 인도하심을 알아차리기 전에 종종 공황 상태에 빠지고, 그러고 나서는 자기 힘으로 방향을 찾기 위해 노력한다.

그것이 바로 아삽이 사악한 자들이 번영하는 것을 보고 비통한 마음을 가졌을 때 그에게 있었던 일이다. 주님 대신 그들에게 관심을 집중했을 때, 아삽은 세상의 불공평함에 압도되고 말았다. 반대로 만약 우리가 주님과 그분의 목적에 초점을 맞춘다면, 우리의 사명에 최선을 다하느라 너무 바빠서 다른 사람들의 성공에 신경 쓸 시간이 없다. 또 우리 자신의 사역과 하나님이 주신 은사로 인한 기쁨으로 충만해지기 때문에, 우리 속에는 시샘이 들어설 공간이 없다.

시편의 많은 구절은 그분의 백성을 인도하시는 하나님의 신실하심을 이야기한다(시 23:3; 31:3; 43:3; 139:10 등). 종종 우리의 문제는, 하나님의 조언이 여러 가지 형태로, 곧 성경이나 관련 책을 통해서, 친구와 조언자와 기독교 공동체의 지혜를 통해서, 우리 앞에 펼쳐지는 여러 기회와 실현되지 않은 기회를 통해서, 경건한 묵상으로 얻은 통찰력을 통해서, 우리에게 주어진다는 사실을 깨닫지 못한다는 데 있다.

하나님은 우리가 그분의 뜻을 알기를 원하신다. 그래서 우리가 그 뜻을 발견하기 위해 노력해야 한다는 그 끔찍한 공황 상태에서 자유로워지기를 원하신다. 우리는 그 사실을 믿어야 한다. 그것이 바로 시편 기자가 이렇게 담대히 선언하는 이유이다: "당신의 교훈으로 나를 인도하십니다." 주님의 교훈에 주의를 기울인다면, 우리는 분명히 짐승처럼 행동하지 않을 것이다. 우리 마음은 상하지 않을 것이다. 그 대신에, 우리 삶에 대한 주님의 인도하심이, 주님의 지속적인 임재로 인한 기쁨의 일부분임을 알게 될 것이다.

묵상을 위한 질문

1. 주변 상황 때문에 내 영이 상한 적이 있는가?

2. 어떤 상황에서 시기심이 나의 '신장'을 '찔렀는가'?

3. 어떤 경우에 나의 짐승 같은 우둔함을 깨닫고 부끄러웠는가? 어떤 면에서 나는 영적으로 '하마'를 닮았는가?

4. 하나님이 지속적으로 나와 함께하신다는 사실을 어떻게 아는가?

5. 내가 짐승처럼 어리석을 때에도 왜 주님은 나와 늘 함께하기를 원하시는가?

6. 주님이 나를 굳게 붙드신다는 사실을 삶 속에서 어떻게 경험했는가? 나를 용납하시고 내게 용서와 은혜의 선물을 주시기 위해 주님이 내 오른손을 붙잡고 계신 것을 어떻게 경험하고 있는가?

7. 나는 하나님이 조언해 주시는 것을 어떻게 경험했는가? 하나님은 나를 인도하시기 위해 대개 어떤 방법을 사용하시는가?

20

이 땅에서는 사모할 것이 없습니다

❧

그리고 후에는 당신이 나를 영광 속으로 영접하실 것입니다.
하늘에서 당신 외에 누가 내게 있겠습니까?
　그리고 당신과 함께 있기 때문에 땅에서는 내가 사모할 것이 없습니다.
내 육체와 마음은 쇠잔하지만,
　하나님은 내 마음의 힘이시고
　나의 영원한 분깃이십니다.

[시편 73:24b-26]

대형 상점의 한쪽 구석에 그랜드 피아노들이 놓여 있었다. 친구들이 오르간을 살피는 동안 나는 자유롭게 피아노를 둘러볼 수 있었다. 많은 피아노가 있었지만 독일제 아우구스트 포르스터(August Forster) 앞에 멈춰 섰다. 그 피아노 건반의 탄력은 균형이 완벽했고 음색은 감미롭고 풍부했다. 장인이 정교하게 제작한 명품 피아노였다. 건반이 현의 중심부로부터 얼마나 은은한 촛불과 얼마나 맹렬한 불길을 이끌어 낼 수 있는지! 판매원은 내게 상점에 있는 다른 피아노들과 그 피아노를 비교해 보도록 권했다.

비교는 불가능했다. 아우구스트 포르스터로 연주할 때의 전율에 비견할 만한 피아노는 없었다.

우리가 일단 하늘의 하나님을 알고 하늘의 관점을 가졌다면 어떻게 다시 땅의 작은 일을 사모할 수 있겠는가?

아삽이 사악한 자들의 번영에 질문을 던졌던 것은 무지의 소치였고, 그 이후 아삽의 마지막 반응은 두 개의 결정적인 행위로 나타난다. 그 첫 번째는, 우리가 앞에서 보았던 것처럼, 자신이 짐승처럼 어리석음을 깨달 았고 또 그럼에도 불구하고 주님이 그와 함께 계셔서 그를 인도하시고 그의 삶에 선물을 주신다는 사실을 알게 되었다는 것이다. 더욱이 그는 우리의 실존에, 우리와 주님의 관계에 완전히 다른 (그리고 거룩한) 차원이 존재한다는 것을 깨달았다.

학자들은 24절 후반부에서 시인이 영생을 어떻게 생각하는지 논쟁을 벌인다. "그리고 후에는 당신이 나를 영광 속으로 영접하실 것입니다."라는 선언은 히브리 작가로서는 특이한 발언이다. 구약 성경의 대부분이 쓰일 당시에 살고 있었던 유대인들은 죽음 이후의 삶에 대한 개념이 별로 없었다. 시편 16:11과 욥기 19:25-27과 같은 몇몇 구절에서만 불멸(immortality)에 대한 암시를 찾아볼 수 있다. 예수님 시대에는 바리새인과 사두개인들 사이에 논쟁이 있었다. 바리새인은 죽음 이후의 삶을 믿었고, 사도개인은 믿지 않았다. 때로 종교 지도자들은 예수님을 그 논쟁에 끌어들이려 했고(눅 20:27-40), 바울은 자신을 방어하기 위해 이 사실을 이용했다(행 23:6-11).

만약 아삽이 여기서 영생을 언급하는 것이라면 그는 분명 시대를 앞서고 있다. 하지만 그는 세상적인 의미에서 미래를 언급하는 것일 수도 있다. 그럴 경우 그가 의미하는 것은, 사악한 자들로 인한 그의 쓰디쓴 마음이 치료되고 난 후에는, 또한 그를 슬프게 했던 모든 것으로부터 하나님이 그를 구해 내시고 난 후에는, 분명히 주님의 영광을 경험하게 될 것이라는 점이다. 우리는 이 히브리어 구절을 "후에 당신이 나를 명예롭게 하실 것입니다."라고 해석할 수도 있다. 이 해석은 시인이 이 세상에서 정의가 보장됨을 말하고 있다는 것을 시사한다.

하지만 우리의 경험에 비추어 볼 때 아삽이 말하는 것은 종말 이후 정의가 완전히 확립된 이후의 삶일 것 같다. 우리가 사는 이 세상에서 정의를 완전히 이룬다는 것은 불가능해 보이기 때문이다. 그러나 본문을 통해 우리가 알 수 있는 것은, 우리가 고대하는 영원한 삶이 지금 이곳에서의 삶의 태도를 결정한다는 사실이다. 하늘나라에 대한 관점은 우리의 소망, 우리의 확신, 우리의 야망, 우리가 누구를 신뢰할지에 영향을 미칠 수밖에 없다.

'영광'을 뜻하는 히브리어는 지위로 인한 명예나 위엄, 풍성하신 하나님과 함께하는 삶을 강조한다. 따라서 이 본문은 수많은 종말론적 영향 또는 파문(ramification)을 암시한다. 종말론은 마지막 시대, 즉 우리에 대한 하나님의 모든 약속이 궁극적으로 성취될 때를 연구하는 학문이다. 믿음의 행보 속에서 우리는 우리가 고대하는 하늘나라가 비록 완전히는 아니어도 지금도 어느 정도는 경험되고 있다는 것을 알고 있다. 우리는 이것을 '실현된 종말론'이라고 부른다. 즉, 지금 이곳에서 우리가 하늘의 기쁨에 참여하고 있다는 것이다.

우리는 언젠가 우리의 완전하고도 영원하며 변함없는 소유가 될 영광을 고대하기 때문에, '지금' 우리가 하나님 앞에서 존엄과 풍부함과 명예가 있는 위치에 올라가 있음을 알 수 있다. 우리가 믿는다면, 요한복음 3:36에서 예수님이 말씀하신 것처럼, 영생의 선물을 지금 받게 될 것이다.

따라서 시편 73:24과 같은 구절은 하늘의 기쁨을 맛보라고 우리를 초대한다. 비록 하늘의 가장 좋은 선물은 아직 주어지지 않았지만 말이다. 그렇다면 고통이나 슬픔이 모두 사라지고 우리가 영광 속으로 온전히 들어가게 될 때, 그 기쁨은 얼마나 더 크겠는가?

결국 시인은 하늘에서는 주님 외에 누가 우리에게 있겠느냐고 말한다. 그분은 모든 것의 유일한 주님이시다.

초등학교 때 그리스와 로마 신화를 배우면서, 나는 그런 체제 속에서 사는 것은 무척 힘든 일일 것이라고 생각했다. 문제가 생길 때마다 지금 어떤 신이 분노하고 있는지, 다른 신의 신경을 거스르지 않으면서 그 신의 기분을 어떻게 풀어 줄 수 있는지 도대체 어떻게 알 수 있단 말인가?

루터교 계통 학교에 다니면서 나는 오직 한 분 하나님이 계신다는 것이 얼마나 나를 자유롭게 하는 일인지 이미 알고 있었다. 나이가 들수록, 그 진리는 나를 더 많이 위로해 주었다. 지금까지의 시편 연구에서 밝혀진 것처럼, 하나님의 성품을 더 많이 알면 알수록, 우리는 주님을 더 신뢰하게 되고, 우리를 위한 그분의 '헤세드' 또는 변함없는 사랑을 더 잘 받아들이게 된다. 서로 경쟁하는 신들이 없다는 사실은 우리로 하여금 하나님의 궁극적 승리 안에서 온전한 안식을 누릴 수 있게 한다. 우리는 악한 세력이 선한 세력만큼이나 주도권을 가지는 이원론적 체제 속에서 살지 않는다. 주님 한 분만이 하나님이시기 때문에, 그 어떤 것도 그분의 목적을 방해할 수 없다. 하늘에 오직 하나님만 계신다면, 우리는 땅에서의 모든 싸움에 관해서 몇 가지 중요한 진리를 알 수 있다.

첫 번째 문제는 다음과 같은 관점이다: "그리고 당신과 함께 있기 때문에 땅에서는 내가 사모할 것이 없습니다." 만약 만주의 주이신 분을 하나님으로 모시고 있다면 그보다 못한 것에 만족할 수 있겠는가? 그 훌륭한 아우구스트 포르스터라도 주님의 음악을 흉내 낼 시도조차 할 수 없다.

물론 주님의 제자가 되기로 선택하는 것에는 필연적으로 어려운 싸움이 동반되는데, 많은 경우에는 우리가 시시한 것에 안주하기 때문이다. 시편 73편은 이 세상의 일을 다시 균형 잡힌 (그리고 거룩한) 시각으로 바라보게 만든다. 때로 우리는 특정한 소유물이나 특정한 사람이나 특정한 위로 없이는 세상을 살아 나갈 수 없다고 생각한다. 그런 것을 고집하는 것은 우리가 원하는 것이 무엇이건 그것을 우상으로 만드는 일이다. 나는 내 우상 숭배의 다양함과 빈번함과 강도(intensity) 때문에 몸서리치곤 한다.

나의 가장 깊은 영적 소망은 아삽처럼 "그리고 당신과 함께 있기 때문에 땅에서는 내가 사모할 것이 없습니다."라고 말할 수 있는 것이다. 그렇게 되려면 신격화된 모든 인간적 욕망들은 필연적으로 죽어야 한다. 하지만 우리의 반항적인 본성이 자주 그것을 방해한다. 이 점을 오해하지 말아야 한다. 누군가의 사랑을 열망하는 것과 같은 인간적 욕망 그 자체는 잘못이 아니다. 그 욕망이 죄가 되는 것은 우리가 그것을 하나님의 자리에까지 올려서, 하나님을 원하는 것보다 우리의 열망이 채워지는 것을 더 원할 때다.

어떤 야망이 우리에게 신이 되어 우리의 시야를 왜곡하고 있는가? 우리가 일할 수 있도록 하나님이 우리에게 기술을 주셨으니 우리가 직장을 잃더라도 하나님을 신뢰할 수 있다고 생각하는 대신에, 미래를 보장받으려면 하나님보다 직장을 더 믿어야 한다고 생각하는가? 결혼 그 자체는, 완벽하면서도 결코 약해지지 않는 사랑을 가지신 하나님의 위대한 신실하심을 상징한다는 사실을 기억하는 대신, 결혼 생활이 자신의 가장 깊은 갈망을 만족시켜 줄 것이라고 믿고 있는가? 자신이 소유한 모든 것과 그것을 생산해 낸 사람들의 천재성 뒤에 창조자의 역사가 있음을 인식하는 대신, 보다 많은 돈이 있어야 우리의 필요가 채워질 것이라고 생각하는가? 하나님을 온전히 의지하는 대신에 우리는 하고 있는 일은 무엇인가?

우리가 하나님을 신뢰하지 못하는 이유는 무엇인가? 사랑에 대한 갈망, 불안감, 두려움, 고통, 슬픔, 하나님의 성품에 대한 의심 때문인가? 예수님을 따르지 못하도록, 삶의 주도권을 성령님께 드리지 못하도록, 성부 하나님을 의지하지 못하도록 우리를 막고 있는 것은 무엇인가?

우리가 하나님께 사랑받는 존재라는 사실을 알고 있는가? 자아 정체성의 버팀목이 되고 있는 모든 인간적 소유와 관계를 기꺼이 포기할 준비가 되어 있는가? 시편 73편은 이런 부차적인 실재들은, 하늘에서 홀로 한 분이신 하나님과 우리의 친밀함에 비교한다면 거의 가치 없는 것임을 우리에게 상기시킨다.

그 부분은 우리의 몸이 점점 쇠잔해지고 있다는 사실로 강조된다. 26절은 비록 우리의 육체와 마음은 쇠잔하겠지만 하나님과 우리의 관계는 그렇지 않다고 결론을 내린다. '쇠잔하다'라는 동사는 '보내 버리다, 사용해 버리다, 고갈되다'라는 뜻을 암시한다. 따라서 이것은 우리 인생과 육체적 힘의 덧없음을 시사한다. '육체'라는 단어는 물리적 힘 또는 인격의 외적 표현을 나타내는 것으로서, 내적 자아를 암시하는 마음이라는 단어에 반대되는 말이다. 우리의 내적 측면과 외적 측면이 모두 쇠잔해질 것이다. 이사야 40:6, 8은 모든 육체가 풀과 같다고 외친다.[21] 사실 우리는 날마다 이 세상의 죽음을 경험하고 있다.

대단히 재치 있는 언어유희로 시인은 '마음'이라는 단어를 또다시 사용하는데, 만약 주님이 "내 마음의 반석"이라면 그분의 선물이 영원히 지속되리라는 점을 말하기 위해서이다. 우리의 내적 존재나 진정한 자아가 우리의 지지자와 방어자이신 주님께 초점을 맞추고 있다면, 주님의 힘과 은혜가 영원히 우리를 지킬 것이다. '반석'이라는 단어가 NIV에서는 "힘"이라고 번역되어 있는데, 이는 하나님의 모습을 나타내는 단어로서 구약에서 35회나 사용되었다. 분명히 이스라엘 백성은 휩쓸려 가는 모래와 대조해서 반석의 항구성을 인식했을 것이다. 모래는 광야의 바람에 날려 사방으로 흩어지지만, 반석은 항구성의 상징으로서 하늘을 배경으로 삼아 항상 그 자리에 있다.

아삽은 비록 자신의 마음은 쇠잔해진다 할지라도 그의 마음의 반석은 영원할 것이라고 말한다. 더욱이 그분은 '나의 분깃'이다. 이 단어는 시편 16:5-6에서 주님이 그분의 백성에게 "아름다운 기업"을 주셨다는 것을 강조하기 위해 사용되었다. 그곳에서 시인은 "여호와는 나의 산업과 나의 잔의 소득이시니 나의 분깃을 지키시나이다"라고 선언한다.

시편 73편에서는 주님 자신이 분깃이다. 백성에게 쏟아부어 주시는 그 모든 선물보다 귀한 것이 그분 자신이다. 그분 자신이 실제로 그 종들에게는 가장 귀한 재산이다. 주님의 친밀한 함께하심이 얼마나 완전한지!

이 구절은 우리가 살펴본 시편 단락을 훌륭하게 요약한다. 하늘에 홀로 거하시는 바로 그 하나님이 우주를 다스리는 분으로서, 그분의 백성이 그분을 소유하도록 허락해 주신다. 주님은 그분을 믿고 다른 무엇보다도 그분을 열망하는 사람에게 자기 자신을 주신다. 주님을 열망하지 않는다면 우리는 주님을 소유할 수 없다. 만약 우리가 지상의 어떤 것을 신으로 만들어 주님 자리에 놓는다면, 우리는 지금과 미래에 우리 것이 될 수 있는 그분의 선물을 무시하고 그것을 제거해 버리는 셈이다.

그런 영원에 대한 관점은 이 시대의 불공평함과 슬픔을 이기게 하는 우리의 소망이다. 주님을 섬기는 자는 고난을 당하는 반면에 악한 자들은 계속 번영하는 듯이 보이더라도, 우리는 자신을 순결하게 지키려는 열망이 결코 시간 낭비가 아니라는 사실을 명심해야 한다. 그것은 오히려 우리의 가장 깊은 열망을 진정으로 충족시키기 위한 전진이며, 어떤 면에서는 이미 참여하고 있는 것이다.

**묵상을
위 한
질 문**

1. 시편 73편이 언급하는 '후에 있을 영광'을 마음속에 그려보도록 도와주는 이미지는 어떤 것들인가?

2. 종말론적 관점을 가질 때 지금 나의 기쁨은 어떻게 배가되는가?

3. 나는 지금 이곳에서 어떤 야망, 어떤 열정, 어떤 소유물을 내 우상으로 삼고 있는가? 그 이유는 무엇인가?

4. 우리에게는 하늘에 계신 하나님이 있기 때문에 "이 땅에서는 사모할 것이 없는" 자유를 어떻게 경험하고 있는가?

5. 오직 한 분이신 하나님이 계시다는 사실을 아는 것은 내 일상적인 생활에 어떤 영향을 미치는가?

6. 주님이 내 마음의 반석이라는 사실은 내게 어떤 의미가 있는가?

7. 주님이 내 분깃이라는 사실은 내게 어떤 의미가 있는가?

21

주님은 죽음에서도 우리를 보호하십니다

☙❧

사망의 줄이 나를 두르고,
　　무덤의 고통이 내게 미쳤으며,
　　나는 환난과 슬픔에 압도당했다.
그때 나는 주님의 이름을 불렀다.
　　"오! 주님, 나를 구원하소서!"
주님은 은혜롭고 의로우시다.
　　우리 하나님은 긍휼이 많으시다.
주님은 마음이 순수한 자를 보호하신다.
　　내가 큰 곤란 중에 있을 때 그분이 나를 구원하셨다.
다시 평안할지어다, 내 영혼아.
　　주님이 너에게 선하시기 때문이다.

그분의 성도의 죽음은
　　주님이 보시기에 귀한 것이다.

[시편 116:3-7, 15]

어느 날 오후, 친구 낸시가 시애틀에 있는 한 병원에서 내게 전화를 했다. 감기가 폐렴으로 악화되었고, 출혈을 멈추기 위한 수술을 받으려 한다는 것이었다. 수년에 걸친 백혈병과의 싸움이 이제 마지막 몇 주에 다다른 것처럼 보였다.

낸시가 처음 기도를 요청했을 때, 뇌에 있는 응혈(凝血) 때문에 심한 발작이 일어나고 있었지만 그 응혈을 제거하기 위한 수술은 생존 가능성이 30%밖에 되지 않았다. 심각한 질병이나 임박한 죽음, 사랑하는 자녀나 배우자의 죽음 때문에 외로울 때, 시편에 기록된 하나님의 위로는 도대체 어디에 있다는 말인가?

난치병과 관련해서 가장 힘든 일은 병원에서의 외로움인 것 같다. 그런 때는 친구들도 도움이 되지 못한다. 문병 시간이 제한되어 있고, 세균 감염을 피하기 위해 환자와 일정한 거리를 유지해야 하기 때문이다. 밝은 색 카드 몇 장과 시든 꽃은 하얀 벽으로 둘러싸인 병실에 가정 같은 온기를 주지 못한다. 낯선 간호사들과 여러 절차들, 마음을 움츠리게 만드는 기계와 주사들, 그리고 불길한 예감을 갖게 하는 여러 증상들은, 죽어 가는 사람으로 하여금 살아 있는 모든 것에 대해 소외감을 느끼게 한다.

어쩌면 당신이 바로 지금 그런 외로움을 느끼고 있을 수도 있다. 아니면 그런 외로움과 싸우고 있는 누군가를 알고 있을 수도 있다. 어쩌면 사랑하는 사람을 이미 죽음으로 잃었는지도 모른다. 시편 116편은 죽어 가는 성도들, 그들을 지켜보는 사람들, 또는 이미 그들을 떠나보낸 사람들에게 특별한 위로를 준다.

물론 실제로 우리는 모두 죽어 가고 있다. 그러나 우리 중 어떤 사람들의 경우에는 그 죽음의 과정이 다른 이들보다 더 빨리 진행되고 있다. 또 예수님을 믿는 사람들은 이미 모두 성도들(saints)이다. 우리는 그 타이틀을 얻기 위해 죽음의 순간까지 기다릴 필요가 없다. 우리를 용서하시기 위한 삼위일체 하나님의 사역에 의해, 즉 그리스도께서 우리를 하나님과 화목하게 하시고 성령께서 여호와를 유일하신 참된 하나님으로 알도록 우리에게 능력을 주셨을 때, 우리는 이미 성도가 되었다. 그때부터 하나님은 우리를 지금의 모습과 같은 정도로 만드시기 위해 계속 우리를 단련하고 계신다. 이 진리들은 우리가 죽어 가는 과정에 깊은 영향을 준다.

언젠가 한 친구가 낸시에게 물었다. "당신 자신이 죽어 가고 있는데, 어떻게 다른 사람에게 죽음의 문제에 대해 상담해 줄 수 있지요?"

낸시가 대답했다. "나는 죽어 가고 있지 않아요. 나는 내가 어디로 가고 있는지 알고 있어요."

친구가 응수했다. "내게 천국 따위는 이야기하지 마세요."

낸시가 대답했다. "나는 당신에게 '천국 따위'를 들려주려는 게 아닙니다. 나는 단지 내가 아버지와 함께 있기 위해 집으로 가고 있다는 걸 알 뿐이에요." 낸시의 확신 덕분에 낸시의 백혈병과의 싸움은 분명한 증거가 되었고, 사람들은 그 증거를 통해 하나님 사랑의 실재성과 진실함에 깊은 감동을 받았다. 그것이 바로 참된 기쁨이다.

하지만 우리는 죽어 가는 과정에서의 고통과 외로움을 인정해야 한다. 시편 기자가 "사망의 줄이 나를 두르고"라고 외쳤을 때, 그는 그 고통의 한 요소를 제대로 표현했다. 난치병과 싸우고 있는 사람에게, 죽음이 그를 움켜쥐고 있다는 느낌은 피할 수 없는 현실이다.

또 시인은 "무덤의 고통이 내게 미쳤으며"라고 말한다. 히브리어 원문은 보다 사실적으로 "스올의 곤경들(straits)이 내게 닥쳤다."라고 말한다. 여기서 '곤경'이라는 단어는 지하 세계인 스올의 고통 중에서도 가장 처참한 고통을 뜻한다. 스올은 심연으로서, 구약 시대 사람들은 죽은 후에 그곳으로 가게 되고 일단 그곳에 가면 다시는 돌아올 수 없다고 생각했다. 시인이 커다란 "환난과 슬픔"을 경험하는 것은 놀랄 일이 아니다. 첫 번째 명사는 역경을 묘사하는 반면에, 두 번째 명사는 비탄과 애통함을 말하고 있다.

이 생생한 그림 같은 단어 두 개는 기독교 공동체 내에 있는 우리에게 죽음의 고통 속에 있는 사람들과 그 뒤에 남겨져 있는 사람들의 아픔을 달래 주는 일에 좀 더 많은 관심을 쏟도록 권면한다. 환난으로 인한 고통은 그것을 홀로 감당해야 한다는 외로움 때문에 끔찍할 정도로 더 심해지기 때문이다. 그 누구도 우리와 함께 우리의 죽음을 감당할 수 없으며, 끔찍한 상실로 인한 우리의 아픔에 동참할 수 없다. 그 누구도 우리의 정신과 영혼에 스며드는 두려움과 의심을 참으로 이해하지 못한다. 그렇지만 그들은 우리와 함께 있을 수 있고, 우리의 손을 잡아 줄 수 있고, 우리와 함께 또 우리를 위해 기도해 줄 수 있고, 우리에게 찬송을 불러 줄 수 있고, 하나님이 가까이 계시다는 사실을 우리에게 상기시켜 줄 수 있다.

주님의 이름을 부름으로써, 시편 116편 기자가 죽어 가는 자신의 육체와 영혼으로 인한 분노를 해결하는 것에 주목하라. 히브리어 본문에서 4절의 두 번째 행은 간절한 청원을 나타내는 강세 불변화사를 사용한다: "주님, 제발 나의 영혼이 빠져나가게 해 주십시오." 그 동사는 '구원받다'라고 번역할 수도 있다. 영어에는 이 초두의 불변화사의 강한 느낌을 제대로 전달할 수 있는 관용적 표현이 존재하지 않는다. 그 단어는 '제발'(please)이라는 뜻이지만, 히브리어에서는 그 의미가 훨씬 더 강하다. 우리 삶의 그 어느 순간보다도 우리의 죽음이나 사랑하는 사람의 죽음 앞에서 우리는 고통 때문에, 또 우리 존재에 대한 의구심 때문에 더 강하게 주님을 부르게 된다. 바로 그때 우리는 하나님께 우리의 감정을 솔직하게 말씀드림으로써 진정한 도움을 얻을 수 있을 것이다.

낸시는 하나님께 드리는 정직한 기도의 좋은 본보기를 보여 주었다. 그녀는 자신의 고통과 낙심한 마음을 하나님께 쏟아 놓았다. 그녀는 자신이 완전하지 않다는 것을 알고 있었다. 자신의 고집도 알고 있었다. 그녀는 자신의 실제 모습을 드러내는 일에 진지했다.

하지만 자신과의 싸움을 통해 낸시는 시인처럼 진실한 마음으로 이렇게 외칠 수 있었다. "주님은 은혜롭고 의로우시다. 우리 하나님은 긍휼이 많으시다." '은혜롭다'라는 단어는 구약에서 하나님의 속성을 기술할 때만 사용하는 단어다. 하나님은 누구도 그렇게 할 수 없는 아주 독특한 방법으로 은혜로우시다. 그 은혜로움 속에는 하나님이 우리를 성도라고 선언하신다는 사실이 포함된다. 우리 속에 있는 모든 덕과 자비심은 사실 모두 하나님의 은혜에 대한 반응으로 나오는 것이다.

다음 구절에서 이 용어가 어떻게 사용되는지 살펴보기 바란다. "그러나 주여 주는 긍휼히 여기시며 은혜를 베푸시며 노하기를 더디하시며 인자와 진실이 풍성하신 하나님이시오니"(시 86:15), "여호와는 긍휼이 많으시고 은혜로우시며 노하기를 더디 하시고 인자하심이 풍부하시도다"(시 103:8). 이 구절들은 그분의 성도를 돌보심으로 증명하시는 하나님의 은혜로우심을 표현한다.

더욱이 시편 116편 기자는 주님이 의로우시다고 덧붙인다. 주님이 하시는 일은 지극히 정당하다. 우리는 하나님이 정의로우시다면 어떻게 백혈병, 심장병, 중풍, 또는 치명적 사고나 신장 장애 같은 악한 것이 허용될 수 있는가라고 물을지 모른다. 그러나 우리는 하나님의 창조 계획을 벗어나서 인간의 죄로 인해 이런 것이 세상에 들어왔으며, 그로 인해 하나님이 우리보다 더 슬퍼하신다는 사실을 기억해야 한다. 더욱이 하나님은 인간의 악으로 인해 나타나는 결과에 대적하시는 그분의 목적에 우리를 참여시키셨다. 그렇기 때문에 궁극적으로 주님의 의로움은 주님의 은혜로우심과 긍휼하심의 빛 속에서 드러나야 한다. 긍휼은 '자궁'을 뜻하는 히브리어 어원에서 파생된 단어다. 그렇기 때문에 이 단어는 하나님의 어머니

같은 사랑과 다정함을 강조한다. 그런 강렬한 사랑과 그분의 은혜로움의 독특한 충만함 때문에, 우리는 하나님이 그분의 의로움에 반하는 것(성도의 죽음)을 궁극적인 선(그들의 부활)으로 돌려놓으시리라는 것을 믿을 수 있다.

이 세 가지 성품이 주님과 우리의 관계를 특징짓기 때문에, 다음 구절은 우리에게 더 위로가 된다. 시인은 "주님은 마음이 순수한 자를 보호하신다."라고 선언한다. 히브리어 동사는 보존하거나 안전하게 지키기 위해 유심히 살피는 것을 강조한다. 따라서 이것은 감싸 안는 이미지를 보여 준다. 히브리어 본문은 그 동사가 분사의 형태로 사용되었기 때문에 특별히 '위로'의 의미를 드러낸다. 분사는 계속적인 행위를 강조하기 때문이다. 하나님은 한 번만 보호하시는 것이 아니다. 지치지 않고 계속해서 자신의 성도를 보호하신다. 당신이 병원 침대에 누워 있다면, 주님은 당신의 정맥 주사 바늘, 수혈 기구, 인공호흡 장치, 심장 보조 장치를 지켜보고 계신다. 간호사가 지켜보는 것보다 더 흐트러짐 없이 당신을 돌보신다. 내가 아파서 죽을 지경이었을 때 하나님이 함께 계신다는 강한 느낌은 내게 확실한 위로를 보장해 주었다.

인간적인 실패로 인해 성도 한 사람이 죽게 되었을 때, 우리는 하나님이 그를 지키시는 일에 실패하셨다고 생각할 수 있다. 그분의 사랑이 너무나 크기 때문에 하나님이 우리를 존중하시고, 그렇기 때문에 우리가 선택한 것을, 설사 그 선택이 잘못된 것이라 해도, 강압적으로 바꾸려 하지 않으신다는 것은, 우리가 이해하기에 극히 어려운 주제다. 그런 경우에는 하나님이 비극으로부터 어떤 선(우리가 사랑하는 사람들의 부활과 영생 이외에 다른 것)을 이끌어 내실지를 우리가 배울 때까지 넘어지지 않도록, 우리를 계속 지켜봐 주시는 하나님의 은혜가 필요하다.

NAS 성경은 6절의 형용사를 "마음이 순수한"(simplehearted; NIV)으로 번역하는 대신 "단순한"(simple)으로 번역했다. 아마도 "단순한"이라는 번역이 히브리어 원문에 더 충실할 것이다. 히브리어에서는 순수성을 마음에만 제한하지 않는다. 아마도 이 단어는 지혜로운 교훈에 마음을 열고 있다는 의미에서의 순수한 자를 지칭할 것이다. 아마도 "단순한 자"라는 것은 믿음의 단순성 때문에 어떤 환경 속에서도 주님에 대한 신뢰를 포기하지 않는 사람을 의미할 것이다. 그런 신앙을 가진 사람은 시인과 함께 "내가 큰 곤란 중에 있을 때 그분이 나를 구원하셨다."라고 외칠 수 있다.

견딜 수 없는 고통으로 신음할 때, 압도적인 불평등에 맞서 싸우고 있을 때, 숨이 막힐 듯한 외로움 때문에 괴로울 때, 비극적인 상실로 인해 울고 있을 때, 이런 때에도 주님께서 여전히 우리를 구원하신다는 것을 믿기 위해서는 단순한 믿음이 요구된다. 주님은 때로는 성도를 죽음으로 인도하심으로써 그를 구원하신다. 그 경우, 주님의 구원을 가장 완전하게 경험한다. 중요한 것은 우리 삶에서 무슨 일이 일어나건 주님의 구원의 행동을 인식하는 것이다. 심지어 죽음에서도 말이다.

만약 죽어 가는 사람이 그런 확신으로 싸울 수 있다면, 그는 시인처럼 진실한 마음으로 고백할 수 있을 것이다. "다시 평안할지어다, 내 영혼아. 주님이 너에게 선하시기 때문이다."

대학 졸업반이었을 때 나는 정신적 외상으로 인해 몸의 인슐린 균형이 엉망이 되어 혼수상태에까지 이른 적이 있다. 오랜 시간에 걸친 영적 투쟁 끝에 결국 나는 주님의 보호하심과 은혜로우심을 알게 되었고, 그때에야 비로소 안식할 수 있었다. 주님의 선하심을 믿었기 때문에 그 시점에서 주님이 어떤 방향으로 내 인생을 인도하시든지 나는 그분을 신뢰할 준비가 되어 있었다. 내가 결국 죽지 않았을 때는 심지어 약간 실망하기도 했다. "차라리 세상을 떠나서 그리스도와 함께 있는 것이 훨씬 더 좋은 일이라"(빌 1:23)라고 썼던 바울과 같은 심정이었기 때문이다.

주님의 성품을 기억할 때, 그 성품에 대한 우리의 믿음이 강화된다. 단순한 믿음이 없으면, 삶의 모든 면을 받아들이기 위해서는 우선 모든 것을 지적으로 이해해야 한다고 확신하게 된다. 어떤 식으로든 반항하거나 반대하지 않고 단순하게 주님을 신뢰하는 자들에게 주님의 보호하심은 더 분명하게 나타난다.

시편 116:7의 히브리어 본문은 "내 영혼아 너의 안식으로 돌아가라. 주님께서 너에게 유익하게 하셨기 때문이다."라고 말한다. 여기 기술된 '안식'의 상태는 주님이 허락해 주시는 확실한 보장과 밀접하게 연관된다. 만약 주님이 과거에도 우리에게 선하셨고 현재와 미래에도 계속 선하실 것이라는 사실을 안다면, 혹시 대답이 주어지지 않는 질문이 있다 해도, 가정생활에 틈이 생긴다 해도, 죽음이 임박했다는 증상이 점점 더 많이 나타난다고 해도, 우리는 하나님의 은혜로운 품 안에서 평안을 누릴 수 있다.

혼란스럽고 소란스러운 사회에서 살아가는 사람들은 그 무엇보다도 확실한 보장을 열망한다. 기독교인인 우리는 우리의 죽음을 고대할 수도 있다. 우리가 이 슬픔과 고통의 삶을 떠나 아버지가 계신 고향 집에 이르게 될 때, 낸시가 말했던 것처럼 우리도 마침내 완전한 안정을 찾게 될 것이기 때문이다. 그런 완전한 안식을 고대하기 때문에, 우리는 지금 이곳에서도 안전하게 안식을 누릴 수 있다. 80년대의 한 찬양은 "나는 내가 어디로 가고 있는지 압니다. 누가 나와 함께 가고 있는지 압니다."라고 노래한다. 주님이 함께하시기 때문에 우리는 지금도 안정감을 누린다.

아마도 이중에서 가장 위로가 되는 메시지는 시편 116:15일 것이다. "그분의 성도의 죽음은 주님이 보시기에 귀한 것이다." 시인은 시련을 겪으며 살았고, 자신의 기도에 대한 하나님의 응답과 자신이 받은 구원에 대해서 쓰기를 원했다. 이 경우에, 이 구절이 의미하는 것은 그의 죽음이 주님께 너무나 귀한 것이었기 때문에, 주님이 그를 죽음으로부터 구해 주셨다는 것이다. 내가 여기서 밝혀야 할 것은, 이 내용을 처음에 책으로 쓴 지 몇 년이 지난 후 낸시 역시 죽음과의 싸움에서 구원을 받았다는 것이다. 낸시는 백혈병에서 완전히 벗어났다. 이것은 모든 사람에게 아주 놀라운 일이었다. 하나님이 낸시를 치료해 주시도록 열심히 기도했던 우리는 그 기적으로 인해 경이감에 휩싸였다. 최근에 신장과 심장 기능에 이상이 있었지만 낸시는 그것도 극복해 냈다. 하나님은 계속 기적을 행하신다. 그리고 낸시는 이 책이 그녀에게 헌정된 이후 15년이 지난 지금까지 살아 있다.

우리가 15절을 묵상하고 그 말씀으로 인한 소망에 푹 잠길 때, 이 구절은 더 풍성한 의미를 보여 준다. 우리의 죽음은 성부 하나님께 너무나 귀한 것이기 때문에, 그분은 우리를 위해 그 가시를 제거하시려고 자신의 아들을 내주셨다. 예수님의 죽음을 통해 영원한 생명이 성도의 것이 되었다. 그렇기 때문에 우리는 하나님이 우리의 죽음을 높이 평가하신다는 것을 안다. 우리의 죽음은 하나님 나라의 완전함 속으로 들어가는 것을 뜻한다. 하나님은 모든 죽음에 각별한 주의를 기울이신다. 하나님은 "모든 사람이 구원을 받으며 진리를 아는 데에 이르기를" 원하시기 때문이다(딤전 2:4).

더욱이 우리가 죽어 간다는 사실 그 자체 때문에 우리의 죽음은 하나님께 소중하다. 죽음이 굉장히 고통스러운 과정이라 해도 말이다. 미국 사회가 안락사 문제로 떠들썩한 요즘, 우리 하나님의 사람들은 하나님이 우리의 고통과 짐을 이해하고 계심을 안다. 비록 우리는 하나님의 지혜를 다 이해할 수 없을지라도, 하나님은 가장 극심한 고난에서라도 선한 것을 이끌어 내실 수 있다(롬 8:28). 모든 것이 우리를 아프게 하고, 사랑하는 사람을 떠나보내야 하는 공포에 직면할 때, 이 책에서 이야기했던 무한한 은혜와 의로움과 긍휼이 하나님의 성품이라는 사실을 떠올리기는 힘들다. 하지만 하나님은 그런 고통과 슬픔 속에서도 우리가 그분의 이와 같은 성품을 인정하기를 원하신다. 그럴 때에만 바울이 로마인들에게 했던 말씀, 즉 현재의 고난은 앞으로 나타날 영광과 비교할 수 없다는 말씀(롬 8:18)으로 우리는 위로를 받을 수 있다. 아니면 다른 약속을 찾아서, 인내한 사람에게는 생명의 면류관이 예비된다는 말씀으로 확신을 얻을 수도 있다(예: 딤후 4:6-8; 계 2:8-11).[22]

우리의 죽음이 소중하다는 사실은 우리에게 위로가 된다. 우리의 죽음과 관련된 모든 문제가 하나님께도 대단한 관심사가 된다는 사실을 아는 것도 우리에게 도움이 된다. 우리의 죽음은 하나님께 큰 관심사이기 때문에, 그분은 우리의 죽음을 다른 사람들을 그분께로 인도하기 위한 도구로도 사용하실 것이다. 몇 주 전에 안타깝게도 경비행기 사고로 죽은 내 대자(代子, godson) 조슈아(Joshua)의 장례식에 5백 명이 넘는 십 대 청소년들이 참석했는데, 그들은 조슈아의 믿음과 소망을 분명히 보여 주는 그의 인생에 대한 비디오를 보았다. 마지막 인터뷰는 조슈아가 죽기 불과 일주일 전에 선교 여행에 참여했을 때 녹화한 것이었는데, 그는 거기서 하나님을 찬양하고 하나님과 함께하는 삶이 선한 것임을 선포했다. 장례식에 참석한 모든 청소년들은 그리스도 안에 있는 성도는 설사 죽는다 해도 영원히 살게 되리라는 말씀을 그 화면에서 보았다. 나는 그의 장례식까지도 그의 삶에 하나님이 함께하셨고 지금도 그가 하나님과 함께 있다는 사실을 놀랍게 증언해 주는 것을 보며, 조슈아의 죽음으로 인한 우리의 고통이 좀 더 견딜 만한 것이 될 수 있기를 기도했다.

마찬가지로 하나님은 죽음에 직면했던 낸시의 용기와 사랑을 영광스럽게 사용하셔서, 사람들이 낸시의 믿음에 관심을 갖게 하셨다. 사람들은 낸시가 자신의 소망을 설명해 주기를 원했고, 낸시는 그 질문에 대답할 준비가 항상 되어 있었다(벧전 3:15). 더욱이 그 소망은 죽음이 임박했을 때 더 분명하게 드러났기 때문에, 낸시 주위에 있던 사람들은 하나님의 신실하심이 역사하는 것을 보고 큰 힘을 얻었다.

낸시가 힘겨운 싸움을 감당하고 있을 때 하나님이 우리를 사용하셔서 낸시를 돕게 하시는 과정을 통해 우리도 용기를 얻었다. 참으로 우리 모두 이 과정을 통해 믿음이 깊어졌다. 하나님의 목적은 우리가 이해할 수 없을 정도로 선한다. 하나님은 죽음과 같은 악한 것이 그분의 목적을 방해하게 놔두지 않으실 것이다. (수년이 지나) 백혈병을 비롯해서 다른 병과의 싸움에서 낸시가 승리했을 때, 즉 주님이 사망의 줄에서 그녀를 해방시키셨을 때, 그녀를 위한 주님의 목적은 가장 완전하게 실현될 것이다. 그 승리 속에서 우리는 주님의 긍휼하심을 기뻐할 것이다. 우리가 그녀를 잃고 애도하는 일이 있다 해도 말이다. 하늘 아버지께서 낸시를 집으로 맞아 주실 때 낸시는 완전한 평안을 누릴 것이다. 그녀의 죽음이 주님께 얼마나 소중한 것인지 하나님이 직접 낸시에게 말씀하실 것이다.

묵상을 위한 질문

1. 죽음 앞에서 외로움 때문에 고통스러워하는 사람들을 어떻게 위로할 수 있을까?

2. 나는 나의 죽음을 어떻게 준비할 수 있을까?

3. 나는 기도 중에 참으로 하나님과 함께하는가? 나는 하나님께 강하게 호소하는가? 나는 하나님께 진실한가?

4. 5절에 기록된 하나님의 세 가지 속성이 함께할 때 어떤 힘이 있는가?

5. 단순한 사람이 주님의 보호와 위로와 보장을 더 잘 받을 수 있는 이유는 무엇인가?

6. 주님이 내게 선하셨다는 사실을 알 때 다시 안식할 수 있는 이유는 무엇인가?

7. 나의 죽음과 내가 사랑하는 사람의 죽음을 주님이 귀하게 보신다는 사실에서 어떤 위로를 받는가?

22

우리가 특별하다는 것을
잊지 않도록

※

당신이 나의 내적 존재를 창조하셨으며,
　　당신이 내 어머니의 태에서 나를 조직하셨습니다.
당신을 찬양합니다. 나는 놀랍고 경이롭게 만들어졌기 때문입니다.
　　당신의 행사들은 경이롭습니다.
　　나는 그 사실을 충분히 잘 압니다.
내가 은밀한 곳에서 지음을 받았을 때,
　　나의 형체가 당신 앞에 숨겨지지 못했습니다.
내가 땅의 깊은 곳에서 지음을 받았을 때,
　　당신의 눈이 나의 형체 없는 몸을 보셨습니다.
나를 위해 정해진 모든 날들은
　　그중 하루도 시작되기 전에
　　당신의 책에 기록되었습니다.
오! 하나님, 당신의 생각들은 내게 얼마나 보배로운지요!
　　그 수의 합계가 어찌 그리 광대한지요!
만약 내가 그것을 세려고 한다면,
　　그 수가 모래보다도 많을 것입니다.
내가 깰 때에도,
　　나는 여전히 당신과 함께 있습니다.

[시편 139:13-18]

요즘 '자존심, 자부심'(self-esteem)이라는 것을 (특히 공립학교에서) 많이 강조하고는 있지만, 각 개인의 고유한 인격에 대한 대부분의 주장은 공허하게 들린다. 때로 (특히 학생들이 자기 일을 하지 않을 때) 개인의 중요성을 주장하는 말은 귀에 거슬리고, 셰익스피어가 말한 것처럼 "그는 지나치게 항의한다."라고 생각된다. 도대체 누가 누구를 납득시키려는 것인가?

개인적인 신뢰가 부족하면 외로운 사람들은 특히 더 괴롭다. 거절당할 때, 자신이 전혀 받아들여지지 않는다고 느낄 때, 우리는 자신이 정말로 유일한 인격체이며 자신을 둘러싼 세상에 많은 것을 줄 수 있는 존재라는 사실을 확신하지 못한다. 시편 139편처럼 우리가 왜 특별한지를 객관적으로 이야기해 주는 말씀을 들어야 한다.

우리의 중요성은 우리 자신의 노력으로 결정되지 않는다. 창조주가 우리를 특별하게 만드셨다. 그분 자신이 특별하신 분이기 때문이다. 이론적으로 보자면 그 사실을 알고 있는 우리는 자기 정체성에 아무런 문제가 없어야 한다. 하지만 불행하게도 때로 우리의 믿음은 자신에 대한 나쁜 감정을 극복하지 못한다. 우리 자신을 좋아하기 위해서, 우리는 성경 말씀을 몇 번이고 반복해서 읽을 필요가 있다. 이를테면 그 어떤 것도 우리를 하나님의 사랑에서 끊을 수 없다는 로마서 8장의 약속이라든가, 우리를 특별하게 창조하시는 과정에 그분의 사랑이 어떻게 역사했는가를 보여 주는 시편 139편 등이 그런 말씀이다.

창조주를 모르는 사람은 창조주가 만드신 피조물의 오묘함도 제대로 이해할 수 없다. 디자이너를 신뢰하지 않는다면, 그 디자인의 경이로운 부분을 제대로 즐길 수 없다.

하나님의 편재하심, 전지하심, 전능하심, 만유에 대한 재판권 등 하나님의 위대함을 열거하는 지혜 시편 가운데 이 격려의 말씀이 등장한다. 곧 하나님은 어디에나 계시고, 모든 것을 아시며, 모든 것을 하실 수 있고, 그분의 평가는 완전하다는 것이다. 이 시편은 모든 면에서 그토록 '완벽'하신 하나님과 관계를 가질 수 있다는 사실에 대한 경이로 가득 차 있다. 그 관계가 우리 자신의 가치와 중요성의 근거이다.

이 시편 단락의 첫째 행은 우리의 특별함을 강조한다. 히브리어 본문은 그림을 그리듯 "당신이 나의 신장(腎臟)을 창조하셨습니다."라고 말한다. '신장'이라는 단어는 사람의 가장 민감하고 중요한 부분을 나타낼 때 사용된다. 비유적으로는 감정과 애정의 자리를 의미한다. 그렇기 때문에 예루살렘성경은 이것을 "내적 자아"(inmost self)로, NIV는 "나의 내적 존재"(my inmost being)라고 번역했다. 이것을 현대적으로 풀어 쓰자면 아마도 "진정한 나"(the true me)가 될 것이다. 결과적으로 시편 139:13은 우리를 크게 위로한다. 곧 그 누구도 나의 가장 깊은 감정을 모르는 것 같아서 외로움이 커질 때, 하나님은 그 모든 면을 이해하신다는 것이다. 어쨌든 하나님이 우리를 만드셨다.

하나님은 참으로 우리를 친밀하게 알고 계신다(고전 8:3). 우리의 복잡한 인격을 창조하실 때, 하나님은 우리를 위해 특별한 '신장', 곧 우리의 감성을 구성하는 특별한 감정적인 속성을 계획하셨다. 하나님의 계획은 선하다. 하나님이 선하시기 때문이다. 하나님의 창조가 선하다는 진리의 선언은 우리로 하여금 자신의 독특함을 자유롭게 받아들이게 한다.

시편 139편 본문 단락에서 두 번째 그림 역시 강렬한데, 그 동사인 '조직했다'(wove)라는 단어는 세심한 주의와 솜씨를 암시하기 때문이다. 시적 병행구는 "당신이 내 어머니의 태에서 나를 조직하셨습니다."라고 말한다. 하나님은 우리를 대충 만드신 것이 아니다. 모든 실과 색깔을 세심하게 선택하고 그것으로 아름다운 모양을 디자인하듯 당신과 나를 지으셨다. 똑같은 모양은 하나도 없다. 그래서 우리는 그 만드심에서 인격적인 애정과 사랑을 볼 수 있다. 하나님은 우리 각자의 머리카락과 눈과 피부 색깔의 완벽한 조합을 찾아내셨다. 또한 지적 능력, 인격과 은사의 다양한 측면, 특별한 능력과 강점을 각 개인에 맞게 주셨다.

시인은 "당신을 찬양합니다. 나는 놀랍고 경이롭게 만들어졌기 때문입니다."라고 단언함으로써 이 놀라운 창조에 응답한다. '찬양하다'라는 히브리어 동사는 공식적 예배를 위해 의식적(儀式的) 의미로 자주 사용되었지만, 시편 전체에 걸쳐서 개인적 감사와 경배를 선언하기 위해서도 사용되었다.

이 행에서 특히 두 개의 부사가 그림처럼 생생하다. "놀랍게"(fearfully)라는 단어는, 우리에게 큰 경외감을 안겨 주면서 우리를 깜짝 놀라게 하는 특별하고 영광스러운 것을 묘사하는 동사에서 파생되었다. 참으로 우리는 창조된 우리 자신의 경이로운 모습에 깜짝 놀란다. 그것은 공포로 인한 두려움이 아니라 창조주에 대한 존경과 경외에서 나오는 두려움이다. "경이롭게"(wonderfully)라고 번역된 두 번째 부사는 모든 것을 능가하는 것 또는 아주 비상한 일이 성취된 것을 강조한다. 다른 구절에서 이 단어의 어근은 인간의 이해력을 초월하는 것을 지시하는 데 사용된다. 그 단어는 '기적'(wonder)을 뜻하는 어원에서 파생되었다. 우리 몸이 얼마나 대단하고 오묘하게 지어졌는지는 우리가 상상할 수 있는 것 그 이상이다.

우리 몸의 한 기관이 고장 나면 다른 부분에 얼마나 많은 악영향을 미치는가를 볼 때, 인간 창조의 장엄함을 더욱 실감하게 된다. 나는 십대 시절에 췌장염을 앓았는데 그 병 때문에 몸무게가 늘지 않았다. 음식을 제대로 소화시켜서 몸에 공급할 수가 없었기 때문이다. 지금 혈당량과 운동과 인슐린 사이의 복잡한 관계는 내 잇몸, 시력, 건강 회복 속도, 미세 신경 조직의 민감성, 에너지 수요를 조절하기 위해 혈압을 상승시키는 능력

등에 영향을 미친다. 어떻게 이런 상호 작용들이 우연히 발생할 수 있겠는가?

심지어 단 한 개의 단백질 분자가 우연히 형성될 수 있는 통계적 가능성도, 가능하다고 보기에는 도저히 믿을 수 없을 정도로 낮다. 겨우 열두 개의 아미노산으로 이루어진 아주 작은 단백질을 만든다 해도, 그 사슬은 1×10^{300}가지의 서로 다른 방법으로 구성될 수 있다. 그 가능한 경우의 수 중에서 단 한 개씩만 실제로 만든다고 해도 그 무게는 1×10^{270}g이 될 것이다. 이 단백질은 우리에게 알려진 우주 전체를 채우기에 충분한 양이다(지구 자체의 무게는 1×10^{27}g이기 때문이다). 이런 사실은 우리 마음을 혼란스럽게 하고, 하나님이 우리 존재를 위해 친히 그분의 손으로 적당한 분자를 구성하셨다는 사실을 사람들이 어떻게 의심할 수 있는지 의아해진다.

시인은 회의주의의 위험성을 잘 알고 있는 듯이 보인다. "당신의 행사들은 경이롭습니다. 나는 그 사실을 충분히 잘 압니다."라고 말하고 있기 때문이다. 창조의 영광을 그저 당연한 것으로 여기지 말 것을 자기 자신에게 상기시키듯이 이렇게 말한다. "예, 주님. 저는 당신이 하신 일을 보고 놀랐습니다. 그 일이 얼마나 놀라운 것인지를 진심으로 깨닫습니다."

'경이롭다'(wonderful)는 단어는 앞에 나온 '경이롭게 만들어졌다'라는 표현을 다시 한 번 생각하게 하면서, 하나님의 솜씨는 우리의 이해력을 초월한다는 사실을 상기시킨다. 우리는 이 작품을 만드신 분이 하나님이시라는 사실을 잘 알 수 있다.

여기서 '알다'라는 동사는 존재의 상태를 묘사해 주는 형태로 사용된다. 따라서 그 단어는 무언가를 알아 가는 계속적인 행위를 나타낸다. 우리가 일단 그 행사(그리고 하나님)을 알게 되면, 하나님의 행사가 얼마나 놀라운지를 도저히 잊을 수 없다.

히브리어 본문에서 이 구절의 마지막 단어("full well"[충분히 잘], NIV)는 종종 "매우"(exceedingly)라고 번역된다. 이것은 '둘러싸다'라는 뜻의 어원에서 파생되었고 엄청난 풍부함을 의미한다. 창세기 1장 마지막 구절에서 사용된 것과 같은 단어다. 거기서 하나님은 마지막 날 창조하신 인간을 포함해서 자신이 만드신 모든 것을 바라보시며 좋다고 선언하시는데, 그 이전 5일 동안에 말씀하셨던 것처럼 단지 좋았다고만 말씀하시지 않고 "매우 좋다"(good exceedingly)라고 하셨다. 이에 대한 응답으로, 시편 기자는 주님의 행사가 훌륭하다는 것을 자신이 "매우" 잘 알고 있다고 말한다.

다음으로 시인은 자신이 은밀한 곳(아마도 어머니의 자궁을 의미할 것이다)에서 만들어졌을 때, 자기 뼈의 형체가 주님께 숨겨지지 않았다는 사실을 기뻐한다. 주님은 아직 형태가 형성되지 못한 태아 때부터 그를 보아 오셨다. 기독교와 유대교를 막론하고 낙태에 반대하는 생명 보호 운동가들은 이 구절을 그들의 입장을 지지해 주는 유력한 근거로 인식해 왔다. 참으로 하나님이 생명을 창조하시고 태아의 조직을 이루는 전 과정에 참여하신다면, 그 형성 과정이 완수되기 전에 생명을 끊어 버리는 일은 살인이다.

물론 시인은 지금 낙태 문제를 다루는 것이 아니다. 하지만 인간의 발달 과정에 대한 하나님의 지식과 행동을 기뻐하는 시인의 모습은 우리에게 낙태 문제를 더 철저하게 숙고해 볼 것을 요구한다. 본문 말씀은 하나님이 하시는 것처럼 우리도 모든 생명을 돌봐야 한다고 강조한다. 이 세상에 태어나는 모든 어린이에게 충분한 양식을 공급하고, 낙태하려는 수많은 동기를 제공하는 빈민가의 상황을 개선하고, 생명을 해치는 모든 형태의 폭력에 저항하고 투쟁해야 함을 시사한다.

'지음을 받고'(to be woven together)라는 구절은 실제로는 놀라운 기술을 의미한다. '여러 가지 색으로 하다'라는 뜻의 어원에서 파생되었고, 따라서 편물 기능인들이 짜는 다양한 색상의 천을 가리킨다. 최근에 나는 과테말라의 기능인들이 만든 웃옷 한 벌을 선물로 받았다. 나는 그 옷을 볼 때마다 수많은 사각형 속에 들어 있는 엄청나게 다양한 색깔과 무늬에 놀라곤 한다. 이 동사는 13절의 '만드셨다'라는 이미지와 그 구절에서 살폈던 세심한 주의와 장인 정신을 상기시킨다. "땅의 깊은 곳"은 자궁의 어둡고 은밀한 내부를 비유적으로 이야기한다. 그곳에서 하나님은 각 개인을 숙련된 솜씨로 조성하신다. 마치 색깔이 다양하고 정교한 융단을 짜는 것처럼, 우리가 수정된 순간부터 하나님은 사랑스러운 손길로 우리를 만들어 가신다. 이것을 볼 때 우리가 얼마나 특별한 존재인지 알 수 있다.

다음으로 시인은 그를 위해 미리 정해진 날들 중에서 아직 하루도 시작되기 전에 그날들이 모두 주님의 책에 기록되었다는 사실에 기뻐한다. 우리는 이 중요한 개념을 왜곡하지 말고 잘 지켜야 한다. 인생의 운명이 이미 결정되어 있어서 우리에게는 어떤 선택권도 없다는 것이 아니다. 이런 오해는 '기록하다'라는 동사의 시제로 해결된다. 여기서 이 동사는 완성되지 않은 동작을 나타낸다. 하나님이 그것을 기록하고 계시고, 우리에게는 그분이 기록하실 내용을 선택할 기회가 있다. 그럼에도 불구하고 그것은 "미리 정해졌다." 이 동사는 완료 시제(완료된 행위)이고, '형성하다, 손으로 만들다'라는 뜻을 강조하는 어원의 강세 수동형(Pual) 형태를 띠고 있다. 동사의 이런 특별한 형태는, 어떤 특정한 방식으로 날들을 확정하는 것이 하나님의 목적임을 강조한다.

우리가 이 두 개념을 주의 깊게 결합해 보면 그 모순되는 부분을 잘 이해할 수 있다. 우리의 삶을 위한 하나님의 기본적 계획은 우리의 은사와 개성의 독특한 결합 속에 세워져 있다. 우리는 그렇게 창조된 부분을 가지고 어떻게 살아 나갈 것인가를 선택함에 있어서 무한한 자유를 가지고 있다. 만약 하나님의 설계에 따라 하나님을 섬기기로 선택한다면 우리는 하나님의 최선을 경험할 것이다. 하지만 우리에게는 하나님의 길을 선택하지 않을 자유 의지가 있고, 그럴 때에도 하나님은 우리를 너무나 사랑하시기 때문에 우리의 저항을 용서해 주실 것이다. 하나님은 우리가 행한 최악의 선택에서도 선을 이끌어 내실 수 있다(롬 8:28). 우리가 자신의 뜻을 따라간다면 하나님의 최선을 얻지 못할 것이다. 그러나 하나님은 우리가 무엇을 선택하건 그것을 우리를 위한 선으로 바꿔 놓으실 수 있다.

하나님의 주권과 우리의 자유 의지 사이의 이런 변증법적 긴장은 우리 삶에 대한 그 모든 숙명론적 관념으로부터 우리를 자유롭게 한다. 그러면서도 하나님이 우리와 관련된 모든 것을 참으로 돌보신다는 달콤한 위안을 주기도 한다. 나는 그 문제를 자주 생각하는데, 나는 내 일을 너무나 사랑하기 때문이다. 사람들에게 성경을 가르치면서 나는 때로 이렇게 생각한다. "그래, 나는 이 일 때문에 창조되었구나!" 우리의 삶을 위한 하나님의 계획에 맞게 살아 나갈 때, 하나님을 섬기기 위해 우리의 은사와 재능을 사용할 때, 우리는 너무나 큰 기쁨을 느낀다. 우리가 그것을 선택하도록 하나님이 강요하지 않으시기 때문에 더욱더 그렇다. 만약 하나님의 창조 계획에 순종한다면, 우리는 가장 심오한 성취감을 느낄 수 있다.

그렇기 때문에 시인은 하나님의 생각이 그에게 얼마나 보배로운지를 반복해서 선포한다. 그는 그 생각의 합계가 얼마나 광대한지를 깨닫는다. "합계"(sum)라고 번역된 히브리어 단어는 '머리 또는 우두머리'라는 어원에서 파생했다. 그것은 아마도 가장 좋은 것 또는 최상품을 의미할 것이다. 하나님의 생각들은 모두 보배로우며 최선이기 때문에 각각의 생각들도 보배롭다는 것이다. 하나님의 계획과 목적은 우리 마음속에서 가장 깊은 소원이 된다. 하나님의 계획과 목적이 우리에게 귀한 이유는, 우리가 바로 그 한가운데 있기를 원하기 때문이다.

이 시편 단락의 마지막 그림은 내가 성경에서 정말 좋아하는 것인데, 특히 그 유머 때문에 그렇다. 시인은 "만약 내가 그것을 세려고 한다면, 그 수가 모래보다도 많을 것입니다."라고 설명한 후, 갑자기 "내가 깰 때에도, 나는 여전히 당신과 함께 있습니다."라고 덧붙인다. 이는 불면증을 다스리는 데 얼마나 멋진 방법인가! 시인은 하나님의 모든 생각을 계수하는 데 열중한 나머지 그만 잠이 들어 버린 것이다.

마지막 행도 우리에게 커다란 위안이 된다. "내가 깰 때에도, 나는 여전히 당신과 함께 있습니다." 우리는 하나님의 생각과 돌보심에서 결코 끊어질 수 없다. 우리가 잠들 때에도 주님은 우리를 떠나시지 않는다. 주님은 자꾸만, 반복해서, 더욱더, 여전히, 계속해서, 끊임없이 우리를 그분의 생각과 마음속에 품으신다. 예수님이 약속하신 것처럼 그 누구도 우리를 아버지의 손에서 빼앗을 수 없다(요 10:29). 우리는 사실 주님의 생각을 많이 알지 못한다. 하지만 분명하게 아는 사실 한 가지는 하나님이 항상 우리를 사랑하신다는 것이다. 그 어떤 것도 우리를 하나님의 사랑에서 떼어 놓을 수 없다. 우리가 그분의 은혜를 세어 나가다가 잠이 든다 해도 말이다. 우리 자신에 대한 이 그림, 즉 우리가 믿을 수 없을 만큼 멋있게 설계되었으며, 하나님의 정성스러운 손길로 만들어졌다는 이 그림을 생각할 때 분명히 우리는 자존감과 건전한 자아상으로 채워질 것이다. 우리는 하나님의 인정을 받으려 애쓰지 않아도 된다. 우리가 태어나기도 전에 하나님은 우리를 인정해 주셨다. 우리는 자신의 가치를 증명해 보일 필요가 없다. 하나님이 우리를 가치 있게 만드셨다. 우리는 선한 행위로 하나님을 감동시키려 하지 않아도 된다. 하나님이 원하시는 것은 그분의 선함을 우리에게 보여 주시는 것이다.

**묵상을
위 한
질 문**

1. 하나님이 나의 내적 자아를 잘 아신다는 사실을 알 때 어떤 느낌이 드는가?

2. 마치 천을 짜는 것처럼, 하나님이 직접 나를 만드셨다는 사실을 생각할 때 어떤 느낌이 드는가?

3. 인간 창조의 어떤 부분이 가장 경이로운가?

4. 나는 주님의 놀라운 행사를 잘 알고 있는가? 잘 안다면 그 이유는 무엇인가? 잘 알지 못한다면 그 이유는 무엇인가?

5. 하나님이 내 모든 날을 정해 놓으셨다는 것을 생각할 때 어떤 기분이 드는가? 하나님이 그날을 미리 정하셨다는 것과 나의 자유 의지 사이의 모순을 어떻게 조화시킬 수 있을까?

6. 우리 사회에서 논의되는 다양한 삶의 문제에 대해 성경은 어떤 관점을 제공하는가?(예: 낙태, 안락사, 사형제도, 전쟁 무기를 위한 과도한 지출, 제3세계 국가에 대한 미국의 무기 판매 등)

7. 하나님의 선하심을 계수하다가 잠이 들었을 때, 내가 아직도 주님과 함께 있다는 사실은 어떻게 위로가 되는가?

23

유혹을 이기도록
도와주소서

오! 주님, 내가 당신을 부르오니 속히 내게 오시옵소서.
    내가 당신께 부르짖을 때에 내 목소리를 들으소서.
나의 기도가 당신 앞에 향내같이 놓이고,
    나의 양손 드는 것이 저녁 제사와 같이 되게 하소서.

오! 주님, 내 입에 파수꾼을 세우소서.
    내 입술의 문을 지키소서.
내 마음이 악한 것에 끌리지 않게 하시고,
    죄악을 행하는 자들과 함께
악한 행위들에 참여하지 않게 하소서.
    내가 그들의 맛있는 음식을 먹지 않게 하소서.

[의인이] 나를 치게 하소서 — 그것은 은혜입니다.
    [그들이] 나를 책망하게 하소서 — 그것은 내 머리의 기름입니다.
내 머리는 그것을 거절하지 않을 것입니다.

그러나 나의 기도는 악을 행하는 자를 항상 대적합니다.

[시편 141:1-5]

외로움과의 싸움은 그 자체로서 유혹에 저항하는 문제들과 연결되어 있고, 또한 그 문제를 한층 더 복잡하게 만든다. 우리는 인정받고 사랑받고 싶다는 욕구를 부도덕한 방법으로 보다 쉽게 충족시킬 수 있다. 과식을 하거나 우리 몸을 학대하고자 하는 유혹을 받을 수도 있다. 불행히도 우리는 너무나 쉽게 외로움의 슬픔 속에 빠지고, 육체적 욕망에 굴복함으로 우리의 갈망을 채우려 한다(하지만 그 만족감은 그리 오래가지 못한다). 우리는 고통을 내몰아 버리기 위해 가망 없는 시도를 하다가 알코올이나 마약에 빠질지도 모른다.

때로는 그 유혹이 너무나 압도적이어서 "도대체 유혹에 저항하는 게 무슨 소용이란 말인가?"라는 생각이 들기도 한다. 삶이 너무나 끔찍하기 때문에 그것이 무엇이든 우리에게 다가오는 유혹에 굴복해 버리면 우리의 상태가 나아질 수 있다고 생각하기도 한다. 특히 우리가 상처를 받았을 경우에 그 욕망은 믿을 수 없을 정도로 강해진다. 그것은 단지 우리의 성적 필요를 만족시키기 위해서일 뿐 아니라 우리 자신과 세상에게, 그리고 예전 배우자에게 내가 성적으로 매력적이라는 사실을 증명해 보이기 위해서이기도 하다.

그렇다면 유혹에 대항하는 전투에서 도저히 감당할 수 없을 것처럼 보이는 그 상대를 이길 수 있는 방법을 어디에서 찾을 수 있을까? 나는 에베소서 6장의 격려가 특히 도움이 된다고 생각한다. 그 말씀에는 모든 악의 세력으로부터 우리를 지키기 위해 착용해야 할 각종 무기 목록이 있다. 기도는 싸움을 위한 핵심적인 도구로서 대단히 강조되는데, 시편 141편에서도 마찬가지다. 이번 장에서 살필 단락의 첫 부분과 마지막 부분은 가장 중요한 무기로 기도를 강조한다.

또한 이 시편은 동료 기독교인들의 지지와 질책을 강조한다. 데살로니가전서 5장 등 신약의 다른 곳에도 이 내용이 나오지만 에베소서에서는 강조되지 않는다. 기독교 공동체 속에 있을 때, 우리는 우리를 둘러싸고 있는 유혹에 맞서 싸울 수 있도록 강해진다.

어렸을 때 저녁 기도회에 참석한 적이 있는데, 그때 목사님이 "나의 기도가 당신 앞에 향내같이 놓이게 하소서."라고 말하면 회중이 노래하듯이 "나의 양손 드는 것이 저녁 제사와 같이 되게 하소서."라고 응답하는 의식 순서를 나는 항상 좋아했다. 당시에는 시편 141편의 그 구절들이 무엇을 뜻하는지 알지 못했는데, 루터교 교회에서는 대개 기도 시간에 양손을 들지 않기 때문이다. 하지만 나는 본문에 나타난 극적인 행동에 감동을 받았고, 그 행동은 하나님과의 좋은 관계를 구하는 것임을 느꼈다. 새로 나온 찬송가로 모든 회중이 이 시편 가사를 훨씬 더 많이 노래하고 있어서 나는 무척 기쁘다.

이 시편에서 시인은 자신의 기도가 하나님께 향내같이 놓이기를 원한다. '놓다'라고 번역된 히브리어 단어는 '고정시키다, 확립하다'라는 뜻을 지닌 어원에서 파생되었다. 2절에서 사용된 형태는 우리가 하나님 앞에 기도를 드릴 때 그것을 배열하거나 순서대로 놓는 것을 강조한다. 여러분도 달콤하고 강한 향기를 상상해 보기 바란다. 제사장이 작은 향로를 들고 백성을 향해 흔들 때 그 연기가 천천히 위쪽으로 피어오르는 모습을 생각해 보라. 제사장은 제단 이쪽에서 저쪽으로 움직이며 백성의 기도를 한데 모아 소중한 향기로, 하나님을 기쁘게 해 드리는 향기로 그분께 드린다. 우리는 시편 141편을 읽으며 시인 다윗처럼 우리의 기도 역시 주님 앞에서 희생 제사의 향기로운 연기가 될 것을 소원한다. 또 양손을 드는 것과 주님을 찬양함이 저녁에 드리는 소제처럼 되기를 원한다.

기도할 때 양손을 드는 것은 하나님과 우리의 관계의 본질을 보여 주고, 우리를 하나님 앞에서 겸손하게 만든다. 우리의 양손을 하늘을 향해 뻗는 것은 하나님께 대한 탄원을 뜻하기도 하고, 주님의 돌보시는 손길을 기대하는 것이기도 하다. 향기와 극적인 행동은 우리에게 기도 생활에 대한 올바른 관점을 갖게 만든다. 우리 역시 시인처럼 주님이 속히 임하실 것을 바라지만, 우리가 기도로 지나친 것을 요구하거나 주님 앞에서 잘못된 태도를 취하지 않도록, 하나님을 경외하는 마음과 인내로 기도해야 한다.

시인이 그랬던 것처럼, 주님 앞에서 합당하지 않은 말을 하지 않도록 우리는 항상 주의해야 한다. 자신의 기도가 의로운 것이 되기를 바라는 마음에서 시인은 "내 입에 파수꾼을 세우소서. 내 입술의 문을 지키소서."라고 덧붙인다. 마찬가지로 우리도 기도 생활을 방해하는 그 어떤 것도 원하지 않는다. 또한, 무례하거나 경솔하지 않기를, 잘못된 동기를 가지고 하나님께 나아가거나 하나님을 무시하는 일이 없기를 원한다.

시인이 이런 기도를 드릴 때 사용하는 동사의 형태도 그의 경외심을 강조한다. 3절에 사용된 '두다, 지키다, …하게 하다'라는 단어들은 단순 명령형이 아니라 'he'라는 어미음을 첨가한다(paragogic). 명령형 끝에 'he'를 덧붙이면 영어에서 '부디'(please)라는 단어를 덧붙이는 것과 마찬가지로 그 의미가 부드러워진다. 그러므로 주님께 '부디' 우리를 위해 파수꾼을 세우시고 우리의 말을 지켜 주실 것을 간청하는 것이다. 우리는 주님과의 친밀함을 해칠 수 있는 무례함은 어떤 것도 원하지 않는다.

또한 우리는 어떤 악이라도 우리를 방해하지 않기를 원한다. 유혹의 실제적인 문제는 우리를 죄짓게 만드는 것뿐 아니라, 하나님과 우리의 관계를 파괴한다는 데 있다. 그렇기 때문에 시인은 마음이 악한 방향으로 이끌리지 않기를 간구한다. 그런 방향으로 나아간다는 것은 주님으로부터 멀어짐을 뜻하기 때문이다. '마음'(heart)이라는 단어는 우리가 영어에서 뜻하는 것보다 훨씬 더 깊은 의미로 이해되어야 한다. 히브리어(그리고 신약 헬라어)에서 이 단어는 감정을 의미하기보다는 구체적으로 경향성, 결심, 의지의 결단을 나타낸다. 우리는 자신의 욕망이나 의향이 사악하거나 부도덕한 행동으로 이어지기를 바라지 않는다.

이 생각은 마음에 음욕을 품고 사람을 바라보는 것도 간음을 행하는 것이라는 예수님의 말씀(마 5:28)을 듣도록 우리를 준비시킨다. 죄는 우리의 의지 속에 뿌리박혀 있다. 그러므로 우리가 유혹과의 싸움에서 우리를 돕기 위한 하나님의 활동이 시작되기를 바라는 곳은 바로 우리 존재의 핵심 부분, 우리의 기본적 동기를 이루는 부분이다. 특히 성적 유혹과의 싸움에서는 우리의 생각이 깨끗해야 한다. 우리는 하나님의 원칙에 어긋나는 것은 원하지도 않게 되기를 원한다. 그러므로 현대 문화에서는 눈으로 보는 영화, 귀로 듣는 음악, 찾아보는 웹사이트에 세심한 주의를 기울여야 한다.

사악한 것에 끌리지 않게 해 달라고 간구할 때 시인이 사용하는 표현은 원문에서 특히 더 강력하다. 매우 드물게 사용되는 히브리어 단어이기 때문이다. 이 동사 바로 다음에 등장하는 명사도 같은 어원에서 나온 것인데, 이는 그 행위들이 얼마나 악한 것인가를 이중으로 강조하기 위함이다.

그 동사의 어원은 '어떤 일을 행하다, 어떤 일로 바쁘다, 방종하게 행하는 것을 즐기다'라는 뜻이다. 그다음에 나오는 명사는 '행위들'이라는 뜻을 갖지만, 무절제하거나 무모한 행위를 지칭할 때 주로 사용된다. 우리는 시편 77편에서 이 단어가 충격적인 방법으로 사용된 것을 볼 것이다(28장). 시편 77편에서 이 단어는 하나님의 행위를 묘사할 때 사용된다. 하나님의 사랑은 너무나 관대하기 때문에 억제되지 않는 것처럼 보인다는 것이다. 그러므로 문자적으로 해석하자면 이 구절이 주님께 요청하는 것은 우리를, 악한 '실행들'을 '실행하는 것'으로부터, 또는 방종한 '행함들'을 '행하는 것'으로부터 지켜 달라는 것이다.

이 강한 진술은 그다음 구절에 의해 더 강화된다. "사악한 행위들"에 참여하지 않게 지켜 달라는 소원이 추가된다. 사악한 행위란 폭력이나 범죄를 지칭할 수도 있다. 다시 말해서 훨씬 더 공공연한 악행이다. 시인은 "습관적으로 악을 행하는 남자들"과 함께하면서 그런 악한 행위에 연루되는 것을 피하고자 한다(그 당시 사회에서 여성들은 그런 악에 참여할 기회가 거의 없었다). 히브리어 본문은 그들을 "허위(falsehood)를 실행하는" 남자들이라고 부른다. '허위'라는 단어는 죄악의 허무함이나 무상함을 강조한다. 겉으로 보이는 것과는 전혀 다르기 때문이다. 우리는 지금 우리를 유혹하는 악이라는 것이 공허한 환상이며 속임수라는 사실을 늘 발견하게 될 것이다.

이 마지막 진술은 악과 대항하는 우리의 전투를 위해 보다 많은 '탄약'을 제공해 준다. 죄악이 결코 궁극적으로 우리에게 만족을 주지 못한다는 것을 기억한다면, 우리는 죄악과의 싸움에서 더 완전하게 무장을 갖출 수 있다. 죄악의 즐거움은 항상 입 안에 든 모래와 같을 것이다. 루이스(C. S. Lewis)의 환상 소설인 《사자, 마녀, 그리고 옷장 The Lion, the Witch and the Wardrobe》에서 에드문트(Edmund)는 '터키식 환희'(Turkish Delight)라는 사탕을 너무 좋아해서 백마녀(White Witch)에게 계속 받아먹지만, 얼마 지나지 않아 병에 걸리고 만다.[23]

그렇기 때문에 시인 다윗은 특별히 "내가 그들의 맛있는 음식을 먹지 않게 하소서."라고 말한다. 우리는 그가 말하는 것이 무엇인지 추측할 수 있다. 그러나 보다 중요한 것은 본문의 내용이 우리 자신이 경험하는 유혹들과 깊이 연관된다는 사실이다. 예를 들어, 우리 중 많은 사람들은 기분이 우울할 때면 과식의 유혹에 맞서야 한다. '맛있는 음식' 또는 '진미'라는 개념은 '기쁜, 몹시 유쾌한'이라는 뜻의 히브리어 단어에서 온 것이다. 이는 실제로는 독성을 품고 있지만 겉으로는 대단히 좋아 보이는 것을 시사한다. 악을 행하는 사람의 진미를 먹으면 그들의 덫에 걸리게 된다. 실제적으로 말해서, 과식의 올무에 빠지면 결국 그보다 더한 악에 빠지게 된다. 과식은 체중을 불어나게 하고, 그래서 자존감을 잃게 하고 대개 지금보다 더 흥청망청하는 삶을 살아가게 한다. 유혹은 우리를 그런 악순환에 빠지게 하는데, 이는 항상 끔찍하고 파괴적인 일이며 일단 빠지면 벗어나기가 무척 힘들다.

그렇기 때문에 다윗은 자신을 유혹으로부터 지켜 달라고 간구한다. 그의 간청 때문에 다음 구절이 더욱 중요해진다. 시인은 유혹에 저항하는 데 가장 필요한 것을 상기시키는데, 그것은 바로 친구들의 도움이다.

5절은 히브리어 본문에서 더 신비하게 읽히고, 그래서 그 요점이 더 강조된다. 주요 부분에 동사가 없기 때문에 원문을 그대로 번역하면 다음과 같다.

> 의인이 나를 칠 것이다 — 선함.
> 그리고 그가 나를 책망할 것이다 — 머리의 기름.
> 내 머리는 거절하지 않을 것이다.
> 여전히 나의 기도는 그들의 악을 대적하기 때문이다.

여전히 우리의 기도는 악을 행하는 자들의 유혹에 대항하기 때문에, 다윗은 그들과 싸울 수 있도록 우리를 지지해 주는 공동체의 동료들에게 감사하라고 우리를 격려한다. 다윗의 말에 의하면, 만약 누군가 나를 교정해 주기 위해 나를 친다면, 그것은 선함이다. 치는 것이 '의로운' 자로부터 온다는 사실에 주의하라. 만약 그 사람이 우리가 본받고 싶은 본보기라면, 그 징계는 우리에게 호의이며 우리는 그 호의에 감사해야 한다.

만약 그 의로운 사람이 우리를 책망하고, 꾸짖고, 교정해 준다면, 그것은 우리 머리의 기름일 것이다. '책망하다'라는 동사는 시험한다는 뜻에서 '판단하는 것, 결정하는 것, 증명하는 것'을 뜻하는 어원에서 파생되었다. 우리를 관찰하는 의로운 자는 하나님의 원칙을 기준으로 해서 우리의 행위를 재어 보고 우리를 책망한다. 이 경우 기름이란 환대의 표시나 약제(藥劑)를 뜻한다. 이 기름은 우리를 깨끗하게 하고 치유를 촉진한다.

그런 책망에 대해 다윗은 그의 머리가 그런 종류의 기름을 거절하지 않을 것이라는 구절로 응답한다. 그는 분명히 의인의 은혜로 인한 책망을 방해하거나 억제하거나 헛되게 하지 않을 것이다. 하나님의 목적은 경건한 친구의 질책을 통해 실행된다. 그러므로 만약 우리가 그 질책을 거절한다면, 우리 삶에서 하나님의 훈련과 깨끗하게 하심을 방해하는 것이다.

내가 외롭게 지내고 있을 때, 기독교인 친구들을 항상 껴안는다고 비난을 받았다. 나를 비난한 사람은, 나처럼 선생의 위치에 있는 사람은 애정을 표현할 때 보다 절제된 모습을 보여야 한다고 생각했다. 그 비난은 나를 아프게 했다. 불공평해 보였기 때문이다. 하지만 내 행동이 기독교 사랑의 참된 표현이 되고, 나의 필요 때문에 다른 사람을 조종하는 수단이 되지 않도록 하려면, 그 비난에도 귀를 기울여야 했다.

경건한 친구들이 당신을 비판할 때, 당신은 그들에게 귀를 기울여야 한다. 그들은 당신의 삶을 변화시켜 다시 세우기 위해 하나님이 사용하시는 그릇이다. 아마도 당신은, 당신에게 교훈을 주기 위해 하나님의 대리자 노릇을 하는, 그리스도의 몸의 지체를 하나님이 당신에게 허락해 주신 것에 대해 지금 잠시라도 감사를 드려야 할지 모르겠다.

이제 이 시는 사악한 자들이 우리 앞에 덫을 놓았을 때 우리의 눈을 계속 주님께 고정시키라고 말한다. 의미심장하게 이 마지막 단락은 "그러나 나의 기도는 악을 행하는 자를 항상 대적합니다."라는 선언으로 시작된다. 나는 이 구절이 의미하는 것은, 단지 그 행위가 우리 삶에 영향을 미치지 않기를 바랄 뿐 아니라, 이 세상에서 그런 세력들에 대항하기 위해 기도해야 한다는 것이라고 생각한다. 거기에는 아마도 악을 행하는 자들에 대한 어느 정도의 염려도 포함될 것이다. 우리는 그들을 그 사악함에서 끌어내어 주님께 돌아오게 함으로써 그들에게 도움이 될 수 있을 것이다.

그렇다면 외로울 때 어떻게 유혹을 이길 수 있는가? 가장 중요한 열쇠는 기도 생활이다. 또한 경건한 친구들의 질책을 무시해서는 안 된다. 마지막으로, 주님과의 관계 속에서 성장하게 되면, 우리는 하나님이 우리를 돌보시는 방법을 더 잘 알게 될 것이고, 그러면 우리를 곁길로 인도하려는 악에 저항할 수 있을 뿐 아니라, 유혹에 직면하고 있는 사람들에게 도움의 손길을 줄 수 있을 것이다. 우리는 의의 수호자가 되고, 선함과 치유의 기름을 다른 이들의 머리에 발라 줄 수도 있다.

**묵상을
위 한
질 문**

1. 주님과 나의 관계라는 내적 문제에 초점을 맞추기 위해서, 내 양손을 드는 극적인 행동은 어떤 도움이 될까?

2. 마음의 상태가 왜 그토록 중요한가?

3. 나는 악한 사람들의 어떤 행동에 이끌리는가? 외로울 때 어떤 유혹이 나를 괴롭히는가?

4. 외로울 때 유혹에 더 약해지는 이유는 무엇인가?

5. 유혹에 맞서는 싸움에서 우리 교회 교인들은 나를 어떻게 돕고 있는가? 나는 그들에게 어떤 도움을 받고 싶은가?

6. 나는 기독교인 형제자매들의 질책을 받아들일 수 있는가? 그 이유는 무엇인가? 그렇지 않다면 그 이유는 무엇인가? 나는 그들을 사랑으로 권고할 수 있는가?

7. 지금 내 기도 생활은 어떠한가? 유혹에 대항해서 좀 더 효과적으로 싸우기 위해, 좀 더 깊이 있는 기도 생활을 하려면 어떻게 해야 하는가?

24

하나님은 외로운 사람에게
가족을 주신다

하나님께 노래하며 그의 이름을 찬양하라.
　　구름을 타고 다니시는 이를 송축하라.
그의 이름은 주님이시다.
　　그분 앞에서 기뻐하라.
고아의 아버지, 과부들의 보호자,
　　그는 자신의 거룩한 처소에 거하시는 하나님이시다.
하나님은 외로운 사람을 가족들 속에 두신다.
　　갇힌 자를 이끌어 내어 노래하게 하신다.
그러나 거역하는 자는 메마른 땅에 거한다.

오! 하나님, 당신의 성소에서 위엄을 나타내십니다.
　　이스라엘의 하나님은 그의 백성에게 힘과 능력을 주십니다.

하나님께 찬송할지어다!

[시편 68:4-6, 35]

나는 나와 이름이 같은 조이 마르바 페링(Joy Marva Fehring)이라는 여자 아이를 무릎에 앉히고 조이의 오빠와 언니가 고등학교 성탄절 음악회에서 악기 연주하는 것을 들었다. 그날 오후 내가 들었던 음악은 하나의 프로그램에 불과한 것이 아니었다. 나는 '가족'과 함께 있었기 때문이다. 그들은 내게 조이(Joy)의 대모(代母)가 되어 줄 것을 부탁했고, 그렇게 해서 나는 그들의 일부가 되었다.

그날 오전에 나는 다른 도시에서 친구 두 명이 예배 시간에 초청 가수로서 찬양을 드리는 것을 듣고 매우 기뻤다. 그다음 장년 성경 공부 시간에는 "성탄절에 그리스도를 붙들기"라는 제목으로 강의를 했고, 내 친구이자 영적 형제인 그 두 사람은 나에게 따뜻한 이별의 포옹을 해 주었다. 그런 몇몇 남녀 독신 친구들이 나에게 (지금까지도) 가족이 되어 주고 있다.

강의를 마친 후, 지난 10주 동안 내가 초청 강사로서 이사야서 강의를 해 준 데 대해 많은 교인들이 감사를 표시해 주었다. 그 세 달 동안 그들은 나에게 가족이었다.

그날 밤 네 번째 가족이 만들어졌다. 나와 한 집에 사는 줄리(Julie)와 나는 갑자기 제스(Jess)와 호프(Hope)의 숙모가 되었다. 그들의 부모인 유진(Eugene)과 토니 카슨(Toni Carson)은 우리와 함께 기독교 공동체를 이룰 계획을 세우고 있었다. 얼마 동안 위기 사역을 위한 장소로 사용했던 오래된 큰 집의 처리 문제를 놓고 오랫동안 하나님의 뜻을 물었는데, 하나님이 그 일에 갑자기 응답하신 것 같았다. 물론 그곳에서 한 가족으로 지내기 위해서는 여러 문제를 함께 해결해 나가야 했다. 하지만 우리는 같은 마음으로 주님을 사랑했고, 각자의 물품을 공유하고, 서로의 사역을 돕기 위해 하나의 공동체를 이루며 살고 싶다는 강한 소원을 가지고 있었다. 나는 우리가 서로 돕고 돌보는 과정을 통해서 하나님이 우리를 보다 유능한 청지기와 종으로 만들어 나가실 것을 믿었다.

외로운 사람을 가족과 함께 살게 하신다는 내용으로 이 장을 쓰기로 마음먹기 바로 전날, 즉 주일에 하나님이 나를 네 가지 유형의 가족과 함께 거하게 하심으로 내가 그 은혜를 보다 철저히 깨닫도록 하신 것은 얼마나 놀라운 타이밍인가? 만약 우리가 믿음의 눈을 떠서 볼 수만 있다면, 하나님이 우리를 위해 예비해 놓으신 사랑의 선물이 얼마나 놀라운 것인지 알 수 있을 것이다.

시편 68편은 애통이나 감사나 믿음의 노래 등 전형적인 시편 유형에 속하지 않는다. 언뜻 보기에는 단지 노래와 시적 단편을 모아 놓은 것처럼 보이지만, 학자들은 이 시편을 하나님의 왕권을 송축하는 극적인 행진과 연결시킨다. 만약 이 시가 정말로 그런 행진을 위해 의식적(儀式的)으로 사용되었다면(그럴 가능성이 큰데, 성경에서 이 시편의 제목이 이 시편이 최고의 음악가 또는 성전 성가대 지휘자의 것이라고 되어 있기 때문이다), 이 시의 각 부분은 거룩한 의식의 특정한 부분과 연관되어 노래되었을 것이다. 우리가 논의할 부분의 전체적 문맥을 파악하기 위해 지금 이 시 전체를 읽어 보기 바란다.

여러분은 이 시가 하나님의 왕권을 분명히 나타냄으로써, 그분의 백성을 위해 공급하시는 하나님을 송축하고 있음을 알 것이다. 애굽에서 이스라엘 백성을 구원해 내어 약속의 땅으로 인도해 들이실 때 하나님이 행하셨던 일과 마찬가지로, 하나님이 시온에 거하신다는 사실 역시, 하나님을 송축하기 위해 이렇게 행진하는 한 가지 이유가 된다. 18절은 에베소서에서 하나님이 성도의 사역을 위해 교회에 주시는 은사를 논하는 부분에서 인용된다. "주께서 높은 곳으로 오르시며 사로잡은 자들을 취하시고 선물들을 사람들에게서 받으시며"(18절: 엡 4:7에서 인용).

행진 그 자체에 대한 시편의 묘사들은(24-27절) 백성이 함께 경배하면서 경험했던 것을 엿볼 수 있는 기회가 된다. 찬양하는 사람들과 악기를 연주하는 사람들이 있고 처녀들은 소고를 친다. 그리고 여러 지파들이 정해진 순서에 따라 송축하며 그 뒤를 따라 행진한다. 그림처럼 생생한 이 단락은 주님이 외로운 사람을 가족과 함께 살게 하신다는 우리의 논의를 위한 배경을 제공한다. 마음속으로 이 축제에 참여할 때, 우리는 가족 중에 함께 있다는 느낌을 받는다.

특히 이 시편이 끝나는 방식에 주목할 필요가 있다. 마지막 절은 축제 전체 메시지의 장엄한 종합이기 때문이다. 나는 브라스밴드와 각종 깃발이 있고 지도자들이 예복을 입고 행진해 들어오는 장엄한 예배를 좋아한다. 하나님이 그분의 성소에서 위엄을 나타내신다는 것을 말보다는 극적인 행동으로 더 잘 나타낼 수 있기 때문이다. 히브리어 본문은, 거룩한 처소에서 위엄을 나타내시는 하나님을 찬양한다. 하나님이 말씀하시고 능력을 행하시는 바로 그 처소에서(즉, 성전과 그 내부에서), 하나님은 존경과 경외감의 눈으로 그분을 바라보는 사람들의 마음을 계속해서 풍성하게 채우신다.

결국 이 시편의 마지막에서 결론짓는 것처럼 "그의 백성에게 힘과 능력을 주시는" 분은 바로 이 하나님이시다. 이스라엘의 하나님이 그분의 백성을 이런 식으로 다루신다는 사실을 강조하기 위해 강세 대명사가 사용되었다. 동사는 분사 형태인데, 이것은 히브리어에서 보다 강력하게 계속적인 탄력을 주는 역할을 한다. "힘"(power)은 개인적인 힘만을 뜻하는 것이 아니라 이 문맥에서는 정치적·사회적 전체로서 공동체의 영향력을 말한다. NIV에 "능력"(strength)이라고 번역된 단어는 구약 성경에서 여기에서만 복수형으로 사용되었는데 이는 강조를 위한 것이다. 우리는 그 복수형을 "풍부한 힘"(abundant might)이라고 번역할 수 있다. 하나님은 그분의 백성이 승리하도록 충분하고도 남을 정도로 능력을 공급해 주신다.

주님의 은사는 넘치도록 풍성하기 때문에 시편은 환희의 후렴구로 끝난다. NIV는 "하나님께 찬송할지어다!"(Praise be to God)라고 번역했다. 이는 시편 111-117편, 146-150편에 자주 등장하는 어구와 같은 것이 아니다. 그런 시편에서는 "주님을 찬양하라"(Praise the Lord)라는 말로 끝난다. 하지만 우리 본문에서는 동사의 뜻이 "찬양 받으소서"(Blessed be)이다. 이 단어 역시 분사형으로 사용되었기 때문에 하나님이 계속적으로 찬양을 받으셔야 한다는 사실을 강조한다. 이 동사는 인간에게 하나님 앞에서 무릎을 꿇고 겸손해질 것을 요구한다. 시편 기자는 하나님은 계속적인 경배를 받으시기에 지극히 합당하신 분임을 우리에게 상기시킨다. 그분에 대해 밝혀진 모든 것에 우리가 마땅히 보여야 할 반응은 그분을 항상 찬양하는 습관을 갖는 것이다.

이제 시편 68편의 전체 문맥을 염두에 두고서 4절부터 6절까지를 특히 주목해 보자. 우선 하나님을 찬양하라고 사람들에게 권면하기 위해 이곳에서는 몇 개의 서로 다른 동사가 사용되고 있다. 첫 번째 초청은 하나님께 노래하라는 것이다. "그분의 이름을 위해" 음악을 연주하라고 한다. 이는 주님의 성품을 송축할 것을 강조하는 것이다. 그 동사는 '파이프'라는 단어와 연관된다. 그래서 이것은 리드(reed) 악기를 연주함을 시사한다. 이 구절은 우리에게 목소리로만 찬양할 것이 아니라 모든 종류의 악기를 총동원해서 찬양할 것을 권고한다.[24] 그다음 동사의 실제적인 의미는 건물을 세운다는 의미에서의 '세우다'이다. 하지만 여기서는 사막을 통과해서 행차하시는 분께 찬양을 올려 드리도록 이스라엘 백성을 독려하기 위해 이 단어가 사용되었다. NIV는 이 문장의 마지막 단어를 "구름"이라고 번역해 놓고 각주에 그것이 "광야"를 뜻할 수 있음을 표시해 놓았다. 이 단어는 출애굽기의 이미지를 연상시킨다. 구약에서 이 단어는 이스라엘 백성이 애굽의 속박에서 해방된 후 약속된 땅으로 가기 위해 통과했던 광야를 지칭하기 위해 자주 사용되기 때문이다.

그다음 어구의 NIV의 번역인 "그의 이름은 주님이시다"는 이 부분의 완전한 모습을 암시만 해 줄 뿐이다. 히브리어 원문은 동사 없이 "YH 속에 그의 이름"(In YH his name)이라고만 되어 있다. 주님(YHWH)이라는 단어의 첫 두 글자만을 사용한 YH는 하나님의 별명으로서, 유대 역사에서 후대의 찬양 시편에서만 사용되었다. 이 문장은 "그의 이름이 YH 안에 존재한다."라는 사실을 강조한다. "… 안에"라는 히브리어 전치사는 이 구절에서 가장 중요한 역할을 한다. 그것은 그분의 "이름"이(하나님의 이름은 곧 그분의 인격인데) 역사를 통해 무한한 사랑과 은혜로써 자신을 계시해 오신 주님(YHWH)의 모든 속성 속에 존재하고 있다는 사실을 강조하기 때문이다. 그분은 참으로 YH, 즉 '언약의 수호자'(the Covenant Keeper)이시다. 그분은 자신의 백성을 돌보겠다는 약속을 신실하게 이행하신다.

그렇기 때문에 우리는 주님 앞에서 즐거워하도록 초청을 받는다. 히브리어 본문은 기쁨을 표현할 때 흔히 사용되는 두 단어 중 그 어떤 것도 사용하지 않고, 상당히 드물게 사용되는 용어를 쓰고 있다. 그 용어는 승리로 인해 기뻐 뛰노는 것을 묘사할 때 사용하는 단어다. 한나가 오래 기다린 후에 아들 사무엘을 낳고 기쁨에 겨워서 부르는 노래에서 사용된 단어와도 비슷하다(삼상 2:1; 벧전 1:8에서도 넘치는 기쁨을 묘사한다). 그런 단어는 문맥의 유쾌한 분위기와 잘 조화를 이룬다. 이 축제는 우리 하나님의 승리를 축하하는 승리의 행진이다.

이것은 그다음 단락을 위한 중요한 도입부이다. 다음 단락은 우리가 24장에서 제일 관심 있게 보는 부분이다. 그런 고양된 분위기 속에서 우리는 하나님이 "고아의 아버지"이시며 "과부들의 보호자"이심을 기억한다. 전형적인 무력한 사람, 곧 배고프고 집이 없고 위험에 노출된 고아들과 가부장적 세계에서 그들을 보호해 주고 정의를 지켜 줄 남편이 없어서 가혹한 대우와 억압을 받고 있는 과부들이 그들의 아버지와 보호자 되시는 하나님의 돌보심을 받고 있다. 다시 한 번 "그의 거룩한 처소에 거하시는 하나님"에 대한 언급이 등장한다. 그곳은 구별된 곳으로, 주님은 무력한 사람들을 위해 그곳에서 그분의 능력을 행하신다.

다음 부분에서는 하나님의 거룩하심이 외로운 사람들을 위해 명백히 드러난다. NIV는 이 부분을 "하나님은 외로운 사람을 가족들 속에 두신다."라고 번역한다. 학자들은 이 구절의 가장 좋은 해석이 무엇이냐에 대해 의견을 일치시키지 못하고 있다. 원문은 "집 속에"라는 표현으로 끝난다. NASV는 이 부분을 하나님이 "외로운 자를 위해 가정을 만드신다."라고 번역한다. 이 시가 그리고 있는 축제 행렬에 참여한 사람들에게 이 어구가 의미한 것은, 주님이 그들을 고국 땅으로 인도해 들이셨다는 사실이었을 것이다. 그들은 추방당했고 친구도 없었다. 하지만 이제 하나님이 그들에게 약속된 땅을 주신 것이다.

이 구절은 방랑하던 이스라엘 백성뿐 아니라 우리 중 외롭고 소외된 사람들에게도 큰 위로를 준다. 하나님은 외로운 자를 품어 주시며 우리에게 안전한 장소를 제공해 주신다. 첫머리에서 말했듯이 나는 이 글을 쓰기 전에 네 가지 유형의 가족이 따뜻하게 받아 주는 경험을 했다.

6절의 나머지 부분은 하나님이 갇힌 자를 이끌어 내어 번영하게 하신다고 말한다. 이들은 거역하는 사람들과 대조되는데, 거역하는 사람들은 메마른 땅, 태양이 작열하는 불모지에 거한다. NIV에서 "노래하게"라고 번역하는 "번영"이라는 단어는 히브리어에서 강조를 위해 복수형으로 사용된다. 이 구절의 마지막 어구에서 우리는, 고통을 당했지만 하나님의 공급을 통해 돌보심을 받는 사람들, 그리고 하나님을 거부함으로 인해 그분의 선물을 놓치고 있는 사람들 사이의 엄청난 차이를 볼 수 있다.

현대 교회에 대해 가장 실망스러운 점은 이 시편의 원리에 따라 살지 않는다는 것이다. 하나님은 고통당하는 사람들에게 필요한 것을 공급한다는 그분의 목적에 참여시키기 위해 우리를 부르셨지만, 우리는 그 일을 제대로 실천하지 못하고 있다. 우리 사회에서 수많은 여성이 빈곤으로 내몰리고 있다. 사회학자들이 문서를 통해 증명하듯이 우리 문화에서 대부분의 사회 문제는 가정에 아버지들이 없다는 사실에 그 원인이 있다. 우리는 가난한 어린이들의 아버지이며 소수자들과 장애인들과 미혼모들의 보호자이신 하나님의 대리인으로서 사역하고 있는가? 이러한 문제들은 광범위하기 때문에 전체 교회가 청지기 정신을 가져야 한다. 그 사업 규모가 엄청나서 엄두가 안 난다는 이유로 문제를 간과해서는 안 된다. 배고픈 사람에게 먹을 것을 주고, 가난한 사람을 위해 일자리를 마련하고, 외로운 아이들에게 형이나 누나를 만들어 주기 위한 노력에 동참할 수 있는 길은 얼마든지 있다.

구체적으로 말해서, 우리 교회는 외로운 사람들을 위해 무엇을 하고 있는가? 하나님의 백성을 사랑하는 법을 배우고, 그래서 외로운 사람들을 받아들여 한 가족을 이루고 있는가? 강의를 하기 위해 미국 각 지역을 돌아다니면서 나는 교회가 이런 일에 관심이 없는 것을 보면 슬퍼진다. 그 사실은 예배에 참석하는 독신자들의 수가 적다는 사실로도 알 수 있다. 미국 성인의 40%가 혼자 사는 사람들이다. 하지만 독신자 비율이 그렇게 많은 교회는 거의 없다. 그러므로 나는 당신이 좀 더 적극적으로 행동하기를 부탁하고 싶다. 당신 자신의 외로움, 또는 외로운 누군가에 대한 좁은 관심에서 벗어나서, 당신이 속해 있는 교구 전체를 보다 깊이 있게 돌보는 일에 용기 있게 참여해 주기 바란다. 우리 스스로가 치료를 경험할 때, 가족과 함께하기를 바라는 다른 사람들의 필요에 민감하고도 강력하게 대처해 나갈 수 있다.

어떤 유형의 가정이든 위로와 안정, 사역의 장소를 제공해 줄 수 있다.

믿음의 가정은 독신자를 숙모나 삼촌으로 받아들일 수 있다(외로운 사람들이 교제를 필요로 하는 것과 마찬가지로 부모들은 좋은 기독교인들이 그들의 자녀에게 좋은 영향을 주기를 기대한다). 각 사람은 어린이들을 위한 대부모(代父母)가 되어 그들이 영적으로 성장하는 것을 돕고, 그들을 주님께 인도하는 일에 도움을 줄 수 있다. 우리는 기독교인들이 공동체를 이루어 함께 생활한다는 개념을 좀 더 진지하게 생각해 보아야 한다(이 책의 개정 작업을 하면서, 나는 카슨 가족이 수년 동안 줄리와 나를 에베소 공동체의 일원으로 받아 준 것에 감사하고 있다). 결혼만이 깊은 교제를 위한 유일한 방법은 아니다. 우리는 남자든 여자든 모든 친구들을 통해 다양한 차원의 친밀감을 누릴 수 있다(성적 관계를 말하는 것이 아니다).[25) 나는 혼자 사는 몇 년 동안 많은 독신 남자들을 사랑했지만, 로맨틱한 방식으로 사랑한 것은 아니었다. 이것도 하나님이 당신에게 주시는 가정의 한 유형일 수 있다.

하나님은 우리에게 가정을 주셔서 우리가 외로움 속에서도 안정감을 느끼고, 기독교 공동체 속에서 구체화된 그분의 은혜로 따뜻하게 받아들여짐을 경험하기를 원하신다. 다정한 아버지이며 의로운 보호자이신 하나님은 우리가 고아나 과부가 되었을 때도 우리를 돌보신다. 예수님도 약속하셨다. "내가 너희를 고아와 같이 버려두지 아니하고 너희에게로 오리라"(요 14:18).

묵상을 위한 질문

1. 예배드릴 때 극적 행동은 어떤 의미가 있는가? 하나님의 고귀하심과 장엄하심을 내게 가장 잘 전달해 주는 동작이나 의식은 무엇인가?

2. 하나님은 어떤 방법으로 내게 힘과 능력을 주시는가?

3. 교회 예배 시간에 주님을 송축하기 위해 나는 어떻게 노래하거나 음악을 연주할 수 있을까? (당신이 음악가가 아니라 해도 이는 중요한 문제다. 예배는 모든 사람이 참여해야 하는 것이기 때문이다.)

4. 이 시편이 뜻하는 승리의 의미는 무엇인가? 나는 그 승리를 어떻게 경험하고 있는가?

5. 하나님의 이름이 "YH 속에"라는 사실은 왜 중요한가?

6. 우리 시대에서 "무력한 사람"은 누구인가? 그들을 돌보기 위한 하나님의 목적에 나는 어떻게 참여하고 있는가?

7. 하나님은 내게 어떤 가족들을 주셨는가?

25

예배는 정말 중요하다

사슴이 시냇물을 찾기에 갈급함같이,
　오! 하나님, 내 영혼이 당신을 찾기에 갈급합니다.
내 영혼이 하나님 곧 살아 계신 하나님을 갈망합니다.
　내가 언제 나아가서 하나님을 만날 수 있겠습니까?

내 영혼을 쏟아부을 때에
　이 일을 나는 기억하고 있다.
나는 축제의 무리 중에 섞여,
　기쁨과 감사의 환호를 지르며,
그 행렬을 하나님의 집으로 인도하면서,
　무리와 함께 동행하곤 했다.

오! 나의 영혼이여, 왜 너는 낙망해 있는가?
　왜 내 속에서 그토록 불안해하는가?
너의 소망을 하나님께 두라.
　나는 여전히 그분을 찬양할 것이다.
　나의 주님이시요, 나의 하나님이신 그분을.

당신의 빛과 당신의 진리를 보내어
　나를 인도하소서.

그것으로 나를 인도하여 당신의 거룩한 산,
　당신의 거처에 이르게 하소서.
그러면 나는 하나님의 제단으로,
　나의 즐거움과 기쁨이신 하나님께로 나아갈 것입니다.

> 나는 수금으로 당신을 찬양할 것입니다.
> 　오! 하나님, 나의 하나님.
>
> 오! 나의 영혼이여, 왜 너는 낙망해 있는가?
> 　왜 내 속에서 그토록 불안해하는가?
> 　너의 소망을 하나님께 두라.
> 　　나는 여전히 그분을 찬양할 것이다.
> 　　나의 주님이시요, 나의 하나님이신 그분을.
>
> 　　　　　　　　　[시편 42:1-2, 4-5; 43:3-5]

그때는 근심과 슬픔으로 가득했다. 내가 지도하던 청년 그룹의 한 자매와 내 남편이 사귀면서 내 가정은 완전히 무너졌다. 내 인생의 사역은 새로운 방향으로 움직이고 있었지만, 나는 그 어떤 것에 대해서도 확신을 가질 수 없었다. 내 삶에서 유일하게 좋은 부분은 신학석사(M.Div.) 공부를 하러 신학교에 갈 때마다 자유로이 예배당에 들어갈 수 있다는 것뿐이었다. 나는 루터교 사범 대학에 다닐 때도 예배를 무척 좋아했다. 내가 외로울 때 예배를 그토록 사모했던 것은 단순히 내 환경으로 인한 비통함 때문만은 아니었다. 오늘날까지도 나는 보다 자주, 보다 깊이 있는 예배를 사람들과 함께 드리고자 하는 깊은 열망이 있다.

성경은 옛 통찰과 새로운 통찰을 계속 꺼낼 수 있는 보물 상자다(마 13:52). 우리는 어떤 주제를 가지고 한 본문을 연구한 후, 나중에 전혀 다른 주제를 연구하기 위해 동일한 본문으로 돌아올 수 있다. 시편 42편과 43편이 하나님을 향한 영혼의 열망을 너무 강조하기 때문에 이 시편들의 또 다른 중요한 주제를 간과해 버릴 수 있다. 그 주제는 시인이 다른 이들과 함께 드리는 예배를 기뻐한다는 것이다(하나님을 향한 영혼의 갈망은 종종 형식화된

25. 예배는 정말 중요하다 | 243

종교에 의해 방해를 받는다. 그런 종교는 우리를 모든 종류의 피상적 행위 속으로 밀어 넣고, 우리가 하나님과 더 깊은 관계를 맺기 위해 시간 보내는 것을 방해한다). 다른 이들과 함께 드리는 예배라는 주제는 특히 시편 42:5, 11; 43:5에서 반복 등장하는 후렴구로 강조된다. 이것은 두 시편이 원래는 하나의 시였을 가능성을 시사한다.

당신은 이 모든 것이 외로움과 무슨 상관이 있는지 의아할 것이다. 불행하게도 물질적이고 소외된 이 시대의 문화는, 하나님이 그분의 형상대로 우리를 창조하셨으며 우리가 하나님과 교제하는 것이 그분의 계획이었다는 진리를 우리에게 감춘다. 이 세상에 죄가 들어옴으로 말미암아 하나님과 우리의 관계가 깨어졌고, 그 결과 우리 상호간의 관계도 무너졌다. 인간들은 하나님과 교제하고, 또 그들끼리 교제를 나누는 대신에 다른 이들을 비난하기 시작했다.

하지만 우리가 타락함으로 인해서 우리 속에 있는 하나님의 형상을 완전히 잃어버린 것은 아니다. 이 두 개의 시편은 우리 모두가 깊은 내면에 가지고 있는 거대한 열망을 심오한 방법으로 묘사한다. 그것은 하나님 그분에 대한 열망일 뿐 아니라 그분의 백성인 다른 이들과의 친밀한 교제에 대한 열망이다. 함께 드리는 예배를 이 시에서 얼마나 자주 언급하는지 주목하기 바란다.

첫 부분에서 시인은 자신의 열망을, 시냇물을 찾기 원하는 사슴의 열망과 비교한다. 그 땅의 대부분이 메마르고 태양열에 의해 바싹 타들어가는 팔레스타인에서 시인이 이 시를 기록하고 있다는 사실을 우리는 기억해야 한다. 나로서는 시냇물에 대한 열망을 공감하기가 어렵다. 나는 어느 계절에나 비가 잘 내리는 서부 워싱턴에서 살고 있기 때문이다. 시인이 기술하는 간절한 열망을 이해하기 위해서는 중동 지방의 타는 듯한 사막을 마음속으로 상상해야 한다.

시적인 반복은 그 열망이 얼마나 간절한 것인지를 강조한다. 시의 세 번째 행은 시인의 영혼, 즉 그의 진정한 자아가 갈급해하는 것이 다른 이와의 교제가 아니라 오직 살아 계신 하나님, 즉 유일하게 활기 있는 생명의 샘이신 하나님과의 교제라고 말한다.

그 열망은 시 속에서 자연스럽게 다음 질문이 떠오르게 만든다. "내가 언제 나아가서 하나님을 만날 수 있겠습니까?" 우리는 언제 식욕을 해결하고 필요를 충족시킬 수 있을지 항상 궁금해한다. 어린아이들은 "저녁은 언제 먹죠?" 또는 "아이스크림을 언제 먹을 수 있어요?"라고 묻는다. 하지만 오늘날 누군가가 예배를 열망한다는 말은 들어 보기가 매우 힘들다. 당신이 알고 있는 사람들 중 얼마나 많은 이들이 예배를 갈망하는가? 대부분의 아이들은 예배에 참석하자고 하면 "싫어, 난 교회 가고 싶지 않아!"라고 소리를 지르며 반항한다. 대부분 교회의 약점은, 하나님을 향한 우리의 깊은 열망을 부추기고 만족시키는 예배 전통을 실천하지 않고 참된 공동체로서의 생명력 있는 교제를 제공하지 못하기 때문에 발생하는 경우가 많다. 여기서 잠시 멈춰 서서 우리 교회 예배를 점검해 보자. 우리는 사람들이 와서 살아 계신 하나님을 만날 수 있도록 장소와 시간을 제공해 주고 있는가?[26]

다음으로 시인은 예배가 그를 새롭게 하고 의미 있는 일이었던 시기를 기억한다. 그가 슬픔과 고뇌 속에 자신의 영혼을 온통 쏟아부을 때, 예배에 대한 기억은 그의 가장 깊은 필요를 건드린다.

그가 기술한 내용을 주의 깊게 관찰해 보기 바란다. 첫째, 그는 자신이 무리와 함께 예배를 드리러 갔다고 말한다. 아마도 특별한 순례 여행을 떠올리고 있을 것이다. 그 당시 성도들은 유대교 절기를 지키기 위해 무리를 이루어 예루살렘 성전을 향해 함께 여행을 했다. 여기서 요점은,

예배의 기쁨 중 일부는 다른 신자들과 함께 있기 때문이라는 점이다.

둘째, 시인은 지도자 중 한 명이었다. 그는 절기에 매우 적극적으로 참여했고 하나님의 집으로 나아가는 행렬을 인도했다.

셋째, 무리는 기쁨과 감사의 환호를 지르며 여행했다. 순례 여행과 예배의 시기는 하나님이 그분의 백성에게 많은 선물을 쏟아부어 주셨음을 인식하며 그분을 송축하는 기간이었다. 백성이 감사하는 마음으로 하나님의 성품을 함께 상기하면서 분위기가 더 고조되었다.

넷째, 시인은 다시 한 번 "내가 축제의 무리 중에 섞여"라고 말한다. 무리에 대한 언급이 그의 기억의 처음과 끝을 장식한다. 이로 인해서, 그 당시 예배에서 가장 중요한 요소는 하나님의 장엄하신 사랑을 송축하기 위한 유대 의식을 다른 이들과 함께했던 것임을 시인은 강조한다.

혼자만의 조용한 기도 시간은 참으로 중요하다. 그러나 때로는 예배를 혼자 드리지 않는 것도 중요하다. 우리 영혼은 하나님을 송축하는 다른 사람들과 함께 예배드리는 것을 갈망한다. 이것은 마치 모든 시간과 장소를 초월해서 구름과 같이 우리를 둘러싼, 하나님의 증인 된 백성과 함께 예배드린다는 느낌을 준다.

이 시들의 후렴구는 '절망과 실의'에서부터 '여전히'라는 위대한 말로 극적으로 이동한다. 시인은 "너의 소망을 하나님께 두라. 나는 여전히 그분을 찬양할 것이다."라고 말한다. 시인은 낙망하고 불안할 때 그것에서 벗어날 수 있는 한 가지 방법이 하나님의 백성과 함께 있는 것이라는 사실을 깨닫는다. 다른 이들과 함께 하나님을 찬양하는 것은 우리를 새로운 소망의 시간으로 인도할 것이다. 우리가 아무리 낙심해 있을 때에라도, 하나님의 백성과 함께 즐거워한다면 훨씬 기분이 나아질 것이다.

우리의 경험으로 그 사실을 알 수 있다. 실패하거나 거절당해서 깊이 낙심해 있을 때, 교인들과 함께 예배를 드린다거나 소그룹과 함께 기도하는 것은 활기를 되찾을 수 있는 훌륭한 방법이다. 우리의 영혼이 의심과 절망에 휩싸여 있을 때, 성도의 교제로 우리는 위안을 찾을 수 있다.

시인은 곧 다시 예배를 드릴 수 있으리라는 점을 스스로에게 상기시킴으로써 자신의 영혼을 진정시키려 한다. '기다리다'라는 동사는 그 의미가 확장되어 '소망하다'를 뜻할 수 있는 형태를 띠고 있다. 우리가 '여전히'라고 번역하는 단어는 추가, 반복, 여분의 것을 나타낸다. '여전히' 시인은 자신의 개인적 구주요 하나님이신 주님을 찬양할 수 있다. 그분은 참으로 '나의' 하나님이시라고 시편 기자는 주장한다. 하나님은 시인 자신의(문자적으로는 "내 얼굴의") 구원자이시다. 그래서 그는 주님을 찬양하게 될 것을 열렬히 고대한다. 시인은 그렇게 할 때 낙심에서 벗어나고 고통당하는 자기 영혼이 자유로워지리라는 사실을 안다.

두 시편을 하나로 묶는 예배라는 주제에 초점을 맞추기 위해 우리는 시편 42편에 등장하는 다른 주제들은 건너뛸 수밖에 없다. 기도라든가 원수로부터의 구원 등과 같은 다른 주제에 대해서는 개인적인 경건의 시간을 통해 나름대로 연구해 보기 바란다.

시편 43편의 세 번째 구절은 '함께 드리는 예배'라는 주제로 우리를 다시 인도한다. 시인은 하나님께 빛과 진리를 보내 달라고 요청한다. '보내다'라는 동사는 특별한 목적을 위해 파견하는 것, 즉 파송을 의미한다. 이 경우에는 시인을 안내하는 것이 파송의 목적이다.

'빛'은 시편에서 흔히 등장하는 이미지다(물론 예수님의 가르침에도 자주 등장한다). 비유적으로 빛은 안내하기 위해 필요한 것이다. '진리' 또한 하나님이 우리를 신실하게 뒷받침해 주심을 뜻하는데, 빛과 진리의 개념이 연합됨으로써 이 두 단어는 시인이 자신의 삶에서 무엇이 최선인지를 분별할 수 있도록 하나님이 그를 돕고 계심을 암시해 준다. 그는 하나님께 빛과 진리를 허락하셔서 그것으로 자신을 진정한 행복의 길로 인도해 달라고 간청한다(히브리어에서는 "그것[빛과 진리]으로 하여금"이라는 어구에 강조점이 있고, 강세 대명사를 사용했다). 특별히 그는 거룩한 산(즉, 성전이 있는 시온 산)으로 인도해 줄 것을 소망한다.

시편 기자는 하나님이 거하시는 곳에 가서 그분을 만나 볼 수 있기를 간절히 원한다. 특별히 그는 절기 때에 예루살렘 성전에 있기를 갈망한다. 하지만 빛과 진리가 자신을 인도해 주기를 원한다는 그의 요청은, 우리로 하여금 예배 처소를 향한 동일한 동경에 깊이 빠지게 한다. 우리를 하나님의 진리 속에 빠지게 하고, 우리의 순례 여행을 인도할 빛이 되어 줄 사람들을 어디서 찾을 수 있겠는가?

더욱이 시인은 제단으로 나아갈 수 있는 기회를 특별히 요구한다. 시편 42편의 제목에 따르자면 이 한 쌍의 시는 "고라 자손들"의 것이다. 그들은 레위 자손으로서 다윗이 왕이었을 때 음악을 담당했던 자들이다(대상 6장). 따라서 시편 기자는 성전 예배를 담당했던 관리들이 속해 있던 족속의 일원이었을 것이다. 여기서 그는 특별히 수금으로 하나님을 찬양할 수 있기를 원한다. 아마도 그는 성전 음악가였을 것이고, 그래서 하나님을 송축하기 위해 다시 악기를 연주할 수 있는 날을 고대한다.

그 갈망은 내가 경험한 것이기도 하다. 얼마 전 몇 년 만에 처음으로 성탄절 전야 특별 기념 예배에서 오르간을 연주할 수 있었는데, 내게는 아주 행복한 특권이었다. 요즘에는 주일에 다른 교회로 설교나 강연을 하러 가는 일이 많기 때문에, 예배 시간에 악기를 연주하거나 성가대를 지휘할 수 있는 기회가 거의 없다. 그래서 내 삶에 커다란 구멍이 생겼다. 우리 각자에게는 하나님을 찬양하고 예배하는 일에 우리의 재능을 사용하고자 하는 깊은 욕망이 (때로는 인식되지 못한 채로) 있다.

그렇기 때문에 시인이 후렴구에서 다시 자신의 낙망을 이야기하고 소망을 언급할 때, 우리는 자신의 외로움과 예배드릴 필요성 사이의 중요한 관계를 깨달을 수 있다. 외로움과 절망에서 벗어나기 위해 경배와 찬양을 추구한다는 점에서 우리는 시편 기자와 마음이 같다.

예배는 우리의 낙심한 마음을 치료하기 위한 '행복한 노래'라는 만병통치약이 아니다. 세 가지 필요를 만족시킬 수 있는 방법을 진정으로 제시해 주지 않는다면, 그 예배는 우리의 외로움을 해결해 주지 못한다. 그 세 가지 필요란 하나님과 좀 더 긴밀한 교제를 나누고 싶다는 갈망, 다른 성도와 깊이 교제하고 싶은 갈망, 찬양할 때 우리의 재능을 사용하고 싶다는 갈망을 말한다. 이것이 바로 우리가 불안할 때에도 계속 소망을 가질 수 있는 이유다. 왜냐하면 우리는 '여전히' 주님을 찬양할 것이기 때문이다. 빛과 진리의 회중 속에서 다른 성도와 함께할 때, 우리는 주님을 우리의 개인적인 구주요 하나님으로 알게 될 것이다.

묵상을 위한 질문

1. 이 시편들을 개인적으로 연구하면서 다른 주제를 발견했는가?

2. 시인이 말하는 열망을 나는 어떤 식으로 경험했는가?

3. 함께 드리는 예배는 어떤 방식으로 외로움에 대한 치료책이 되는가?

4. 왜 시인은 거룩한 산으로 그를 인도할 하나님의 빛과 진리를 필요로 하는가? 자신이 직접 그 길을 찾을 수 없는 이유는 무엇인가?

5. 참된 예배로 나를 인도해 줄 하나님의 빛과 진리가 필요한 이유는 무엇인가?

6. 어떤 방법으로, 공적 예배에 더 의미 있게 참여하고 싶은가? 왜 공적인 의식이 필요할까?

7. 예배를 인도하는 위대한 기쁨을 어떻게 경험해 보았는가? 찬양을 통해서인가, 악기 연주를 통해서인가, 성경 낭독이나 예배당 장식을 통해서인가, 아니면 어떤 방법이었는가? 그런 경험이 영적이고 개인적인 삶에 어떤 영향을 끼쳤는가?

26

계속 나아갈 수 있는 힘

❧

오, 권능 있는 자들아, 주님께 돌리라.
　　　영광과 능력을 주님께 돌리라.
그의 이름에 합당한 영광을 주님께 돌리라.
　　　그의 거룩하심의 영광 속에서 주님을 경배하라.

주님의 음성이 물 위에 있도다.
　　　영광의 하나님이 뇌성을 발하신다.
　　　주님이 힘 있는 물들 위로 뇌성을 발하신다.
주님의 음성은 힘이 있다.
　　　주님의 음성은 위엄차다.
주님의 음성은 백향목을 꺾으신다.
주님의 음성은 광야를 진동시키신다.
　　　그의 성전에서 모든 이들은 "영광!"이라고 외친다.

주님이 홍수 위에 좌정하셨다.
　　　주님이 영원토록 왕으로 좌정하시도다.
주님은 자기 백성에게 힘을 주신다.
　　　주님은 자기 백성에게 평강의 복을 주신다.
　　　　　　　　　[시편 29:1-5a, 8a, 9c-11]

아마도 내 삶에서 가장 절망스러운 때는 혈압이 낮고 신진 대사가 느려서 높은 쪽으로 걸어 올라갈 수 없을 때일 것이다. 언덕이나 계단에 올라갈 수 없고, 의자에서 일어설 수도 없다. 힘은 충분히 있지만, 그 힘을 빨리 활용할 수 없을 뿐이다. 주위에 있는 사람들이 나를 이해하지 못하고 내가 너무 굼뜨다고 불평할 때, 나는 특히 더 낙망한다. 수년 동안 배신과 버림을 당하고 뒤처졌던 경험 때문에 자존감이 무척 낮아졌고, 육체적 한계도 제대로 받아들일 수 없게 되었다. 그러므로 온전함이 결여된 것은 나의 몸보다도 나의 정신일 것이다.

시편 29편은 어떤 결핍 때문에 고통을 당하든지에 상관없이 우리 모두에게 큰 위로를 준다. 당신은 힘이 부족하지는 않을지 모른다. 하지만 지성이나 외모나 사회성에서 다른 이들을 보며 열등감을 느끼고 있을지도 모른다. 우리의 약점이 무엇이건 그로 인해 온전함이 이루어지지 않는데, 이 후자가 더 큰 문제가 된다. 이 모든 불안정함에 대해 이 시편은 놀라운 소망의 말씀을 들려준다.

그러나 특정 구절을 살피기 전에 먼저 히브리 시의 형식을 살펴보아야 한다. 시편 29편에서 그 평행구들이 가져다주는 효과를 알기 위해서는 큰 소리로 읽어 보는 것이 가장 좋다. 예를 들어, 첫 두 구절의 평행 구조에 주목해 보라. "주님께 돌리라"는 명령은 첫 세 행에 나타나고, 네 번째 행의 "주님을 경배하라"는 명령과 조화를 이룬다. 각 행의 후반부는 힘과 영광에 대한 어구를 포함한다.

다음으로 시편 29편의 구조는 일곱 번 사용된 "주님의 음성"이라는 표현을 중심으로 전개된다. 하지만 이 시에서 다른 주요 단어들의 시적 반복에도 주목해야 한다. 마지막 두 구절은 보좌에 앉아서 그분의 백성에게 선물을 주시는 주님을 묘사하기 위해 평행구적인 표현을 사용한다.

마지막 명사 "샬롬"을 맨 끝에 놓음으로써, 즉 바로 위에 있는 평행구와 비교할 때 단어 순서를 바꾸어서 이를 강조한다. "자기 백성"을 행의 중간에 두고 "평강"이라는 단어를 제일 마지막에 두어, 시인은 그 마지막 단어에 강력한 힘을 실어 준다. 시 전체의 문학적 구성의 모든 효과는 "샬롬"이라는 위대한 단어로 그 장엄한 피날레에 도달한다.

시편 본문을 행별로 분류해서 번역한 성경을 택해서 이 시편 전체를 소리 내어 읽어 보기 바란다. 주님의 이름과 그분의 음성 부분을 강조하면서 읽어 보라. 시가 진행됨에 따라 능력이 점점 더 강하게 표현되는 것을 볼 수 있을 것이다. 그 모든 것은 한데 어우러져서, 주님께서 장엄한 음성으로 모든 피조물과 역사를 다루시는 놀라운 능력을 생생하게 그려 낸다.

외롭고 슬플 때 가장 큰 고통은 힘이 없다는 것이다. 힘이 없다는 것은 우리가 감정적으로 부서져 있다는 것의 육체적 증상일 때가 있다. "계속 살아 나갈 수 있는 힘을 어디서 찾을 수 있을까?"라는 것이, 고통을 당하는 사람들이 일반적으로 던지는 질문이다. 우리는 이 시편 속에 있는 모든 요소를 통해 힘과 용기를 얻을 수 있다. 이 시는 우리가 필요로 하는 모든 힘을 주님이 반드시 공급해 주실 것이라고 보증한다.

먼저 천사들이나 또 다른 초자연적 존재들이 하나님께 합당한 찬양을 드리기 위해 부름을 받고 있다. "오, 권능 있는 자들아"라는 것은 "강한 자들의 아들들아"라는 뜻의 히브리어를 NIV가 그렇게 번역한 것이다. "강한 자들"의 어원은 '엘'(el)로서 '신'을 뜻한다.

우리는 왜 시인이 제일 먼저 영적 존재를 불러서 주님께 합당한 찬양을 드리게 하는지 단지 상상만 해 볼 수 있을 뿐이다. 찬양하라고 하늘과 땅을 부르는 것은 유대 문학에서 전형적인 시적 장치다. 그 이유는 아마도 우리의 찬양만으로는 충분하지 않다는 사실을 사람들에게 상기시키기 위해서일 것이다. 하나님은 너무나 위대하시기 때문에 전 우주적인 찬양을 요구하실 수 있다. 더욱이 하늘에 있는 하나님의 사자들은 주님의 능력이 어느 정도인지를 분명히 우리보다 더 잘 알고 있다. 그들은 오래전부터 하나님의 능력을 보아 왔고 찬양해 왔다. 물론 그들은 완전한 찬양을 드리지만, 우리는 제한된 인간성 속에서 나름대로의 완전한 찬양을 드리기 위해 노력할 뿐이다. 여기서 요점은, 주님의 능력 안에 무엇이 포함되는지를 배우기 위해서는, 그리고 진정한 찬양이 어떤 것인지를 배우기 위해서는, 우리가 그들에게 주의를 기울여야 한다는 것이다.[27]

다음으로는, 권능 있는 자들이 주님께 "영광과 능력"을 돌리기 위해 부름받았다는 사실에 주목해야 한다. '영광'이라는 단어는 이 책의 20장에서 본 것과 마찬가지로 주님이 받으셔야 할 명예나 존경을 뜻한다. 즉, 주님이 계셔야 할 적절한 위치에 그분을 두는 것이다.

세 번째 행에서는 그 영광이 그분의 이름에 적합하다는 것을 우리에게 상기시키기 위해 '영광'이라는 단어가 확장된다. 주님은 이런 찬양을 받으시기에 지극히 합당하신 분이다. 하늘에서뿐만 아니라 역사와 성경을 통해 계시된 그분의 성품은 영광스럽고 권능이 있기 때문이다. 결과적으로 그분의 성품은 우리의 지식과 사랑과 찬양의 대상이 된다.

평행 구조를 이루는 네 번째 행은 권능 있는 자들이 "그의 거룩하심의 영광 속에서" 주님 앞에 엎드려 경배해야 함을 강조한다. 이 모호한 어구는, 거룩하신 하나님께 드리는 경배에 신비적 요소가 장엄함을 더해 준다는 사실을 우리에게 상기시킨다.

'영광'(splendor)이라는 단어는 구약 성경의 히브리어 본문에서 항상 '거룩함'과 단단히 결합된 상태로 사용된다. 따라서 이 어구는 하나님의 거룩함을 강조하고, 공적 예배와 관련해서는 하나님에 대한 찬양이 나타날 때 그 찬양이 이루어지는 장소가 거룩하게 된다는 사실을 강조한다. 어떤 번역들은 "거룩한 옷"을 입고 하나님께 경배한다는 이미지를 사용한다. 그것은 경배함이라는 행위가 그 장소와 경배하는 사람을 거룩하게 만든다는 의미를 드러내기 위해서다. 우리는 이 단어들이 역대상 16:29, 역대하 20:21, 시편 96:9의 문맥에서 유사하게 사용된 것을 살핌으로써 그 이미지에 대한 이해를 보다 넓힐 수 있다.

하나님을 경배하는 것에 대한 이 모든 본문에서 우리는 경배로 인한 큰 즐거움과 예배에 대한 존중을 느낄 수 있다. 주님의 거룩하심으로 인한 영광 속에서 그분을 찬양하는 것은 그분의 신성에 대한 심오한 감각을 우리가 예배하고 있는 바로 그 장소로 가져온다. 그런 찬양으로 인해 우리는 주님의 장엄하심에 대한 경이와 존경으로 채워진다.

다음으로 시편 기자는 그 권능 있는 자들에게, 그리고 우리에게, 주님 음성의 장엄함과 그분이 세상 역사 속에서 이루신 일을 상기시킨다. 유대인의 사고에서 일곱이라는 숫자는 완전을 뜻한다. 그렇기 때문에 주님의 역사 속에서 이루어진 창조적 행위에 대한 일곱 가지 그림은 그분이 이스라엘을 권능으로 다루어 오신 모습 전체를 상징적으로 그려 준다. "주님의 음성"이라는 어구가 첫 번째 사용될 때 '물'과 '뇌성'이라는 용어가 반복해서 사용된 것은, 하나님의 창조적인 말씀이 혼돈으로부터 세상을 존재하게 한 것을 생생한 그림과 소리로 제시해 준다. 더욱이 '영광'이라는 명사는 이 단락을, 찬양으로의 초대를 담고 있는 본문 단락의 첫 부분과 연관시킨다.

그다음에는 폭풍이라는 이미지들이 등장한다. 그것은 아마도 특히 주님께서 이스라엘과 언약 관계를 맺으시기 위해 시내 산에 나타나셨을 때 있었던 엄청난 폭풍을 암시할 것이다. 하나님이 가데스 광야를 뒤흔드신 것은, 그분의 백성을 애굽에서 이끌어 내셨고, 그들이 광야를 통과하는 동안 그들을 보존하셨고, 시내 산에서 이스라엘 백성에게 말씀을 주심으로 그들을 그분의 특별한 백성으로 삼으셨다는 사실을 우리에게 상기시켜 준다.

성전(지상에 있는 것인지, 천상에 있는 것인지는 알 수 없지만)에 있는 모든 존재들이 "영광!"이라고 외치는 것은 이상한 일이 아니다. 하늘의 모든 천군과 예루살렘 성전의 모든 백성은 주님께서 이토록 강력한 방법으로 자신의 음성을 사용해 오셨음을 상기한다. 그러므로 하나님의 성전에 있는 사람들은 모두 "그 이름에 합당한 영광을!"이라고 외쳐야 한다.

우리가 지상의 성전에서 하나님께 예배를 드릴 때도 창조와 역사 속에서 일하시는 하나님께 대한 반응으로 "영광!"이라고 외쳐야 한다. 분명히 우리는 주님 음성의 반향을 들을 때 주님의 위대한 권능에 놀랄 것이다. 주님이 한마디 말씀으로만 이루신 모든 것을 바라볼 때 우리는 그 권능의 광대함에 놀라 경이감에 휩싸일 것이다.

마지막 장면이 전체 그림에 추가된다. 즉 주님이 홍수 위에 좌정해 계시는 모습이다. 10절에 등장하는 "홍수"에 해당하는 단어는, 창세기에서 노아 홍수와 방주를 설명하는 부분을 제외하고는 성경 어느 곳에도 등장하지 않는다. 하나님은 노아 시대에 모든 것을 완전히 통제하고 계셨다. 그렇기 때문에 다시는 그런 홍수가 일어나지 않을 것이라고 약속하실 수 있었다. 하나님은 모든 것에 대한 절대적 통치자이시다. 그러므로 시인과 함께 우리는 홍수 위에 좌정해 계신 주님의 위대하심을 알아볼 수 있다.

다윗은 이 시적 평행구를 덧붙임으로써, 사실은 주님께서 홍수뿐 아니라 세상 모든 일 위에 좌정해 계심을 말하려는 듯하다. 주님은 우주의 왕으로서 영원히 좌정해 계신다. 그분은 모든 공간과 자연뿐 아니라 모든 시간과 역사까지도 다스리신다.

이제 이 엄청난 능력의 결과는 무엇인가? 우리는 장엄한 이미지들이 점점 더 강하게 나타나는 것을 통해 주님이 얼마나 위대한 우주의 왕이신가를 살펴보았다. 이제 우리가 개인적으로 떠올리는 사실은 주님께서 은혜롭게도 그 힘을 자기 백성에게 주기로 결심하셨다는 것이다. 우리가 그 의미를 바로 깨닫기 위해서는 이 말씀을 반복해서 들을 필요가 있다: "주님은 자기 백성에게 힘을 주신다."

'주다'라는 동사의 시제는 미완료형으로, 이는 완성되지 않은 동작을 의미한다. 이것이 의미하는 바는 하나님이 미래에 힘을 주실 것이라는 것, 아니면 지금도 계속해서 힘을 주고 계신다는 것인데, 후자일 가능성이 더 높다. NIV는 현재 진행형 동사를 사용해서 "주님은 자기 백성에게 힘을 주고 계신다."라고 번역한다. 우리는 지금 그 힘을 의지할 수 있다. "계속 살아 나갈 수 있는 힘을 어디서 찾을 수 있을까?"라는 무거운 질문에 대한 간단한 대답이 바로 이와 같은 강력한 보장이다. "주님은 자기 백성에게 힘을 주신다."

마지막으로, 강력하게 우리에게 용기를 북돋워 주는 이 시편의 정점은 힘을 약속해 주신 구절의 시적 평행구이다. 주님은 우리에게 필요한 힘을 주실 뿐 아니라 우리를 '샬롬'으로 축복하신다.

원활하지 못한 신진 대사와 저혈압 때문에 고통스러울 때 내게 필요했던 것은 계속 버틸 수 있는 힘만이 아니었다. 그보다 더 필요했던 것은 여러 한계를 지닌 내 자신을 있는 그대로 받아들일 수 있게 하는 '온전함'(wholeness)이었다. 이 온전함을 주시겠다는 약속이 마지막 행에 있다. '샬롬'을 시의 제일 마지막에 둠으로써 그 약속이 아주 강하게 강조된다. 그분의 백성에 대한 주님의 가장 큰 축복은 온전함을 선물해 주시는 것이다.

'샬롬'이라는 명사는 구약에서 광대한 함의를 지닌다. 물론 이 단어는 평화라는 의미가 있지만, 그 의미로만 제한한다면 이 단어를 크게 잘못 취급하는 것이다. 먼저 '샬롬'은 하나님과의 화해로 시작된다. 그다음, 하나님과의 평화 때문에 그분의 백성은 상호간에 평화를 누릴 수 있다. 그들이 서로 화목하기 때문에 이웃과의 평화를 위해서도 일할 수 있다. 이는 단지 전쟁이 없다는 개념이 아니라 좀 더 넓고 적극적인 관계를 포함하는 개념이다. 그런 평화는 건강이나 부요함과도 연관된다. 건강과 연관된다는 것은 불안과 다툼으로 인해 정신과 신체가 영향을 받지 않는다는 것이고, 부요함과 연관된다는 것은 우리의 자아가 하나님께 받은 풍성한 축복을 자유롭게 즐길 수 있다는 것이다.

이러한 진실은 마음의 평안, 만족감, 자족함, 성취감 등의 유익을 누리게 한다. '샬롬'의 이 모든 결과는 '온전함'이라는 단어 속에 요약된다. 이는 우리가 치유되고 외로움에서 벗어나기를 추구할 때 가장 깊이 열망하는 것이다.

마지막으로 '샬롬'이라는 단어에는 헌신의 약속이 포함된다. 만약 우리가 누군가에게 '샬롬'이라고 말하고 그 뜻을 진지하게 받아들인다면, 우리는 상대방이 온전하게 되기 위해 필요로 하는 것이라면 자신이 가진 것 중에서 무엇이라도 그에게 주겠다고 맹세하는 것과 같다. 야고보는 다음과 같은 말을 할 때 평화의 이 언약적 측면을 암시한 듯하다.

"내 형제들아 만일 사람이 믿음이 있노라 하고 행함이 없으면 무슨 유익이 있으리요 그 믿음이 능히 자기를 구원하겠느냐 만일 형제나 자매가 헐벗고 일용할 양식이 없는데 너희 중에 누구든지 그에게 이르되 평안히 가라, 덥게 하라, 배부르게 하라 하며 그 몸에 쓸 것을 주지 아니하면 무슨 유익이 있으리요"(약 2:14-16)

'샬롬'에는 누군가가 온전해지는 데 필요한 그 무엇을 공급해 주기 위한 노력을 아끼지 않는다는 개념이 포함된다.

시편 29편 연구를 마치면서 우리는 하나님이 그분의 백성에게 축복으로 부어 주시는 '샬롬'의 광대함을 눈 덮인 산의 정상이라는 이미지로 그려 보게 된다. 우리를 위해 하나님은 우리가 그분과 화해하게 하신다. 그 결과 우리는 이웃과, 그리고 우리 자신과 평화를 누리게 되고, 이로 인해 치유, 풍요로움, 마음의 평정, 즐거움, 성취감, 완전함을 얻는다. 하나님은 그 모든 것이 우리 속에서 이루어지도록 열심을 내신다. 따라서 우리가 계속 살아 나갈 수 있도록 하나님이 힘을 주실 때는, 우리를 힘 빠지게 하는 것이 무엇이든 간에 그것을 극복하도록 용기도 주신다.

하나님은 우리에게 육체적 힘을 주실 뿐만 아니라 우리가 삶을 지속해 나갈 수 있도록 영적·감정적 능력도 허락하신다. 하나님의 '샬롬'의 충만함 때문에 우리는 자유로워져서 우리 자신의 한계를 받아들이고 하나님의 풍성함 안에서 안식을 누리게 된다. 결국 하나님의 음성은 레바논의 모든 숲이 춤추게도 하실 수 있다. 분명히 그 힘은 우리도 다시 춤추게 만들 것이다.

묵상을 위한 질문

1. 이 시편에 나타난 시적 크레센도(crescendo)의 문학적·신학적 목적은 무엇인가?

2. 왜 "권능 있는 자들"은 주님을 찬양하도록 부름받았는가?

3. 하나님의 이름이 영광을 받으시기에 합당한 이유는 무엇인가?

4. 하나님의 거룩하심의 영광 속에서 그분을 경배한다는 것은 무슨 의미인가?

5. "주님의 음성"이 언급된 단락에서 구약 역사의 어떤 예들이 연상되는가?

6. 주님이 홍수 위에 좌정하셨다는 사실은, 주님이 내 삶의 모든 복잡한 상황 위에 좌정해 계신다는 사실과 어떻게 연결되는가?

7. 주님이 우리에게 허락하시는 힘에 덧붙여 '샬롬'까지 주신다는 사실이 그 힘의 능력을 더 강하게 하는 이유는 무엇인가? '샬롬'이라는 선물이 우리에게 힘을 주는 이유는 무엇인가?

27

아무런 보장이 없는데도
평안한 이유

그러나 내가 잠잠하고 조용할 때,
　　심지어 선한 말도 하지 않을 때,
　　나의 근심은 더 심해졌다.
내 마음이 내 속에서 뜨거워졌고,
　　내가 묵상할 때에 불이 타올랐다.
　　그때 내가 내 혀로 말했다.

오! 주님, 내게 내 삶의 종말과
　　내 날들의 수를 보여 주소서.
　　나로 내 인생이 얼마나 빠르게 지나가는지를 알게 하소서.
당신이 나의 날을 단지 손바닥만큼 되게 하셨습니다.
　　내 일생은 당신 앞에는 없는 것과 같습니다.
　　인생은 한낱 입김에 지나지 않습니다. (셀라)

한 사람이 이리저리 다닐 때 그는 단지 환영일 뿐입니다.
　　그는 부산스럽게 일하지만 다만 헛될 뿐입니다.
　　그는 재물을 쌓지만 누가 그것을 얻게 될지 알지 못합니다.

그러니 이제 주님, 내가 무엇을 바라겠습니까?
　　나의 소망은 당신께 있습니다.
내 모든 죄과로부터 나를 건지소서.
당신의 징벌을 내게서 거두소서.
　　당신의 손이 치심으로 내가 패배했습니다.

당신은 [사람의] 죄를 인하여 [그를] 징계하고 훈련하십니다.
당신은 좀먹는 것같이 [그의] 재물을 소멸시키십니다.
인생은 한낱 입김에 지나지 않습니다. (셀라)

나의 기도를 들으소서. 오! 주님.
도움을 구하는 나의 부르짖음에 귀를 기울이소서.
내가 눈물 흘릴 때에 귀를 막지 마소서.
나는 나의 모든 조상들처럼
이방인으로서 당신과 함께 거하기 때문입니다.
내게서 눈길을 돌리소서.
그래서 내가 떠나 없어지기 전에 다시 기뻐하게 하소서.
[시편 39:2-8a, 10-13]

우리는 숲에서 자전거를 타고 있었다. 오빠들은 부모님과 내가 오빠들을 따라잡았을 때 깜짝 놀라게 하려고 우리보다 훨씬 빨리 달려갔다. 하지만 숲길 끝에 도착했을 때 오빠들이 없었다. 아무리 이름을 불러도 소용이 없었다. 오빠들을 영원히 잃어버린 것은 아닐까?

"아니야."라고 아버지는 조용히, 그러나 확신에 찬 어조로 말씀하셨다. "오빠들은 모두 괜찮을 거다." 주위 상황만 봐서는 그 사실을 확신할 수 없었다. 하지만 아버지는 오빠들이 무사할 것이라고 말씀하셨고, 다섯 살인 나는 모든 힘을 끌어내어 그 말을 믿었다. 내 경험에 따르면 아버지는 틀리는 법이 없었다. 나는 좀 무섭기는 했지만 아버지가 모든 일을 바로잡을 것이라고 확신했다.

우리가 외로운 이유는, 확신을 갖기 위한 그 어떤 단서도 찾을 수 없기 때문이기도 하다. 하지만 시편 39편은 모든 것이 시인을 대적하는 듯이 보이는 상황에서도 그가 계속 소망을 갖고 있음을 보여 준다. 시편 88편은 이 시보다 더 어둡다. 어두움 중에서도 가장 어두운 것을 표현하며 시편 88편은 다음과 같이 끝맺는다.

> 나는 어릴 때부터 곤란을 당했고 죽음과 가까웠습니다.
> 당신이 두렵게 하심으로 인해 고통을 당하고 지금은 좌절 속에 있습니다.
> 당신의 진노가 내게 넘쳤습니다.
> 당신의 두렵게 하심이 나를 파괴했습니다.
> 그것이 하루 종일 홍수처럼 나를 에워싸고 있습니다.
> 그것이 완전히 나를 삼켜 버렸습니다.
> 당신이 나의 친구들과 사랑하는 자를 내게서 떼어 놓으셨습니다.
> 어둠만이 나의 가장 가까운 친구입니다.
>
> 시편 88:15-18

외로움과 우울함과 슬픔으로 인한 절망에 맞서 싸우는 사람들에게 위로와 소망과 용기를 주기 위해 쓰고 있는 이 책에 왜 이런 우울한 시편을 포함시켜야 하는 걸까? 좌절을 이야기하는 이 시편들은 우리에게 용기를 준다. 무엇보다도 그 시편들은 우리가 혼자가 아니라는 사실을 알게 해 주기 때문이다. 다른 성도들도 도저히 극복할 수 없을 것처럼 보이는 문제를 앞에 놓고 씨름했고, 그러면서도 계속 믿음을 지켜 나갔다.

그러나 또 다른 진리, 그리고 또 다른 어두운 시편이 없었더라면 그 시편은 우리에게 충분한 위로가 되지 못했을 것이다. 시편 22편은 다음과 같은 비명으로 시작된다.

> 나의 하나님 나의 하나님, 왜 나를 버리셨습니까?

왜 나를 멀리하여 나를 구하지 않으십니까?
왜 내 신음 소리를 듣지 않으십니까?
오! 나의 하나님, 내가 낮에 부르짖지만 당신은 응답하지 않으십니다.
밤에도 나는 잠잠하지 않습니다.
그러나…

시편 22:1-3a

이 시편은 우리 인생과 운명을 바꾸신 그분(the One)이 부르짖은 것이기 때문에 우리는 좌절을 이야기하는 이 시편에서도 위로를 발견할 수 있다. 비록 하나님이 우리를 버리신 것처럼 보이고, 우리가 확신을 가질 만한 근거를 찾지 못할 때에라도, 우리는 하나님을 신뢰할 수 있다. 우리는 우리에게 말씀하시는 분의 성품을 알고 있고, 우리를 이 세상의 고통으로부터 구원하시기 위해 그분이 하신 일을 알고 있기 때문이다.

이 글을 처음 쓰던 날 아침, 나는 경건의 시간에 히브리서를 읽으면서 큰 위로를 얻었다. 이 말씀으로 당신의 슬픈 마음이나 혼란스러운 정신이 깊은 위로를 받기 원한다. "그러므로 우리에게 큰 대제사장이 계시니 승천하신 이 곧 하나님의 아들 예수시라 우리가 믿는 도리를 굳게 잡을지어다 우리에게 있는 대제사장은 우리의 연약함을 동정하지 못하실 이가 아니요 모든 일에 우리와 똑같이 시험을 받으신 이로되 죄는 없으시니라 그러므로 우리는 긍휼하심을 받고 때를 따라 돕는 은혜를 얻기 위하여 은혜의 보좌 앞에 담대히 나아갈 것이니라"(히 4:14-16).

때로 우리는 슬픈 기분으로 잠자리에서 일어난다. 슬픔을 떨쳐 버리고 자신을 이해해 보려고 애쓸 때, 우리는 긴 목록의 슬픔에 압도당한다. 그중 어느 것도 해결할 수 없고, 그 고통을 함께 나눌 그 누구도 없다는 사실이 우리를 더욱 외롭게 만든다. 그런 고통 중에 있는 우리에게 시편은 무엇을 말해 줄 수 있을까?

우리의 모든 죄악을 짊어지셨을 때, 예수님은 육신과 영혼의 극심한 고통 속에서 하나님께, 즉 자신이 찾을 수 없었던 하나님께 부르짖었다. 그리고 예수님이 우리를 대신해서 완전히 버림받는 고통을 감당하셨기 때문에 우리는 그 버림받음을 결코 경험하지 않게 될 것이라는 사실을 안다. 시편 39편 기자처럼 우리는 좌절하며 부르짖을지도 모른다. 하지만 우리는 버림받는 일로는 부르짖지 않을 것이다. 시편 기자는 하나님의 징계를 인식한다. 그러나 자신의 죄와 인류의 타락이 그의 비참한 상태를 초래했다는 사실도 깨닫는다.

당신은 아마 이 부분에서 "하지만 나는 죄를 지은 적이 없어. 나는 희생자야."라고 말할지도 모르겠다. 당신은 거절당하거나 버림받거나 부당한 대우를 받았을 수도 있고, 평생 동안 사회·경제적으로 혜택을 받지 못했을 수도 있고, 비극적인 사고로 상실의 아픔을 경험했을 수도 있고, 소명감과 헌신 때문에 외롭게 살았을 수도 있다. 하지만 우리는 죄로 가득한 세상에 살고 있는 죄인들이라는 것과 하나님이 하나님이시라는 사실을 인정하게 되면, 우리는 결국 평강에 도달할 수 있다. 우리가 지금 당하는 고통이 우리의 특정한 죄악 때문은 아닐지 모른다. 그러나 인간의 죄성이 이 모든 것을 세상 속으로 끌어들였다. 그리고 우리는 그 결과를 부당하게 짊어지고 살고 있다. 우리는 기본적인 인간성에서 벗어날 수 없기 때문이다.

나와 함께 이 어려운 신학적 문제를 탐구해 보자. 내가 계속 이 문제로 씨름하는 이유는, 삶의 상황을 나의 것으로 받아들이기 이전에 이 모든 것을 이해하고 싶기 때문이다. 왜 하나님은 우리가 그런 끔찍한 고통을 겪게 하시는가?

수많은 일로 슬퍼할 때, 그 목록에 적혀 있는 대부분의 일은 내가 이해할 수 없는 것들이다. 왜 줄리(Julie)는 직업을 구할 수 없는 것일까? 하나님은 줄리가 얼마나 상심할지 모르신다는 말인가? 왜 결혼식 축가를 부르면 그토록 많은 쓰디쓴 기억이 되살아날까? 왜 나는 그 모든 슬픈 기억을 떨쳐 버릴 수 없는 것인가? 왜 이 세상에는 그토록 많은 고통이 있는 것일까?

나는 이 책을 마지막으로 손보면서도 같은 질문을 던지고 있다. 신장이 기능을 완전히 멈추는 것을 막기 위해 복용한 약 때문에 계속 기침을 하게 되었고, 그것이 천식으로 발전해서 내 흉곽 연골 조직에 염증을 일으켰기 때문이다. 나는 몹시 고통스럽지만 소염제도 사용할 수 없다. 대부분의 진통제가 그렇듯이 소염제도 신장에 해롭기 때문이다. 반면에 신장에 무리를 주지 않는 약은 내 고통을 완화하지 못한다. 이런 고통으로 짓눌려 있는데, 어떻게 이 작업을 마칠 수 있겠는가?

이렇게 힘겨운 씨름을 벌이고 있는데 친구 린든(Linden)이 이런 관점을 제시해 주었다. "나는 하나님이 모든 것을 여전히 통제하시고, 이 모든 것을 합력해서 선을 이루실 것이라는 사실을 믿어." 나는 그런 단순한 믿음을 향해 더듬으며 나아가고 있다. 나는 린든이 갖고 있는 성숙한 믿음, 또는 단순한 믿음을 갈망한다.

하나님이 모든 것을 통제하신다는 린든의 믿음은 우리가 생각하는 것보다 훨씬 더 심오한 것이다. 린든은 자동차 사고로 사지가 마비된 상태이기 때문이다. 그는 나보다 몇 살 어리지만 하나님께 대한 그의 믿음은 나를 부끄럽게 만든다. 그는 정말로 무슨 일이 일어나든지에 상관없이 하나님을 신뢰한다.

시편 39편의 많은 구절은 시인이 슬퍼하는 중에도 린든과 비슷한 믿음을 갖고 있음을 보여 준다. 실재하는 죄악, 인간의 이해력 부족, 그리고 극심한 어두움 속에도 하나님이 함께하신다는 확신이야말로 이 시가 진행되면서 더욱 강화되는 진리들이다.

다윗은 잠잠히 있을 때에도 근심이 더 심해지고 마음이 뜨거워졌다고 고백한 이후에, 4절에서 하나님을 주님(YHWH)이라고 부른다. 그분은 여전히 언약의 하나님이시다. 특별히 다윗은 주님께 자신의 마지막과 그의 날을 계수함을 보여 달라고 요청한다. '계수함'이라는 개념이 시간과 관련해서 사용된 것은 구약에서 이곳뿐이다. 시편 기자는 지금 인생이 얼마나 덧없는 것인지 알 수 있게 해 달라고 하나님께 요청하고 있다.

자기 인생의 덧없음을 바라보면서 시인은 또 다른 교훈을 요구한다. 그는 주님께 겸손하게 말한다. "내가 얼마나 결여된 사람인지 알게 하소서." "결여된"(lacking)이라는 단어는 '그만두다'라는 뜻의 어원에서 나온 것이다. 구약에서 이 단어가 이곳에서처럼 형용사로 사용된 적은 거의 없다. 그런 독특한 용어 선택은, 우리는 영원할 수 없는 덧없는 존재이고 그래서 주님께 온전히 의존할 수밖에 없음을 주님께서 보여 주셔야 한다는 것을 강조한다. 그런 절대적 약함과 복종의 단계에 이를 때 우리는 자신의 태도를 바로잡고, 주님이 주시는 은사를 사모하게 될 것이다. 주님은 우리가 가장 깊은 슬픔에 잠겨 있을 때에도 그 은사를 베풀어 주실 수 있다.

히브리어 본문에서는 문장 끝에 강세 대명사 '나는'을 배치해서 이 사실을 강조한다. '우리'는 결여된 사람들이다. 하지만 우리의 인간적 교만은 즉시 방어 자세를 취한다. 우리는 이렇게 항변한다. "하지만 나는 충분히 낮아졌어. 왜 하나님은 내가 계속해서 고통을 당하도록 놔두시는 거지?" 때로 우리는 시편 88편에 기록된 것처럼 극히 어두운 절망감 속에 가라앉는다.

분명히 우리는 지금 통과하고 있는 이 엄청난 고통과 극심한 고뇌를 피상적으로 생각해서는 안 된다. 나는 내 경험을 통해 그저 태평스럽게 "글쎄요, 우리는 올바른 관점을 가져야만 합니다."라고 말하는 것은 위로가 되지 못한다는 것을 안다. 하지만 우리는 완전히 무기력한 지점에까지 낮아지지 않도록 열심히 싸우고 있기 때문에, 우리 삶의 가장 끔찍한 일을 통해서도 하나님이 선을 이루실 수 있다는 사실을 진심으로는 믿지 않는다.

이 사실을 나는 이 글을 쓰기 몇 주 전에 미니애폴리스에 있는 독신자 협회에서 이혼에 대처하는 법을 강의하면서 알게 되었다. 내가 그 수업에서 강의할 수 있는 자격을 얻은 가장 큰 이유는 내가 이혼에 제대로 대처하지 못했기 때문이다. 그 수업에 참여한 사람들과 나는 우리 실존의 여러 차원들, 즉 육체적·감정적·사회적·지적·영적 차원을 생각해 보았다. 우리는 각자의 깨어짐을 통해 서로를 섬기기 시작했다. 하나님은 우리 삶에서 가장 끔찍했던 기간을 사용하셔서 다른 사람의 아픔에 민감하게 하셨고, 그들을 은혜로 포용할 수 있게 하셨다.

나를 그토록 깊은 우울함 속에 가두어 놓았던 그 몇 개월을 증오했지만(이 책을 쓰고 있을 때도 그 순간들은 나를 고통스럽게 만들곤 한다), 나는 하나님이 그 시간들도 선을 위해 사용하셨다는 것을 깨닫기 시작했다. 하나님은 그 시간을 통해 내가 그분에게 더 가까이 다가가게 하셨고, 그분의 사랑에 대해, 내가 다른 방법으로는 도저히 배울 수 없었을 너무나 귀중한 교훈을 주셨으며, 끔찍한 고통을 겪고 있는 세상의 많은 사람들에 대한 연민과 새로운 분별력을 내 안에 창조하셨고, 그들의 고통과 관련해서 무언가를 해야겠다는 열망을 갖게 하셨으며, 예전에 내가 이해하고 있던 일들의 기초가 무너진 후 내 존재의 새로운 목적과 내 삶의 새로운 목표를 갖게 하셨다.

내가 이 글을 처음 쓸 때만 해도 모든 것이 선한 것으로 느껴진 것은 아니다(그리고 내 몸은 이 책의 개정 작업을 할 정도로 건강하지 못하다). 그러나 하나님은 가장 어두운 시간들까지도 선을 위해 사용하실 수 있다는 것을 배우게 되자, 나는 흑암의 시기를 통과하는 다른 사람들을 더 잘 도울 수 있게 되었다.

그럼에도 불구하고, 우선 우리는 겸손해야 하고 인생의 덧없음을 인식해야 한다. 우리가 인생을 하나님의 손에 되돌려 드릴 때, 악으로부터 선을 이루시는 그분의 목적이 이루어질 수 있다. 이것이 바로 시인이 강조하는 것이다. "당신이 나의 날을 단지 손바닥만큼 되게 하셨습니다. 내 일생은 당신 앞에는 없는 것과 같습니다. 각 사람의 삶은 한낱 입김에 지나지 않습니다." 시인은 우리가 가치 없는 존재라고 말하는 것이 아니다. 우리는 우리를 만드신 하나님께 믿을 수 없을 정도로 가치 있는 존재들이다. 그러나 어쨌든 우리는 인간일 뿐이고 하나님이 아니다. 내가 자주 말하는 것처럼 하나님은 하나님이시고 우리는 보잘것없는 존재들이다. 그 사실을 직시할 때, 우리는 어두움 속에서도 더욱 그분을 신뢰할 수 있다.

그렇기 때문에 시인은 계속해서 말한다. "한 사람이 이리저리 다닐 때 그는 단지 환영일 뿐입니다. 그는 부산스럽게 일하지만 다만 헛될 뿐입니다. 그는 재물을 쌓지만 누가 그것을 얻게 될지 알지 못합니다." 여기서 사용된 히브리어 명사는 '사람'을 뜻하는 포괄적인 단어가 아니다. 시인은 야망을 가진 특정한 한 사람을 말하고 있다. 요점은, 가치와 의미를 발견하려는 우리의 광적이고 인간적인 모든 노력이 헛되다는 것이다. 우리가 올바른 관점과 올바른 우선순위를 가지고 시작할 때 그 노력의 과정 자체가 변화된다. 그러므로 시인은 간청한다. "그러니 이제 주님, 내가 무엇을 바라겠습니까? 나의 소망은 당신께 있습니다. 내 모든 죄과로부터 나를 건 지소서."

"분명히 헛된 것이다. 분명히 안개와 같다."라는 탄식이 5, 6, 11절에서 반복해 등장한다. 그렇기 때문에 7절은 "그러니 이제"라는 히브리적 도입부로 시작된다. 그것을 통해 시인은 이렇게 말하는 듯하다. "그러므로 앞서 말한 것으로부터 결론을 이끌어 내자면…" 이제 우리는 인생의 덧없음을 잘 알고 있다. 그렇다면 무엇을 바라야 할까?

여기서 시인이 하나님을 그분의 언약 명칭으로 부르지 않는다는 사실이 중요하다. 그는 '아도나이'라는 단어를 사용하는데, 이것은 주인이나 통치자라는 의미에서의 "주님"이라는 단어다(프랑스어 성경은 '아도나이'를 "하나님"[L'Eternal]이 아니라 "주님"[Le Seigneur]이라고 번역한다). 심지어 언약 관계 밖에서도 시편 기자는 하나님이 주님이시요 주권자라는 사실을 인식하는 것이다. 우리가 바랄 수 있는 분은 하나님뿐이다. 이 부분의 히브리어를 문자적으로 읽으면 "내 소망, 그것은 당신에게"이다. '소망'이라는 단어는 '기다리다'라는 동사에서 파생되었다(시 42:5, 11; 43:5의 후렴구에서 사용된 단어의 어원이기도 한다. 이 책의 25장을 보라). 우리가 기다릴 만한 가치가 있는 다른 존재는 없다. 우리를 실망시키지 않을 소망을 줄 수 있는 존재는 하나님뿐이다(롬 5:5). 우리가 열정적으로 탐구할 만한 다른 존재는 없다.

우리는 자신의 죄로부터 자유로워져야 한다. 시인은 계속해서 말한다. "내 모든 죄과로부터 나를 건지소서." '죄과'라는 단어는 '반역하다'라는 동사에서 파생되었다. 시인은 우리가 거역하는 속성 때문에 하나님이 우리의 상처와 갈등으로부터 선한 것을 이끌어 내실 때까지 기다리지 못한다는 것을 인정한다. 우리는 자기 방법으로 일하기를 원한다(그 방법은 때로는 교묘한 속임수를 동반하고 그렇지 않을 때는 완고하게 저항한다). 그런 식으로 우리는 변화를 가져올 사랑과 주님의 인도하심을 막아 버린다.

시인은 이제 징벌을 거두어 달라는 탄원으로 시를 끝낸다. 그리고 나서 '여호와'라는 언약의 이름을 다시 사용해서, 그의 기도를 들어 주시고, 도움을 구하는 부르짖음에 귀를 기울여 주시고, 그가 눈물을 흘릴 때 귀를 막지 말아 달라고 호소한다. 이 탄원 바로 앞에서 중요한 진전이 이루어졌다. 시인은 각 사람의 '삶'이 한낱 입김에 지나지 않는다고 말한 것으로부터(5절) 각 '사람'이 한낱 입김에 지나지 않는다는 것을 인정하는 것으로(11절) 나아간다. 시인은 자신이 외인이요 이방인이라고 느끼지만, 주님과 함께 거한다는 사실을 알고 있다.

내가 가진 히브리어 사전에 따르자면 이 부분에서 쓰인 '당신과 함께'라는 표현은 '…을 섬기는', 또는 '…의 집이나 가족에 속한'이라는 뜻이다. 비록 다윗은 자신이 외부인이라고 느끼고 있지만 이 해석이 긴밀한 관계를 의미하고 있다는 점에 주목하라. 이것이 바로 우리가 가장 어두운 시기를 지나고 있을 때 명심해야 하는 것이다. 우리는 자신이 하나님께 이방인이라고 느낄지 모르지만, 하나님은 감사하게도 우리를 그분의 가족으로 삼아 주셨다. 아직도 그분은 우리의 언약의 하나님이시다. 우리가 자신의 죄와 하나님의 은혜를 바른 관점으로 바라볼 때, 치료를 향해 큰 발걸음을 내딛은 것이다.

우리는 우울함에서 즉시 벗어나기를 기대하거나, 앞으로는 더 이상 고난과 슬픔이 없을 것이라고 생각하기 어렵다. 상처는 깊고, 좌절은 극심할 수 있다. 하지만 우리의 소망은 주님께 있다. 때로는 시편 기자와 마찬가지로 하나님이 잠시 우리로부터 눈을 돌리시고 그 공의의 징계를 멈춰 주시기를 원할 때도 있지만 말이다.

**묵상을
위 한
질 문**

1. "세상에 왜 고통이 존재하는가?"라는 어려운 질문에 어떻게 대답할 수 있을까?

2. 삶의 덧없음을 아는 것이 내게 어떤 도움이 되는가?

3. 좌절하고 있을 때, 내 죄를 인정하는 것이 어떤 도움이 되는가?

4. 때로 나는 주님 외에 어떤 것에 소망을 두는가?

5. 최선의 방법이 아닌 다른 방법으로 내 문제를 풀려고 할 때는 없었는가? 내 방법을 의지했을 때의 결과는 어떠했는가?

6. 내 자신이 하나님께 외인인 것처럼 느껴질 때, 어떻게 하면 주님께 돌아갈 수 있는가?

7. 주님이 내 기도를 들으시고 내 울음소리에 귀를 막지 않으신다는 사실을 어떻게 아는가?

28

우리의 슬픔을
역사적 관점에서 생각하라

내가 옛날을,
    곧 오래전에 지나간 세월을 생각했습니다.
내가 밤에 나의 노래를 기억했습니다.
    내 마음은 묵상했고 내 영은 질문해 보았습니다.

"주님이 나를 영원히 버리실까?
    그분이 다시는 은혜를 베풀지 아니하실까?
그분의 변함없는 사랑이 영원히 사라져 버렸는가?
    그분의 약속이 영원히 폐하여졌는가?
하나님이 은혜 베푸심을 잊으셨는가?
    그분이 진노 중에 긍휼을 거두셨는가?" (셀라)

그때 내가 생각했습니다. "내가 이것에 호소하리라.
    곧, 지극히 높으신 분의 오른손의 해들에."
나는 주님의 사역을 기억할 것입니다.
    그렇습니다. 나는 오래전 당신의 기적을 기억할 것입니다.
나는 당신의 모든 일을 묵상할 것입니다.
    그리고 당신의 능한 사역을 생각할 것입니다.

오! 하나님, 당신의 길은 거룩합니다.
    우리 하나님처럼 위대한 신이 누구입니까?
당신은 기적을 베푸시는 하나님이십니다.
    당신은 백성 중에 당신의 힘을 드러내 보이십니다.

> 당신의 강한 팔로 자신의 백성,
> 곧 야곱과 요셉의 자손을 구해 내셨습니다. (셀라)
>
> [시편 77:5-15]

"이제 더 이상은 견디지 못하겠어." 나는 훌쩍거리며 말했다. 내 친구인 마거리트는 조용히 나를 타일렀다. "네가 옛날에도 지금처럼 말했다가 다시 일어서곤 했던 모습을 녹화해 놓은 테이프가 있으면 좋겠다." 마거리트는 과거에 내가 오래 치료를 받다가 더 이상은 삶을 지탱할 수 없다며 용기를 잃었던 때를 상기시켜 주었다. "하지만 그럴 때마다 하나님은 네가 계속 살아 나갈 수 있는 힘을 주셨어."

마거리트는 내가 원치 않았던 이혼의 고통을 견딜 수 있도록 도와준 친구다. 나는 프리랜서 강사가 되기 전에 섬기던 교회에서 마거리트를 만났다. 우리는 성경 연구와 고전 음악에 대한 흥미가 같아서 좋은 친구가 되었다. 나는 마거리트의 통찰력 있는 지혜와 부드러운 조언에 감사하며 그녀를 깊이 사랑하게 되었다. 내 개인적 삶이 무너지기 시작했을 때 마거리트는 무언가 잘못되고 있다는 사실을 눈치채고 나를 집으로 초대해 주었다. 마거리트의 거실에 있는 흔들의자에 앉아서 나는 오랫동안 마음속에 꼭꼭 담아 두었던 그 모든 슬픔을 쏟아 놓았다. 그 후로도 자주 그 집에 찾아가 그 의자에 앉아 이야기를 했고, 거기에 앉기만 해도 울음이 터져 나와 견딜 수가 없었을 때가 많았다. 그럴 때마다 마거리트는 위로의 말을 해 주고 내 곁에 있어 주면서 나를 붙들어 주고 큰 용기를 주었다. 지금 과거를 되돌아보며 마거리트가 나를 보살펴 준 일을 생각할 때마다 나는 그녀의 사랑에 다시 감동을 받는다. 그리고 내가 몸담고 있는 기독교 공동체는 고통 속에 있는 사람들을 섬기되, 그분의 백성을 향하신 하나님의 위로와 돌보심으로 품어 주어야 한다는 것을 확신하게 된다.

우리는 자신의 슬픔과 외로움을 역사적 조망 속에 두는 법을 배워야 한다. 과거에 하나님이 우리를 도우신 방법을 기억할 때, 우리는 현재를 위한 위로와 미래를 위한 소망을 찾아 낼 수 있다. 이것이 바로 시편 77편 기자가 한 일이다. 시편 기자는 알 수 없는 고통 때문에 신음하다가 멈춰 서서는 자신의 문제를 더 큰 틀 속에 둔다. 그 결과로 자신이 지금 당하고 있는 시련으로부터 하나님이 구해 내실 것이라고 믿게 된다.

시인은 굳건한 정신 훈련을 통해 자신의 우울하고 불안한 마음을 다스린다. 이 단락 첫 구절의 '생각하다'라는 동사는 강세형으로 사용되었는데, 이는 보다 깊은 묵상을 하거나 생각을 집중시키는 것을 의미한다. 시편 기자는 과거에, 즉 하나님의 사랑이 분명하게 드러났던 이전 시대에 생각을 집중시킨다. 그분의 백성을 위한 하나님의 극적인 행위들은 많은 믿음의 노래들의 주제가 되었다. 시인이 밤에 그의 노래를 기억한다고 할 때 아마도 그런 노래들을 지칭하고 있을 것이다.

시인의 자기 훈련은 네 번째 행에도 암시된다: "내 마음은 묵상했고 내 영은 질문해 보았습니다." 여기서 '마음'이라는 단어는 내적 인격, 즉 이해하는 정신과 의지를 의미하기 위해 사용되었다. 영어에서는 마음(heart)이라는 단어가 감정을 나타내는 데 사용되지만, 히브리어에서는 앞에서 본 바와 마찬가지로 생각이나 반성, 즉 주관적 애정의 객관적 토대를 의미한다. 따라서 마음으로 묵상한다는 것은 명상과 연구를 암시한다.

NIV에서 '질문했다'(inquired)라고 번역된 단어는 '탐구하다'라는 히브리어 단어의 강세형이다. 구약의 후기 시에서 '영'(spirit)이라는 단어는 정신적 행위를 위한 기관을 지칭하는 데 사용되었다. 하지만 이 시의 문맥에서 '영'은 불안해하는 성향을 지칭하기도 한다. 시인은 자신의 의심과 두려움과 의아함과 씨름할 때, 그동안 해 왔던 진리를 찾는 훈련으로 자신의 영안에 있는 불안과 맞선다.

이것은 우리에게 훌륭한 모델을 제시하고, 우리가 시편 묵상을 통해 배워 온 것과 대단히 잘 조화된다. 감정에 압도되어 믿음이 무너져 버리는 것은 오직 하나님의 은혜를 통해서만 막을 수 있다. 기독교 공동체의 지지와 격려를 통해, 우리는 자신의 슬픔을 바르게 다루면서 모든 것을 하나님의 관점으로 바라보고 그렇게 함으로써 위로와 소망을 발견한다.

다음으로 시인은 심오한 수사적 질문 여섯 개를 제기한다. 그 질문은 우리가 부정하는 말로 답을 외치고 싶어 하도록 구성되어 있다: "아니야! 물론 그렇지 않아! 누가 그런 일을 상상할 수 있단 말인가? 우리는 그 사실을 잘 알고 있어." 이 질문을 문자적으로 해석하면 그 요점이 더욱 분명히 드러난다.

주님이 우리를 영원까지 거절하실까?
주님이 더 이상 다시는 우리를 기뻐하지 않으실까?
주님의 '헤세드'(사랑, 긍휼, 변함없는 신실함)는 영원히 사라졌는가?
주님의 말씀은 모든 시대를 통틀어 끝났는가?
주님은 호의를 보이시는 것을 (또는 그분의 사랑으로 인해 구원하시는 것을) 잊으셨는가? — 하나님이?
주님은 진노 중에 그분의 긍휼을 닫아 버리셨는가? (셀라)

단락 마지막에 있는 '셀라'는 우리에게 잠시 멈추어 서서 이 질문들을 생각해 보게 한다. 그 질문들은 우리의 마음을 휘저어서 분노에 찬 응답을 하게 만든다. 우리 하나님은 그런 분이 아니다. 하나님이 호의를 베푸시는 것을 잊으실 수 있겠는가? — 하나님이? 그것은 용어상 모순이 될 것이다. 아니다! 하나님은 잊지 않으셨다. 아니다! 이런 상황이 영원히 계속될 리 없다. 아니다! 하나님은 우리를 향하신 긍휼의 문을 닫지 않으셨다.

시인은 "지극히 높으신 분의 오른손의 해들(years)"에 호소함으로써 이 수사적 질문들의 대답이 우스꽝스러울 정도로 뻔한 것임을 드러내 보인다. '지극히 높으신 분'이라는 명칭은 시편에서 하나님을 지칭하기 위해 종종 사용된다. 그리고 전체 구절은 시인이 이 가장 높고 유일하신 하나님과 친밀하게 교제를 나누었던 모든 시간을 가리킨다.

우리는 몇 달 또는 몇 년 동안 겪는 외로움과 슬픔 때문에 염려한다. 하지만 우리는 수십 년 또는 여러 시대에 걸친 주님의 사랑을 기억해야 한다. 잠시 당신 자신의 역사를 생각해 보라. 당신의 가족을 지켜 주시기 위해 하나님이 위기 상황과 어려운 환경에서 어떻게 인도해 주셨는가? 오랜 기간에 걸친 하나님의 신실하신 사랑을 개인적으로 어떻게 경험했는가?

나의 할머니는 어렸을 때 가족들과 함께 소련을 탈출한 후 온 유럽을 떠돌아다녔다. 남미로 갔다가 결국에는 캐나다에 정착했는데, 거기서 할머니는 중학교 때 선생님과 결혼했다. 결과적으로, 내 아버지를 비롯한 많은 친척들은 헌신된 루터교 교육자가 되었고 그렇기 때문에 어린 시절부터 성경에 대한 사랑은 내게 뿌리 깊은 것이었다. 하나님은 대학에서 성경 문학을 가르치고 있던 나를 인도하셔서 캠퍼스 사역을 하게 하셨고, 교구 사역을 거쳐 결국에는 프리랜서 강사가 되게 하셨다. 그 사이 수년 동안 나는 외로운 시간을 보냈고 여러 신학 분야에서 다섯 개 학위를 취득했다. 그다음에 나는 한 신실한 남자와 결혼할 수 있는 축복을 받았고, 이 일이야말로 가장 놀라운 기적이다. 그 사람은 나를 깊이 사랑하고 있고, 나의 장애가 더 심해지고 있음에도 불구하고 나를 따뜻이 돌봐주고 있다.

지극히 높으신 분의 오른손의 해들을 돌이켜 볼 때 얼마나 큰 감사가 흘러넘치는가? 비록 당신 가족이 믿음의 사람들이 아니라 해도, 당신은 분명히 하나님이 보호하고 인도하시는 손길을 볼 수 있을 것이다. 그 손길은 여러 사건을 통해 당신의 삶이 현재의 위치에 이르게 했다.

다음의 네 구절에서 시인은 주님의 행위를 지칭하기 위해 네 개의 히브리어 단어를 사용한다(NIV는 "사역들"[deeds], "기적들"[miracles], "일들"[works], "능한 사역들"[mighty deeds]이라고 번역한다). 히브리 작가들은 종종 보편성을 강조하기 위해 사물을 네 가지 그룹으로 분류한다. 그것은 마치 땅의 네 방향을 지칭함으로써 그 사이에 있는 모든 것을 포함시키는 것과 마찬가지다.

이렇게 사물을 넷으로 분류하는 것은 특히 요한계시록에 자주 나타난다. 요한계시록의 저자 요한은 하나님이 모든 "나라와 족속과 백성과 방언에서" 수많은 무리를 구원해 내셨다고 선포한다(계 7:9, 그 밖의 여러 곳). 시편 77편에서 네 가지 용어는 하나님이 그분의 백성을 위해 필요한 모든 일을 행하신다는 사실을 강조하기 위해 사용된다.

이 네 구절 중에서 오직 첫 번째 구절에만 주님이라는 명칭이 사용되었다는 점에 주목하라. 의미심장하게도 여기서 시편 기자는 그 행위를 언약의 하나님의 사역들로서 설명한다. 언약의 하나님은 자신이 선택한 백성을 돌보는 데 필요한 모든 "사역들"을 그분 자신을 위해 신실하게 행하신다.

하나님의 사역을 지칭하는 용어 중에서 처음과 마지막("사역들"과 "능한 사역들")은 일반적인 것이 아니다. 그것은 대개 좋지 않은 행위와 연관된 히브리어 어원에서 파생된 것이기 때문이다. "능한 사역들"이라는 단어의 실제적 의미는 "방종한 행위들"(wantonnesses)이다. 하나님의 선하심은 지나치게 헤프고 제멋대로인 것처럼(wanton) 보이기까지 한다. 우리는 이 책의 23장에서 이 단어를 살펴보았는데, 그곳에서는 우리가 참여하기를 원하지 않는 악한 행위를 기술하기 위해 부정적 의미로 이 단어를 사용했다.

이 강력한 이미지가 선포하는 것은, 하나님이 은혜를 베푸실 때 대단히 헤프다는(prodigal) 것이다. 우리가 자신의 과거를 돌이켜 보면 이 말이 사실임을 알 수 있다. 하나님은 완전히 광적으로(absolutely crazy) 우리를 사랑하신다. 어떤 사람들은 거룩하신 하나님을 묘사하면서 이런 단어를 사용한다는 것에 충격을 받을지도 모른다. 그러나 시인이 원하는 것은 주님이 정말로 말도 안 되는 엄청난 관대함으로 우리를 사랑하고 계신다는 사실을 밝힘으로써 우리에게 충격을 주고자 하는 것이다.

NIV에서 "기적들"이라고 번역한 두 번째 단어의 문자적 의미는 "이상한 것, 기이한 것"(extraordinaries)이다. 경외심으로 압도당할 만큼 이해하기가 대단히 힘든 어떤 것을 뜻한다(이 책의 22장을 보라).

세 번째 용어는 평범하다. 이것은 단순히 "일들" 또는 "행위들"을 뜻한다. 그러나 바로 그런 단순함 때문에 우리는 하나님이 우리를 위해 정말로 모든 일을 행하신다는 사실을 상기하게 된다. 어떤 일들은 우리가 보기에 주님이 하시기에는 너무 하찮은 일로 보인다. 하지만 하나님은 우리를 위해 그런 일들까지 일일이 행하신다. 그러므로 시인은 이렇게 약속한다. "나는 당신의 모든 일을 묵상할 것입니다."

주님의 사역을 말하는 네 구절에 사용된 '기억하다'라는 단어는 '기억되도록 만들다'라고도 해석할 수 있다. 즉, 그 행하심을 공적으로 찬양하며 그것을 기리기 위해 다른 이들에게 말해 준다는 것이다. 시인은 아마도 주님이 일하시는 방법을 자신과 함께 기억하자고 우리를 불러 모으는 것일 수도 있다. 반면에, '묵상하다', '생각하다'라는 것은 하나님의 사역이 풍성하게 베풀어지고 있음에 대한 개인적 사색이 중요함을 강조한다.

이 안에 포함된 모든 생각에 주목해 보라. 신약 성경은 이와 비슷하게 우리 마음을 새롭게 하라고 강조한다(롬 12:1-2).[28)] 시인은 우리의 문제에 대해 좀 더 객관적이 되라고 권면한다. 그러면 우리는 그 문제를 거룩하고 위로를 얻는 방식으로 보게 될 것이다.

시편 기자는 하나님의 행하심에서 발견한 모든 것을 "오! 하나님, 당신의 길은 거룩합니다."라는 문장으로 요약한다. 하지만 때로 우리의 태도는 거룩하지 않다. 히브리어 본문에는 동사가 없기 때문에 더 극적이다. "오! 하나님, 당신의 길이 거룩함 속에." 진실하신 하나님은 그분의 완전하심과 거룩하심에 기초를 두고 이 우주를 도덕적으로 관리하신다. 그렇기 때문에 우리는 하나님처럼 위대한 신은 없다는 사실을 인식할 수 있다. 시인이 "우리 하나님처럼 위대한 신이 누구입니까?"라고 물을 때, 이 마지막 수사의문문과 이전의 다른 질문들을 합하면 총 일곱 개 질문이 되어 완전함을 이룬다. 이 일곱 가지 질문에 대해서는 고대, 과거, 현재, 미래의 역사 속에 나타난 증거로 대답할 수 있다.

계속해서 시인은 하나님이 기적을 베푸시는 분이라고 말한다. 하나님은 그분의 자녀들, 즉 야곱과 요셉의 자손을 돌보심을 통해 자신의 힘을 모든 백성 중에 드러내 보이신다. 이 단락 마지막에 있는 '셀라'에서 잠시 쉬면서 우리는 왜 이스라엘이 여기서 야곱과 요셉의 자손이라고 지칭되었는지를 생각해 본다. '야곱'이라는 이름은 주님이 아브라함·이삭·야곱과 맺으신 언약을 상기시키고, 따라서 이스라엘이 하나님의 언약 백성임을 나타내 준다. 또한 그들의 국조(國祖) 중 한 사람이 속이는 자였고, 따라서 하나님이 이스라엘을 선택하신 것은 그들이 그럴 만한 가치가 있기 때문이 아니라는 사실을 상기시키려는 의도도 있을 것이다. 반면에 '요셉'이라는 이름은 형제들이 그를 노예로 팔았을 때 하나님이 야곱의 아들인 요셉을 돌보신 일, 그 후 애굽에서 놀라운 방법으로 이스라엘 백성을 보존하신 일, 요셉이 현명하게 기근의 때를 대비해서 곡식을 저장해 둠으로써 세상을 구원한 일을 상기시킨다.

백성을 이렇게 호칭한 것은 다음에 이어지는 몇 구절의 적절한 도입부가 된다. 다음 구절은 하나님이 그분의 백성을 애굽 노예 생활에서 인도해 내시는 장면을 묘사한다. 시인은 홍해를 건넌 일, 시내 산에서의 언약, 요단 강을 건넌 일, 모세와 아론이 백성을 인도한 모습 등을 생생한 용어로 우리에게 들려준다. 만약 하나님이 그 모든 출애굽의 역사를 통해 그분의 백성을 인도하셨다면, 분명히 지금도 그분의 백성을 인도하실 것이다. 그것은 어쩌면 바벨론 포로 생활로부터의 귀환일 수도 있고, 시인이 직면한 곤경으로부터의 구원일 수도 있다.

우리는 이 시의 특정한 역사적 배경을 알지 못하기 때문에 이 시가 말하고자 하는 바를 우리 자신의 상황에 더 쉽게 적용할 수도 있다. 잠시 멈춰 서서 과거에 하나님이 그분의 백성을 어떻게 돌보셨는가를 기억한다면 우리는 역사적 관점으로 자신을 볼 수 있고, 그러면 현재의 슬픔과 문제에 대처해 나갈 수 있는 힘을 얻을 것이다.

약속된 땅으로 들어가기 위해 이스라엘 백성이 기적적으로 요단 강을 건넜을 때, 주님은 한 지파에 하나씩 열두 개의 돌을 모아 기념 제단을 쌓으라고 말씀하셨다. 그러자 여호수아는 백성에게 말한다. "이것이 너희 중에 표징이 되리라 후일에 너희의 자손들이 물어 이르되 이 돌들은 무슨 뜻이냐 하거든 그들에게 이르기를 요단 물이 여호와의 언약궤 앞에서 끊어졌나니…이 돌들이 이스라엘 자손에게 영원히 기념이 되리라 하라"(수 4:6-7).

이 말씀을 비롯해서 구약의 다른 이야기들 덕분에 우리는 하나님이 과거에 우리를 위해 어떻게 일하셨는가를 상기시켜 줄 기념물을 만들 생각을 하게 된다. 오랜 슬픔과 외로움의 세월 동안, 나는 시를 쓰거나 노래를 배우거나 책을 사면서 내 영적 생활과 육체적 상황과 감정 치유와 관련된 중요한 사건을 기록으로 남겨 놓았다. 그 기념물을 바라볼 때마다 나는 주님이 "오래전에" 하신 일을 기억하고 현재를 살아가기 위한 용기를 얻는다. 과거를 돌아볼 때마다 우리는 이런 결론에 도달해야 한다: "오! 하나님, 당신의 길들은 거룩합니다." 역사적 관점으로 바라보면 슬픔을 견딜 수 있다. 우리가 "어떻게 계속 살아 나갈 수 있을까?"라고 질문할 때, 그 대답은 언제나 한결같다. "주님이 당신에게 힘을 주실 것입니다." 우리는 하나님이 힘을 주실 것을 안다. 그 일이 반복해서 일어나는 것을 보아 왔기 때문이다.

**묵상을
위 한
질 문**

1. 하나님의 역사하심을 기억하기 위해 기념물을 세우고 싶은, 내 삶의 사건들은 무엇인가? 가족, 친구, 우리나라, 신앙 공동체의 역사에서 나는 하나님의 어떤 사역을 보았는가?

2. 슬픔이나 근심에 대처할 때 내 정신이 중요한 이유는 무엇인가?

3. 시인이 묻고 있는 일곱 가지 질문에 어떻게 대답하겠는가?

4. 내 삶에서 하나님의 일하심은 어떤 방식으로 헤프다고 생각되는가? 마치 '방종하는'(wanton) 듯 보이는가?

5. 하나님의 길이 거룩하다는 것은 어떤 의미인가? 그 길은 어떻게 구별되는가?

6. 이스라엘 역사에서 하나님이 그분의 백성을 다루시는 좋은 예가 되어 내게 호소력을 갖는 이야기는 무엇인가?

7. 내 삶에 대한 관점이 여러 해에 걸친 객관적 진리 속에 보다 철저히 근거하도록 하려면, 어떤 묵상 습관을 훈련해야 할까?

29

주님은 우리 마음이
원하는 바를 주십니다

주님을 신뢰하고 선을 행하라.
    땅에 거하며 안전한 목초지를 즐기라.
주님을 기뻐하라.
    그러면 주님께서 네 마음이 원하는 바를 주실 것이다.

너의 길을 주님께 맡기라.
    그분을 신뢰하면 그분이 행하실 것이다:
주님이 너의 의를 새벽처럼 빛나게 하시고,
    너의 주장의 공의를 정오의 태양처럼 만드실 것이다.

[시편 37:3-6]

혼탁한 세상에서 오직 우리만 정의 실현을 위해 노력하고 있다는 느낌이 들 때, 우리는 외로움을 느낀다. 세상의 경제적 혼란과 정치적 책략 속에서, 우리만 가난과 범죄의 원인을 제거하고, 부자와 빈자 사이의 격차를 줄이고, 고위 공직자들의 정직성을 요구하려 노력하는 것 같다. 우리의 대의명분은 그 정당성을 어떻게 입증받을 수 있을까? 우리가 낙심해 있을 때는 우리 주위의 모든 것과 모든 사람이 부패한 것처럼 보인다.

시편 37편은 주님이 그런 우리를 옹호하고 계심을 선포하는 지혜시다. 이 시는 두운법 형식으로, 각 절의 첫 글자가 히브리 알파벳 순서에 따라 시작된다. 우리가 지금 살피고 있는 구절들은 시편 37편 전체 안에서 보아야 한다.

시편 37편 전체를 통해 "초조해하지 말라"는 의미의 말씀이 자주 등장한다. 현명한 시인은 우리가 초조해할 필요가 없다는 사실을 도입부에서 상기시킨다. 악한 자들은 풀처럼 곧 시들 것이기 때문이다(이 책의 18장에서 시편 73편을 연구한 것을 참조하라. 거기서 우리는 악을 행하기로 선택한 자들에 대한 우리의 반응을 살펴보았다). 이사야 40장이 말한 것처럼 "모든 육체는 풀"이다.[29]

염려하지 말라고 격려한 후 시인은, 이번에는 우리가 적극적으로 해야 할 일에 대해 말한다. 주님이 하시려는 일은 우리가 처한 외로운 상황을 바꾸어 주지 않을지 모르지만, 우리의 고통스러운 외로움을 유익한 것으로 바꿀 수는 있다.

먼저 시인은, 우리가 이전에 여러 번 살펴본 것처럼(예를 들면, 이 책의 1장에서), 주님을 신뢰하라고 우리를 독려한 후 선을 행할 것을 교훈한다. 여기서 이야기의 순서가 중요한데, 그것은 선을 행하는 것이 우리의 능력으로 인한 것이 아니며 주님을 신뢰함으로 가능한 것이라는 사실을 상기시켜 준다. 우리가 도덕적으로 선하고 다른 이들에게 유익한 무엇인가를 생산해 내도록 만드는 것은 주님과 우리의 관계이다. '행하다'라는 히브리어 동사는 기본적으로 성취하거나 수행하는 것을 뜻하지만, 때로는 그에 덧붙여 창조함이라는 의미를 지니기도 한다. 그렇다면 "선을 행하라"라는 권면은 이 세상에서 하나님의 목적을 성취하기 위해 창조주이신 그분께 협력하라는 의미일 수 있다.

두 번째 행은 땅에 거하며 안전한 목초지를 즐기라고 우리를 초청한다. 나는 NASV의 번역을 더 좋아한다. NASV는 우리가 "땅에 거할 때에" "신실함을 경작할 수" 있다는 사실을 강조하기 때문이다. 각주에서는 "안전함이나 그분의 신실함을 양식으로 먹음"이라고 덧붙인다. 히브리어 본문은 견고함이나 신실하심을 소비하거나 누리거나 그것으로 영양분을 얻는다는 의미에서 신실하심을 먹고산다고 이야기한다.

"안전한 목초지"라는 NIV의 번역은 이런 소망의 그림을 제시한다. 이스라엘 백성이 약속된 땅으로 들어갔을 때, 그들은 주님과의 언약의 규정과 원리에 따라 살라는 교훈을 받았다. 그러면 주님은 그들이 그 땅에서 안전하게 살도록 해 주실 것이다. 만약 그들이 정의와 긍휼을 위한 하나님의 명령과 부르심에 순종하며 신실하게 산다면 그들의 목초지는 안전할 것이다.

본문의 또 다른 해석은, 그 땅에 사는 사람들은 우기와 건기에, 그리고 추수 때마다 주님의 신실하심을 눈으로 볼 수 있었다는 것이다. 따라서 목초지를 보호하시는 주님을 알아보는 사람은 목초지가 안전하다는 사실을 다른 이들보다 더 깊이 즐길 수 있다.

이 말씀은 새로운 세기가 시작되는 시점에 이 시를 읽는 우리에게 '보장'(security)이란 무엇인가를 설명해 준다. 우리 중에 안전한 목초지의 가치를 직접적으로 알 수 있는 사람은 별로 없겠지만, 우리는 모두 그 이미지가 제공하는 안정감을 갈망한다. 우리는 하나님의 신실하심을 의지할 수 있다. 하나님을 믿고 신뢰하는 한, 우리는 선을 행할 수 있는 능력을 공급받을 것이고, 하나님이 우리를 부르시는 곳이면 어디서나 그곳에 거하면서 그분의 변치 않는 신실하심으로 양육받는 것을 즐거워할 수 있다.

이것은 시편의 그다음 요점과 대단히 밀접하게 연결된다. 곧, 주님의 신실하심 속에서 누리는 안전은 주님을 크게 기뻐하는 자들에게 더 풍성히 주어진다는 것이다. 우리는 "주님을 기뻐하라"는 영어 번역을 더 힘 있는 문장으로 만들 필요가 있다. 히브리어 본문은 '더없이 훌륭한' 기쁨을 그분 안에서 누리라고 강조하기 때문이다. 히브리어 동사는 여기서 강세 재귀형(hithpael)인데, 그럴 경우 '까다로운 식성을 가지다'라는 뜻이 된다. 마치 신자를 까다로운 식성을 가진 여자처럼 나약하고 김빠진 사람으로 묘사하는 것은 아니다. 오히려 이 단어가 의미하는 것은 그들의 기쁨이 너무 감각적이어서, 하나님 사랑이 정말 부드러운 것임을 알아챌 수 있다는 것이다.

이런 개념은 그리스도인으로서의 우리에게 도전을 준다. 주님과 아주 친밀해질 정도로 성장해서, 삶의 가장 세세한 부분에서도 주님의 임재하심과 인도하심, 은사 주심을 아주 섬세하게 감지할 수 있어야 한다는 것이다. 이런 식으로 우리는 주님을 온전하게 기뻐한다.

언젠가 시애틀에 있는 교회에서 이 개념을 설명하고 있을 때, 그 세미나에 참석한 사람이 뉴질랜드에서 대단히 섬세한 맛의 차를 대접받았던 일을 이야기해 주었다. 대부분의 미국 관광객들은 그 차에 설탕과 크림을 잔뜩 넣고는 차가 맛이 없다고 불평을 했다고 한다. 이와 마찬가지로 많은 그리스도인들이 그들의 인생에 '사치'라는 설탕과 크림을 잔뜩 집어넣기 때문에 하나님이 그들의 삶 속에서 일하시는 정교한 방법을 볼 수 없는 것이라고 그는 말해 주었다.

부유하고 낭비가 심한 나라에서 살고 있는 우리는 너무나 다양하고 많은 것을 소유하고 있어서 그에 대해 감사하는 마음을 잃어버렸다. 우리는 적은 소유물을 온전히 즐기는 대신에 이것저것 많은 것으로 집을 채우기만 한다. 우리 삶에서 채워지지 못한 욕망들은 우리에게 더 많은 것이 필요하다고 생각하게 만든다. 그 결과 우리는 자신이 가진 좋은 것을 소중히 여길 줄 모른다. 심지어 무언가를 성취했을 때에도 그것에 감사하기보다는 곧 더 큰 목표를 생각하며 불만족스러워하곤 한다.

영적 생활에서도 우리는 주님을 온전히 기뻐하는 경우가 거의 없다. 그렇기 때문에 주님이 우리 존재의 완전한 중심점이 되지 못한다. 그 결과 우리는 주님과의 관계에서 현재 가지고 있는 귀한 것을 즐기지 못한다.

우리가 주님을 즐거워할 때 우리 마음이 원하는 것을 주님이 주신다는 사실에 주목하라. 우리가 바라는 것과 주님이 바라는 것이 같기 때문이다. 우리가 하나님께 가까이 가면 갈수록 우리는 주님이 원하시는 것만을 바라게 될 것이다.

특히 외로울 때 우리는 이 진리를 붙들고 씨름하게 될 것이다. 우리는 자신의 소원이 주님의 소원과 같은 것이기를 원한다고 생각할지도 모른다. 하지만 여전히 우리는 이렇게 생각할 수 있다: "주님, 왜 이런 식으로 되어야만 합니까? 왜 누군가를 보내서 내 외로움을 해결해 주지 않으십니까?" 아직 우리는 우리를 위한 하나님의 가장 훌륭한 목적을 받아들이지 못하는 것인지도 모른다. 만약 우리가 주님을 온전히 즐거워한다면 우리의 가장 깊은 필요가 채워질 것이고, 그러면 다른 필요들은 상대적으로 그 중요성이 줄어들 것이다.

하지만 우리는 외로움으로 인한 고통을 덜어내기 위해 피상적인 위안만을 추구하거나 입에 발린 말만 해서는 안 된다. 하나님이 우리 마음의 소원을 이루어 주시리라는 것은 우리가 머리로 알고 있는 진리다. 하지만 때로는 그 진리를 가슴으로 느끼지 못한다. 그렇지만 이 진리를 담대히 선포한다면, 그 진리를 믿기 위한 싸움을 계속해 나가는 데 용기를 얻을 수 있다. 우리는 언제가 그 진리 안에서 안식을 취하는 지점에 다다르게 될 것이다. 그때가 되면 자신의 열망이 가장 깊은 '샬롬'과 함께 잠잠해졌다는 것을 발견할 것이다.

NIV가 "너의 길을 주님께 맡기라."라고 번역한 부분의 바로 다음에서 히브리어 본문은 대단히 시각적인 이미지를 보여 준다. "너의 길을 주님께 굴려 드려라."(Roll unto YHWH your way.) 바위를 굴리듯이 우리의 길을 굴려서 그것이 있어야 할 자리에 두라는 뜻이다. 일단 그 바위가 있어야 할 곳에 단단히 박히고 나면 다시 빼낼 수도 없고 그것 때문에 초조해할 필요도 없다. 만약 우리의 행위와 삶의 방식, 그리고 염려를 완전히 주님께 굴려 드렸고 또 그분을 신뢰하고 있다면, 이제는 주님이 행동하실 것이라고 시인은 말한다. 우리가 어떤 것에 집착해서 자신의 힘을 의지하며 그것에 끝까지 매달려 있다면 하나님이 그분의 목적을 이루시는 것을 방해하는 것이다. 일을 어떻게 처리해야 할지 하나님보다 내가 더 잘 알고 있다고 완고하게 고집을 부리면서 하나님을 방해한 적이 얼마나 많은가?

대부분의 번역본은 5절 마지막 부분을 콜론(:)으로 처리하고, 그렇게 함으로써 "그분이 행하실 것이다."라는 진술은 주님이 우리의 의를 새벽처럼 빛나게 하실 것이라는 문장과 직접 연결된다. 그런 연관 관계는 의심할 바 없는 사실이다. 주님이 하실 일들 가운데 하나는 우리의 의를 빛나게 하시는 것이다. 그러나 만약 우리가 그 두 시행을 너무 고집스럽게 하나로 묶는다면, 이 시편을 심하게 제한하는 것이라고 생각된다. 특히 '행하다'라는 동사는 3절의 '선을 행하다'에 등장했던 것과 동일한 것이기 때문에, 만약 우리가 자신의 길을 주님께 굴려 드리기만 하면 주님이 행하실 것이라고 우리는 말해야 한다. 주님은 우리의 의를 새벽처럼 빛나게 하실 뿐 아니라 (물론 그 일도 반드시 행하시지만) 그 외에도 훨씬 더 많은 일을 성취하실 것이다. 주님은 우리의 '길'과 연관된 모든 것을 돌보실 것이다. 주님을 신뢰할 때 우리는 선을 행할 수 있다. 주님이 우리를 통해 그 일을 행하시기 때문이다.

NASV는 이 두 구절을 그렇게 밀접하게 연관시키지 않고 단지 우리가 주님을 신뢰할 때 "그분이 그것을 행하실 것이다."라고 말한다. '그것'이라는 것은 무엇이든 의미할 수 있고 여기서 그런 모호성은 아주 적절한 것이다. 하나님은 우리가 소원하는 것은 무엇이든 행하실 것이다. 우리가 모든 것을 완전히 주님께 헌신하고 주님을 온전히 기뻐할 때 우리가 소원하는 것은 온전히 그분의 선한 목적들이 될 것이기 때문이다.

그분의 선한 목적 중 하나는 특별히 우리의 의를 새벽처럼 빛나게 하는 것이다. 우리가 가난한 자를 돌보고, 군사적 행동에 이의를 제기하며, 집 없는 사람에게 쉴 곳을 제공하고, 우리 사회의 불의에 대항해서 싸울 때, 주님은 우리의 주장을 옹호해 주실 것이다. 테레사 수녀의 '겸손한 수녀회'(Order of Humble Sisters)나, 캄보디아와 같은 사악한 독재 정권의 탄압에서 살아남은 월드비전 병원, 빈곤한 나라에 장비와 의약품을 공급해 주기 위한 '맵 인터내셔널'(MAP International), 척 콜슨(Chuck Colson)의 '감옥 사역'(Prison Fellowship) 등을 생각해 보라. "또 주린 자에게 네 양식을 나누어 주며 유리하는 빈민을 집에 들이며 헐벗은 자를 보면 입히며 또 네 골육을 피하여 스스로 숨지 아니하는 것이 아니겠느냐 그리하면 네 빛이 새벽 같이 비칠 것이며 네 치유가 급속할 것이며 네 공의가 네 앞에 행하고 여호와의 영광이 네 뒤에 호위하리니"(사 58:7-8).

평행을 이루는 시행이 확인해 주다시피, 우리가 가진 대의명분의 정의로움이 정오의 태양같이 될 것이다. 히브리어 본문은 사실 여기서 복수형을 사용하고 있다. 이것은 태양빛이 너무나 강해서 그 작렬하는 것이 "정오들"처럼 될 것이라는 의미다. 예루살렘성경은 이 어구를 이렇게 번역한다: "너의 덕을 빛과 같이 분명하게 하고, 너의 성실을 정오처럼 밝게 하며." '덕'(virtue)과 '성실'(integrity)은 의로움과 정의의 본질인 '선함'과 '온전함'을 강조한다. 하나님은 분명히 정의의 밝은 빛으로 우리의 정당성을 옹호해 주실 것이고, 그럼으로써 그분의 진리가 모든 이에게 분명히 드러날 것이다.

이 일을 이루시는 분이 이번에도 역시 주님이시라는 사실에 주목하라. 사역을 행동으로 옮기는 분은 바로 '그분'(히브리어에서 강세 대명사 사용)이시다. 주님이 우리의 의를 빛처럼 세상에 드러내실 것이다. 본 절의 동사는, 우리 주장이 정의롭다는 것을 주님이 공개적으로 밝히신다는 사실을 특별히 강조한다.

이 모든 것에서 강조되는 것은 다음 사항을 계속 실천해 나가도록 우리를 격려한다. 즉, 선을 행하고, 의롭고 정의롭게 행하며, 우리의 길을 주님께 맡기라는 것이다. 또한 우리의 모든 노력의 결과를 세상에 드러내시고 그것을 옹호해 주시는 분이 주님이심을 믿고, 주님을 신뢰하며 주님이 그 모든 결과를 주관하신다는 것을 믿으라는 것이다. 우리가 관심을 기울여야 하는 것은, 우리가 주님을 온전히 기뻐함으로 말미암아 우리 존재의 가장 깊은 소원들이 주님의 신실하심과 밀접히 연결되는 것, 바로 그것뿐이다.

묵상을 위한 질문

1. "주님을 신뢰하고 선을 행하라"라는 명령이 그토록 중요한 이유는 무엇인가?

2. 나는 나 자신을 어떻게 신실함으로 먹이고 있는가?

3. 주님을 온전히 기뻐한다는 것은 어떤 모습으로 나타나는가?

4. 내 마음의 가장 깊은 소원은 무엇인가?

5. 나는 어떤 문제를 주님께 '굴려' 드렸는가? 어떤 문제를 다시 붙들었는가? 그 이유는 무엇인가?

6. 하나님은 어떤 방식으로 나의 의를 정오처럼 빛나게 하시는가?

7. 내 의가 정당성을 입증받지 못한다면 어떻게 해야 할까? 그렇다면 주님이 나를 버리신 것인가?

30

내가 초조하고 넘어질 때에도 '샬롬'은 있다

주님 앞에서 잠잠하고 참을성 있게 그분을 기다리라.
    사람들이 그들의 방법으로 성공할 때,
        그들이 악한 계획을 수행할 때 초조해하지 말라.
주님은 [강한] 자의 길을 기뻐하시며
    그의 발걸음을 든든하게 하셨다.
그는 비틀거릴지라도 넘어지지는 않을 것이다.
    주님이 그분의 손으로 그를 받쳐 주시기 때문이다.
온전한 사람을 살피고 정직한 자를 관찰하라.
    화평한 사람에게는 미래가 있다.
               [시편 37:7, 23-24, 37]

주님 안에서 쉬면서 참을성 있게 그분을 기다리라.
    자신의 길을 통해 번성하는 사람 때문에,
        사악한 계획을 수행하는 사람 때문에 초조해하지 말라.
사람의 발걸음은 주님에 의해 확고하게 된다.
    그리고 그분은 자신의 길을 기뻐하신다.
그가 넘어질 때, 곤두박질쳐 내던져지지 않을 것이다.
    주님이 그의 손을 붙드시는 분이기 때문이다.
온전한 사람을 관찰하고 정직한 사람을 눈여겨보라.
    화평의 사람에게는 후대가 있을 것이기 때문이다.
               [시편 37:7, 23-24, 37(NASV)]

불안할 때 우리는 대개 조용히 있지 못한다. 평안이 없을 때, 주님 앞에서 참을성 있게 기다리는 일은 대단히 힘들다. 그 결과 우리는 주님이 주실 많은 선물을 놓친다. 너무 흥분해 있어서 주님의 음성을 듣지 못하기 때문이다.

나는 경건의 시간을 '조용한 시간'이라고 부르기를 좋아한다. 그렇게 하면 그 시간은 하나님의 말씀을 듣기 위해 하나님 앞에 조용히 있도록 따로 떼놓은 시간이라는 사실을 상기하게 된다. 그러면 내 길을 나 스스로 만들어 내지 않게 된다. 시편 37편 여러 곳에서 발췌한 이 구절들은, 악에 대적해서 싸우는 사람들은 주님 안에서 쉬는 법을 배울 필요가 있다는 점을 말해 준다. 이 말씀은 외로움에 맞서 싸우는 사람들에게 특히 도움이 된다. 이 힘겨운 시대에 우리를 붙들어 주시고 돌봐 주시는 하나님의 친밀한 임재하심을 누리게 하기 때문이다. 주님의 임재는 수동적으로 고통을 당하기만 하는 우리의 외로움을, 능동적으로 주님 말씀에 귀 기울이게 하는 '홀로 있음'으로 변화시킨다.

히브리어 본문의 첫 어구는 우리에게 "주님 앞에서 잠잠할 것"을 요구하는데, 이는 행동하거나 움직이거나 말하는 것과 반대되는 개념이다. 때로 이런 일은 자연스럽게 일어난다. 너무 놀라고 두려울 때 우리는 주님 앞에서 잠잠해진다. 이것은 체념하는 것과 비슷해 보이지만 이 구절에 부정적인 의미는 들어 있지 않다. "기쁨으로 받아들임"(Acceptance-with-Joy, Hind's Feet on High Places[Hannah Hurnard]에 나오는 이름)이라는 표현이 더 적절할 것이다.

NIV가 "참을성 있게 기다리라"라고 번역한 히브리어 동사는 '춤을 추거나 빙빙 돌다'라는 의미의 어원에서 파생되었다. 이 동사는 출산과 같은 엄청난 고통을 묘사할 때도 사용된다. 여기서 사용된 형태로 볼 때,

이 동사에는 '고문 때문에 고통스러워하거나 몸부림치다', '간절한 갈망을 가지고 기다린다'라는 뜻도 있다. 이 기다림 속에는 인내가 포함되지만 구원을 향한 갈망과 긴장으로도 채워져 있다. 그것은 마치 어머니가 아기의 출산을 기다리면서 고통 때문에 몸부림치는 것과 같다.

이 이미지는 우리의 영적 생활에 깊은 의미를 지닌다. 우리는 중간 시대에 살고 있다. 즉, 그리스도께서 우리 존재의 중심과 초점이 되신 때와 그리스도께서 다시 오시거나 우리가 죽어서 천국으로 돌아가 그분과 함께 있게 될 때까지의 중간 시기(또는 진행 과정)에 살고 있다. 그렇다면 우리는 이 시기를 어떻게 살아야 할까? 그리스도께서는 우리를 쉬운 기독교로 부르신 것이 아니다. 즉 하나님 나라를 위한 일에는 참여하지 않으면서 태평스레 "나는 이미 구원받았어."라고 말하며 나태하게 살아서는 안 된다. 주님이 다시 오실 것을 기다리는 우리는 간절한 열망과 고민 속에서 살아야 한다. 우리는 타락한 세상에 둘러싸여 있을 때가 자주 있기 때문이다. 외로울 때는 세상이 깨어져 있음을 더욱 또렷이 깨닫는다. 우리의 외로움이 주님께 귀를 기울이는 '홀로 있음'으로 변화될 때, 우리는 그리스도의 최후 승리를 기다리며 의로움과 정의라는 그분의 현재 목적에 참여할 수 있는 용기와 힘을 얻는다.

다음으로 시인은 "사람들이 그들의 방법으로 성공할 때" 초조해하지 말라고 우리를 격려한다. '초조해하다'라는 동사의 어원은 '불이 붙다'로, 종종 분노와 연관되어 사용된다. 따라서 시인은 우리에게 사람들의 사악함 때문에 초조해하며 자신을 소진시키지 말라고 격려하는 것이다(원문에서는 '사람들'이 남성형이지만, 우리는 이 말씀에 남녀가 다 포함된다고 보아야 한다. 여자들도 그런 악한 일에 참여하기 때문이다). 물론 우리는 조심스럽게 분별해야 한다. 예를 들어, 우리는 세계 기아와 같은 불의에는 분노해야 한다.

하지만 주변 세상의 악함으로 인한 좌절감은 악에 대항해서 적극적으로 싸우도록 우리를 격려할 목적으로 기능해야지, 자제력을 잃게 하고 우리를 마비시키는 '짜증'이라는 거대한 불길로 번지게 할 불쏘시개여서는 안 된다. 결국 하나님이 절대적으로 세상을 통제하고 계신다는 사실을 잊으면 악에 대항해서 싸우려는 우리의 노력은 세상에 압도당하고 무력해지고 만다.

시편 기자가 권면한 대로, 우리는 사람들이 "그들의 방법을 사용해서 악한 계획을 수행할 때" 초조해하지 말아야 한다. 그런 부패함이 성공처럼 보이는 것이 현실이고 그것은 대단히 고통스러운 일이다. 그러나 주님을 아는 사람은 더 큰 진리를 알고 있고, 그 속에서 우리는 평정을 찾고 우리의 에너지를 어떻게 건설적으로 사용해야 할지를 지도받는다. 사악한 사람들이 그들의 방법으로 번영하는 듯이 보인다 해도 우리는 그 사실 때문에 힘을 잃어서는 안 된다. 주님이 우리의 발걸음을 굳건히 하시도록 의탁하는 법을 배울 때, 우리는 더 능력 있게 불의에 대항할 수 있다.

NASV에서 23절 단어의 배열 순서는 다른 번역에 비해 히브리어 본문과 더 잘 일치한다. 히브리어 본문은 "주님으로부터 사람의 발걸음들이 확립된다."로 시작한다. 주님의 이름이 제일 처음에 나온다. 주님과의 관계를 최우선순위로 삼을 때 우리의 인생 여정이 정해지고 우리가 알고 있는 그 길을 좀 더 신실하게 살아가게 된다. '확립되다'라는 단어는 '굳건해지다'라는 어원에서 파생되었다. 이 동사의 형태와 시제, 즉 완료형은 준비되고 확정되었음을 강조한다(완료형은 완성된 행위를 뜻한다). 만약 우리가 주님 앞에서 잠잠히 있는 법을 배운다면, 주님은 아무런 방해도 받지 않고 우리를 그분의 목적대로 인도하시며 우리의 길을 굳게 하실 것이다.

언젠가 나는 페리호를 타고 여행하면서 조용한 시간을 가질 수 있었다. 그때 머리에 떠오르는 여러 가지 생각을 정리하면서, 그때까지 제자리를 찾지 못하고 혼란스러웠던 사항을 잘 정리할 수 있었다. 보트가 항구에 도착할 무렵, 나는 강연할 내용의 개요를 완성했다. 이런 경험은 우리가 오직 침묵할 때, 우리를 위해 예비해 놓으신 주님의 인도하심을 우리가 받아들일 수 있게 된다는 사실을 깨닫게 해 주었다.

또한 시편 37편은 주님이 우리의 길을 기뻐하신다는 사실을 확증해 준다. 더욱이 시인에 따르면, 우리는 주님이 우리를 기뻐하신다는 사실을 통해 용기를 얻을 뿐 아니라, 주님의 뜻에 순종하기 위해 노력하는 한 결코 망하지 않을 것이라는 점을 확신할 수 있다. 히브리어 본문은 "그가 넘어질지라도 곤두박질쳐 내던져지지 않을 것이다."라고 약속한다.

어떤 사람이 연약함 때문에, 또는 전쟁터에서의 부상 때문에 넘어질 수도 있다. 그러나 항아리가 산산조각 나는 것처럼 그렇게 내던져지지는 않을 것이다. 극단적 폭력으로부터 보호받을 것이라는 말씀은 바울이 고린도후서에서 말한 소망 넘치는 문장을 기억하게 한다. "우리가 사방으로 욱여쌈을 당하여도 싸이지 아니하며 답답한 일을 당하여도 낙심하지 아니하며 박해를 받아도 버린 바 되지 아니하며 거꾸러뜨림을 당하여도 망하지 아니하고"(고후 4:8-9).

필립스(J. B. Phillips)는 이 구절을 이렇게 해석한다: "우리는 모든 면에서 핸디캡을 가지고 있지만 결코 좌절하지 않는다. 우리는 당황하지만 결코 좌절하지 않는다. 우리는 핍박을 받지만 결코 그것을 홀로 견디지 않아도 된다. 우리는 매 맞아 쓰러질지(knocked down) 모르지만 결코 완전히 나가떨어지지는 않는다(knocked out)."

시편의 다음 행은 비록 우리가 고난을 당할지도 모르지만 결코 망하지는 않을 것이라는 사실을 '어떻게' 알 수 있는지 말해 준다. 주님은 그분이 정해 주신 대로 걷고 있는 사람을 그분의 손으로 '받쳐 주시기' 때문이다. '받쳐 주다'라는 동사는 우리에게 힘을 준다. 또 항상 우리를 붙들어 주시는 하나님을 언제나 의지하고 그분께 기댈 수 있다는 약속 역시 우리에게 힘이 된다. 이것이 분사형으로 사용된 것은 주님이 우리를 계속 받쳐 주신다는 행위의 지속적 성격을 강조하기 위한 것이다.

"그의 손"이라는 히브리어에 전치사가 없기 때문에 그것이 주님의 손인지 아니면 성도의 손인지를 확신 있게 말하기는 어렵다. NIV는 전자를 택해서 "주님이 그분의 손으로 그를 받쳐 주신다."라고 번역한다. 하지만 NASV는 후자를 택해서 "주님은 그의 손을 붙드시는 분이다."라고 (약간의 의도성을 가지고) 번역한다.

어떤 해석이든 부드러운 위로가 느껴진다. 주님은 친밀한 관심을 가지고 우리를 지지하신다. 하나님은 영이시기 때문에 우리가 볼 수 있는 손을 가지신 것은 아니다. 하지만 이렇게 주님의 손을 만져질 듯이 표현하는 것은 우리에게 주님의 모습을 보다 쉽게 머릿속으로 그려 볼 수 있게 한다. 이 그림에는 우리를 개인적으로 붙들어 주시기 위해 손을 뻗어 주시는 주님이 있다. 하나님은 우리가 붙들 만한 것을 다발로 던져 주시면서 우리가 알아서 그중 하나를 잡기를 바라시는 분이 아니다.

만약 본문에서의 손이 우리의 손이라 해도, 여전히 하나님과의 인격적인 접촉이 있다. 하나님은 하늘에서 어떤 도움을 우리 발아래에 던져 주시거나 우리를 뒤에서 밀어 주시기만 하는 분이 아니다. 하나님은 우리가 그분의 목적대로 행하고 위험에 빠지지 않도록 우리의 손을 잡아 인도하신다.

이 모든 경우에 주님은 우리를 치료하실 능력이 있고 또 그럴 의도를 충분히 가지고 계신다. 이 사실은 시편 62편에 분명히 드러나는데, 시인은 이렇게 선언한다.

> 하나님이 한 가지 일을 말씀하셨고,
> 두 가지 일을 저는 들었습니다.
> 오! 하나님, 당신은 강하시다는 것과
> 오! 하나님, 당신은 사랑이 많은 분이라는 것입니다.
>
> 시편 62:11-12

시편 37편 기자는 주님의 이런 성품을 관찰할 시간이 충분했다. 그는 늙기까지 의인이 버림당하는 것을 결코 보지 못했다고 25절에서 말한다. 그다음 몇 구절에서는 젊은이들에게 악으로부터 돌아서고 악인을 경계하라고 충고한다.

시편 37편의 마지막 행인 37절은 시편의 메시지를 잘 요약한다. 시편 기자는 우리에게 이렇게 권고한다: "온전한 사람을 살피고 정직한 자를 관찰하라. 화평한 사람에게는 미래가 있다." 싸우는 사람에게 미래가 있는 것이 아니라, 평화를 추구하는 사람에게 미래가 있다.

이 책의 26장에서 '샬롬'의 사람은 하나님과의 바른 관계 속에서 살고, 자기 자신이나 다른 이들과도 바른 관계를 맺고 살아가는 사람이라고 했던 것을 기억하기 바란다. 그런 사람, 즉 차분하고 자족하고 온전한 사람에게는 참으로 '후대'가 있을 것이다. '후대'라는 단어는 새영어성경(New English Bible)이나 예루살렘성경에서처럼 특정하게 자손을 의미할 수도 있고 단지 미래를 뜻할 수도 있다. 이 단어는 '소망'이라는 단어의 시적 평행구로도 사용된다. 그럴 경우, '샬롬'의 사람에게는 미래의 모든 차원이 결국 선으로 바뀔 것이라는 점을 강조한다.

그렇기 때문에 시인은 그의 독자들에게 "온전한 사람을 살피라"라고 독려한다. NASV는 그런 자를 "관찰하라"라고 우리에게 도전한다. 우리는 하나님의 사람들에게는 어떤 일이 일어나는지 관찰하기 위해 지성을 사용해야 하고 그렇게 할 때 그들의 사례를 보고 영감을 얻는다. 우리가 관찰해야 하는 사람들은 완전한 사람들, 즉 도덕적으로 순결한 사람들, 온전하고 진실한 사람들이다.

마찬가지로 우리는 "정직한 사람을 눈여겨보아야"(NASV) 한다. 이것은 도덕적인 사람을 알아보고 그를 이해해야 한다는 뜻이다. '정직한'(upright)이라는 동일한 단어가 14절에서는 사악한 자들에게 핍박받는 자를 지칭하기 위해 사용되었다. 그러나 이 시편은 그들이 고통당하는 것은 잠깐 동안일 뿐이라는 사실을 항상 강조한다. 그 문제들은 곧 지나갈 것이다. 궁극적으로 '샬롬'의 사람에게는 미래가 있기 때문이다.

이 말씀들은 우리의 미래도 그렇게 될 수 있도록 변함없이 주님께 귀를 기울이라고 당부한다. 우리가 주님 앞에서 잠잠할 때, 그분은 방해받지 않으신다. 우리는 홀로 있을 때 조용히 주님께 귀 기울이는 방법을 더 잘 배울 수 있다. 온전한 사람을 더 많이 관찰할수록 우리는 그들을 더 많이 닮아 가게 되고, 그러면 주님이 우리 안에 굳게 세우시기를 기뻐하시는 온전함 속에서 쉼을 얻을 것이다.

묵상을 위한 질문

1. 하루 중 언제 나는 주님 앞에서 '조용한 시간'(quiet time)을 보내는가? 그 '조용한 시간'이 보다 진지하게 주님 말씀을 듣는 시간이 되게 하려면 어떻게 해야 할까?

2. 하나님의 목적이 실현되기를 간절한 마음으로 기다리고 있는가? 그 이유는 무엇인가? 그렇지 않다면, 그 이유는 무엇인가?

3. 초조함 때문에 탈진했던 적이 있는가? 그런 문제를 어떻게 하면 피할 수 있을까?

4. 주님께서 내 발걸음을 굳게 하시는 것을 어떻게 경험했는가?

5. 비록 내가 넘어질지라도 완전히 곤두박질하지는 않는다는 것, 또는 필립스(J. B. Phillips)가 바울의 말을 해석한 대로 "매 맞아 쓰러질지는 몰라도 완전히 나가떨어지지는 않는" 것을 경험해 본 적이 있는가?

6. 온전한 사람을 관찰하면서 배운 점은 무엇인가?

7. '샬롬'의 사람에게 약속된 '후손'은 내게 무엇을 의미하는가? 하나님의 약속에서 '샬롬'은 왜 그토록 중요한가?

31

그래서 이제 이것을
나만 간직할 수 없다

나는 참을성 있게 주님을 기다렸다.
　　주님이 내게 돌이키시고 나의 부르짖음을 들으셨다.

그가 내 입에 새 노래,
　　우리 하나님께 대한 찬양을 두셨다.
많은 이들이 보고 두려워하여
　　주님을 신뢰하게 될 것이다.

주님을 그의 의지로 삼은 자,
　　교만한 자들과 거짓된 신들에게 향하는 자를
　　돌아보지 않는 자는 복이 있다.
오, 주 나의 하나님,
　　당신이 행하신 기적들이 많습니다.
당신이 우리를 위해 계획하신 일은
　　그 누구도 다 헤아릴 수 없습니다.
내가 그것을 다 말하고 이야기하려 해도,
　　너무 많아서 다 공표할 수 없습니다.

당신은 제사와 예물을 바라지 않으셨습니다.
　　하지만 당신은 나의 귀를 뚫으셨습니다.
번제와 속죄제를
　　당신은 요구치 않으셨습니다.
그때 내가 말했습니다. "내가 여기 있습니다. 내가 왔습니다.

두루마리에 나에 대한 것이 적혀 있습니다.
오! 나의 하나님, 나는 당신의 뜻을 행하기를 소원합니다.
당신의 율법이 나의 마음속에 있습니다."
내가 회중 가운데에서 의를 선포합니다.
오! 주님, 당신이 아시다시피
나는 나의 입술을 닫지 않습니다.
내가 당신의 의를 내 마음속에 숨기지 않습니다.
나는 당신의 신실하심과 구원을 이야기합니다.
내가 당신의 사랑과 당신의 신실하심을
회중 가운데에서 숨기지 않습니다.

[시편 40:1, 3-10]

주님은 자신의 사랑을 다른 이들에게 전하기 위해 우리 삶의 정황을 흥미 있는 방법으로 사용하신다. 10개월 동안 아침마다 시편을 연구한 결과, 나는 수영장에서 수영을 하면서도 150편의 시편 내용을 개략적으로 머리에 떠올릴 수 있게 되었다. 추수감사절을 앞둔 화요일에 나는 수영을 하면서 시편 전체를 두 번 반추해 보았다. 그때 약 4.25마일(약 6.838km)을 헤엄쳤는데, 수영을 시작한 이후 가장 긴 거리였다. 그러나 더 귀한 일은 수영을 하면서 시편 전체 내용을 두 번 묵상한 것인데, 처음에는 시편의 내용을 생각하고 그다음에는 그 내용을 기도 제목으로 삼기 위해서였다. 수영이 끝났을 때 묵상의 기쁨으로 들떠 있었기 때문에, 친구들에게 5월에는 7마일(11.263km)에 도전할 것이라고 즐겁게 말했다. 7은 성경에서 완전을 뜻하기 때문이다.

그런데 내가 이미 그렇게 할 능력이 있는데 5월까지 기다리는 것은 우스운 일이라는 생각이 들었다. 그래서 2주 후에 7마일을 헤엄쳤다. 내 수영 파트너는 지방 신문사에 내가 한 시도를 이야기했고, 그들은 나의 여러 핸디캡 때문에 그 시도를 "특별히 흥미 있는" 기사로 다루기로 결정했다. 내가 수영장을 250번 왕복했을 때 내 친구들뿐 아니라 사진 기자와 신문 기자들도 나를 맞아 주었다. 기자는 내게 왜 그런 시도를 했는지를 물었다.

수영을 하면서 내가 세운 목표는, 내 핸디캡으로 인해 쇠약해지고 있는 육체를 단련할 뿐 아니라, 시편을 묵상하면서 내 기억력을 시험해 보고 성경 말씀으로 내 감정을 치유하는 것이었다. 이틀 후에 내 이야기가 신문에 나왔을 때, 수영은 나의 가정 공동체 구성원들에게 하나님의 사랑을 이야기할 수 있는 훌륭한 수단이 되었다. 4개월 후에, 무직자들의 난방비를 모금하기 위해 시도한 10마일(16.09km) 수영은 우리 사회 내의 특정 문제에 대한 하나님의 사랑을 보여 줄 수 있는 좋은 기회가 되었다.

나의 외로움에서 사역이 시작되었다. 비단 이번뿐 아니라 내 인생 전체에 걸쳐서 늘 그러했다. 하나님은 나를 고통스럽게 하는 일들을 반전시키셔서 다른 이들을 위한 복음 선포와 섬김의 도구로 계속 사용하셨다. 이것은 시편 40편의 메시지이기도 하다. 이 시편에는 애가(哀歌)가 포함된다. 이 애가는 시편 70편에 거의 동일하게 반복된다. 시편 40편은 찬양으로 시작하는데, 하나님이 그의 고난 중에서 이끌어 내신 모든 선한 일에 대한 시인의 응답이다. 다윗은 주님을 참을성 있게 기다리자 주님이 그에게로 돌이키사 그의 부르짖음을 들으시고 그를 구덩이에서 건져 내셨다고 선포한다. 이것은 이어지는 찬양의 배경이 된다.

그러나 나는 이 시의 도입부를 읽으면서 부끄러움을 느꼈다. 모든 시련을 통과한 후 다윗은 "나는 참을성 있게 주님을 기다렸다."라고 말할 수 있었다. 도대체 어떻게 그럴 수 있단 말인가? 히브리어 구문을 문자적으로 번역하면 "내가 주님을 기다리고 기다림"이 된다. 여기서 특별히 부정사의 절대형이 사용되었는데, 이것은 기다림이 구원으로 끝날 때까지 그 과정에 있었던 소망과 인내를 강조한다. 그 구원의 결과는 다른 이들에게 그 구원을 증언하는 것인데, 이제 여기서 그 몇 가지 증언 방법을 살펴볼 것이다.

증언과 관련된 첫 번째 표현은 시인이 하나님의 구원을 기술한 후 곧바로 등장한다. 그는 주님께서 "내 입에 새 노래, 우리 하나님께 대한 찬양을 두셨다."라고 선포한다. 주님께서 노래를 직접 그의 입에 두셨다는 사실에 주목하라. 이것은 성령께서 우리에게 무엇을 어떻게 말해야 할지 알려 주실 것이기 때문에 우리가 그것을 걱정할 필요 없다는 신약 말씀과도 상통한다(마 10:19-20). 하나님이 책임지시고 우리의 노래를 창조하신다. 하나님은 우리가 찬양하고 그분의 구원을 증언하도록 능력을 주신다.

기자가 내게 왜 7마일을 헤엄쳤느냐고 물었을 때, 하나님은 참으로 내 입에 새 노래를 주셨다. 그때 찬양이 내 입에서 흘러나왔다. 그 모든 상황은 분명히 하나님이 직접 창조하신 것이었기 때문이다. 내가 시편을 묵상하며 수영을 할 수 있도록 하나님이 내게 힘을 주셨다. 그 묵상한 바를 표현할 수 있도록 해 주신 분도 하나님이시다.

다음으로 다윗은 새 찬양 때문에 "많은 이들이 보고 두려워하여 주님을 신뢰하게 될 것이다."라고 말한다. 내 수영 기사가 나가고 난 후 외로운 사람들이 전화를 걸어 왔다(내가 시편에 대한 책을 쓰고 있다는 말을 인터뷰에서 했었다). 많은 친구들이 내 이야기가 그들에게 용기를 주고 그들의 믿음에 도전이 되었다고 말해 주었다. 한 목사님은 교인들에게 성경 공부를 권면하기 위해 설교 시간에 나에 대한 신문 기사를 인용했다. 하나님은 사람들을 그분께로 인도하시기 위해, 우리가 전혀 예상치 못했던 일을 다양한 방법으로 찬양의 도구로 사용하실 수 있다. 하나님이 창조하시는 노래 중 어떤 것은 우리가 보기에 이상할 수도 있다. 하지만 하나님은 그 배후에 선한 목적을 가지고 계신다.

네 번째 구절은 적절한 경고를 덧붙인다. 축복은 교만한 자 또는 거짓말을 일삼는 자들에게 향하는 자가 아니라 주님을 의지하는 자에게 있다고 선포한다. 성에 상관없이 쓰이는 "사람"(person)이라는 명사 대신에 "강한 자[남자]"(man)라는 용어를 사용함으로써 이 문장은 더욱 강조된다. 자기 자신을 의지하는 사람들은 그것이 다만 환상에 불과하다는 사실을 인정할 때에야 복을 받게 될 것이다.

어떤 학자들은 "교만한 자"라고 본문에 나와 있는 것은 필사자의 실수이며 원래는 그 단어를 "바알들"(Baalim; -im은 히브리어에서 복수 접미어다 — 역자)이라고 읽어야 한다고 말한다. '바알'은 이스라엘을 둘러싸고 있던 문화권에서 섬기던 거짓 신의 이름이다. 이 구절은 훗날 우상 숭배에 대한 특정한 경고로 사용되었지만, 하여튼 여기서 우리는 겸손을 추구하라는 본문의 경고를 놓쳐서는 안 된다.

우리는 자신이 있어야 할 자리를 얼마나 쉽게 잊어버리는가? 신문 기사 건으로 나는 교만의 위험성을 더 깊이 깨닫게 되었다. 내가 그토록 먼 거리를 수영한 것을 "위대한 업적"이라며 사람들이 칭찬해 주었기 때문이다. 나는 주님을 자신의 의지로 삼는 사람이 복이 있다는 사실을 상기시켜 주는 이 시편에 늘 감사한 마음을 가지고 있다. "수영하며 시편 묵상하기" 계획은, 나의 육체적이고 감정적인 문제를 치유받고 싶어서, 지적으로나 영적으로 주님을 더 깊이 이해하기 위한 한 가지 방법으로 처음부터 내가 의도한 것이었다. 궁극적으로 나는 정말로 내가 신뢰할 만한 것을 전적으로 신뢰하기를 원했다.

주님은 항상 우리가 신뢰해야 할 분이다. 우리는 자신이 교만에 빠지도록 내버려 두어서는 안 되고, 항상 그런 유혹을 주의해야 한다. 내가 수영 이야기를 하는 것도 다만 이 시편이 말하는 증언의 개념을 보다 잘 설명하려는 것일 뿐, 여러분이 나라는 사람을 더 좋게 생각하게 하려는 것이 아니다. 얼마나 미묘한 위험이 항상 존재하는지 알겠는가? 우리의 자아 중심적인 인간 본성은 기회만 있으면 모든 것을 타락시키려 한다.

두 번째로 시편 기자는 "거짓된 신들(false gods)에게 향하는 자들", NIV 각주에 따르면 "거짓(falsehood)을 향하는 자들"을 신뢰하지 말라고 경고한다. 사본상의 증거들은 두 번째 해석을 더 선호하는 것 같다. 하지만 어느 경우든 주의해야 한다.

우리를 둘러싸고 있는 문화는 우리가 거짓 쪽을 향하도록 어디에서나 유혹하고 있다. 예를 들어 이 사회는 육체적 아름다움을 너무 강조하기 때문에, 만약 내가 외모와 관련해서 얻을 수 있는 유익에 더 주목했더라면 수영 묵상 시간에서 얻을 수 있는 영적 유익은 얻지 못했을 것이다. 우리는 주님 대신 자신의 육체적 힘을 의지해서는 안 된다. 시편 147:10-11은 그런 경우에 대한 좋은 경고다: "여호와는 말의 힘이 세다 하여 기뻐하지 아니하시며 사람의 다리[개인의 육체적 기량]가 억세다 하여 기뻐하지 아니하시고 여호와는 자기를 경외하는 자들과 그의 인자하심을 바라는 자들을 기뻐하시는도다." 물론 우리가 건강에 더 신경을 쓴다면 더 건강해질 것이다. 우리가 몸을 잘 관리한다면 하나님도 영광을 받으실 것이다. 우리 몸은 하나님의 성전이고 그렇기 때문에 부도덕한 성적 행위를 위해 사용해서는 안 된다(고전 6:19-20). 그러나 궁극적으로는 육체적 안녕이, 우리 자신에 대해서 하나님을 기쁘시게 하는 모든 조건이 될 수 없다. 주님이 원하시는 것은 우리가 그분을 경외하고 그분의 '헤세드'(1장 참조)를 소망하며 우리 자신보다 그분을 더 신뢰하는 것이다.

내가 내 힘을 한 번 '증명해' 본 이후, 나는 나의 힘을 신뢰할 수 없었다. 사실 나는 그날 오래도록 수영 중에 시편을 묵상하면서 그 어느 때보다도 내 삶의 모든 것이 우리 아버지의 은혜로운 공급하심에 의존하고 있음을 절실하게 깨달았다. 하나님 아버지의 돌보심 없이 우리의 생존은 불가능하다. 나는 인슐린 주사를 포함해서 모든 약에 대해 더 감사한 마음을 갖게 되었다. 그것은 내 삶이 전적으로 의존적인 것임을 끊임없이 상기시켜 준다.

세상은 우리가 주님을 신뢰하지 못하도록 온갖 거짓말로 우리를 유혹한다. 우리는 정치적 환상과 맘몬의 속임수와 최신 기술이 주는 매력적인 약속에 쉽게 빠져든다.[30] 그러나 시인이 보여 주는 바와 같이 하나님의 사역을 참되게 묵상하면 다시 그분의 탁월하심을 깨닫고, 세상 속임수의 공허함을 알아차릴 수 있다. 이제 우리는 다시 복음 증언이라는 주제를 살펴보려 한다.

시인은 하나님이 하신 일을 평가하면서 그분이 많은 기적을 이루셨다는 사실을 깨닫는다. 우리는 기적이라는 명사를 시편 139편에서 살펴보았다(이 책의 22장을 보라). 기적이란 아주 기이해서 우리를 경외감으로 충만하게 하는 일들이다. 하나님은 너무나 어려운 사역을 해내시기에 우리는 놀라움에 잠기게 된다. 주님께서 우리를 위해 계획해 놓으신 일들은 "그 누구도 다 헤아릴 수" 없다. 히브리어 본문에 대한 내 번역에 따르자면 "우리를 향하신 하나님의 생각들에 견줄 만한 것은 아무것도 없다."라고 할 수 있다.

하나님의 선물과 기적은 우리가 선포하기에는 그 수가 너무나 많다. 하나님의 계획은 우리가 이해하기에는 너무나 위대하다(사 55:8-9). 우리는 제대로 이해할 수도 없고 세상에 완전하게 선포할 수도 없다. 하나님의 일하심은 너무나 위대할 뿐이다.

믿음의 좋은 소식을 다른 사람들에게 나누려고 할 때 우리는 엄청난 확신을 갖게 된다. 할 말이 너무 많을 때는 이야기한다는 것이 참 쉬운 일이다. 오랫동안 떨어져 있던 친구를 만나서 그동안 있었던 일을 서로 나누려면 말이 폭포수처럼 쏟아진다. 마찬가지로, 주님이 하신 놀라운 일에 대한 우리의 증언은 우리의 삶을 통해 넘쳐흐르게 된다. 주님의 영광스러운 일을 볼 때, 우리는 기쁨으로 그 일을 선포한다. 그 일의 장엄함이 우리를 압도해 버리기 때문이다.

추수감사주일에 나는 가장 최근에 사귄 친구와 주님의 사역에 대한 이야기를 나누었다. 우리의 상황 속에서 행하시는 주님의 사랑의 사역을 이야기하면서 우리는 주님의 역사를 알아가고 함께 나누는 일에 우리의 남은 삶을 사용할 것을 기대했다. 하지만 하나님의 일하심으로 인한 그 모든 기쁨을 다 이해하기 위해서는 영원이라는 시간이 필요할 것이다.

다시 한 번 시인은 부정적인 측면, 즉 우리가 행해서는 안 되는 것을 이야기한다. 그는 주님께서 정말로 원하시는 것은 제사와 번제물이 아니라는 사실을 그 자신과 우리에게 상기시킨다. "예물"(offering)에 해당하는 히브리어 단어는 특별히 곡식으로 드리는 예물을 의미하는데 그다음에 언급되는 번제물 및 속죄 제물과는 대조를 이룬다. 선택된 백성에게 이 모든 것은 하나님과 언약을 맺은 직후 그들이 드렸던 제사를 후대에 재현하기 위한 훌륭한 도구였다(출애굽기 24장과 창세기 15장을 보라).

신약 백성인 우리가 되돌아볼 때 그 희생 제물은 완전한 제물이 되실 그분(the One)을 미리 보여 주고 있음을 알 수 있다. 그렇기 때문에 그 예물들은 도구에 불과한 것이었다. 그 희생 제사 자체가 백성을 구원할 수는 없다. 동물과 추수한 곡식은 주님께서 그들에게 참으로 원하셨던 것이 아니다.

주님이 참으로 원하시는 것은 구약 시대나 지금이나 마찬가지다. 하나님은 우리가 그분의 뜻을 행하고자 열망하기를 바라신다. 우리가 주님의 교훈을 귀하게 여기고 그 교훈을 마음에 간직하기를 원하신다. NIV가 그 단어를 "마음"이라고 번역하긴 했지만, 히브리어 원문에서 사용된 단어는 사람의 가장 중심 되는 부분 또는 내적 부분을 뜻하는 용어이다. 이 단어가 선택된 것은, 하나님은 우리가 감정의 '근원'이 되는 곳에 그분의 교훈을 간직하기 원하신다는 것을 강조한다. 우리가 순전히 주관적으로, 감정 자체에 의해서만 인도되지는 않겠지만, 우리의 감정은 주님의 교훈으로 조절될 것이다.

다윗은 주님의 훈련이 그의 존재의 가장 중심부에 있다고 선포한다. 나는 그 말을 들을 때 나 자신이 그 목표로부터 얼마나 멀리 떨어져 있는가를 깨달았다. 하나님은 우리의 희생 제물을 원하지 않으신다. 수많은 산 위에 있는 모든 짐승이 다 하나님의 것인데 왜 우리에게 몇 마리 황소를 요구하시겠는가?(시 50:7-10) 주님은 우리의 번제를 원하시지 않는다. 그분이 원하시는 것은 우리 자신이다. 바울은 "너희 몸을 하나님이 기뻐하시는 거룩한 산 제물로 드리라 이는 너희가 드릴 영적 예배니라"(롬 12:1)라고 권고한다.

다윗은 시편 40:6에서 "하지만 당신은 나의 귀를 뚫으셨다."라고 말한다. 종이 자유의 몸이 되었지만 주인과 함께 머물며 계속 그 주인을 섬기기를 선택하면 그의 헌신을 표시하기 위해 귀를 송곳으로 뚫었다. 하나님의 사랑은 우리에게 자유를 주었지만, 하나님은 우리가 기쁨으로 그분을 섬기게 하실지도 모른다. 사도 바울은 서신의 여러 부분에서 자신을 그리스도의 종이라고 부르며 이 이미지를 사용한다.

마지막으로, 우리가 다루고 있는 시편 40편의 단락에서 시인은 증언함에 대한 진술로 되돌아간다. 그는 계속해서 회중 가운데서 주님의 의로우심을 선포한다. 주님이 알고 계신 것처럼, 시인은 자신의 입술을 봉하지 않는다. 시편 기자는 주님의 선하심을 숨기지 않는다. 오히려 그는 주님의 신실하심과 구원, 그리고 변함없는 사랑과 진리를 이야기한다. 시편을 통해 우리가 살펴본 이 모든 주제들은 회중 가운데서 시인이 찬양하는 제목들이다. 바울이 말한 것처럼 그는 복음을 부끄러워하지 않는다. 하나님의 자비하심은 "모든 믿는 자에게 구원을 주시는 하나님의 능력"이기 때문이다(롬 1:16).

마지막 두 행에 나타나는 시적 반복에 주목하라. 예배하는 사람들 앞에서 증언하는 시인의 모습이 처음과 끝을 장식한다. 몇 가지 비슷한 동사들이 '숨기지 않음, 억누르지 않음'이라는 개념을 반복해서 강조한다. 일단 우리가 하나님의 의로우심, 변함없는 사랑, 신실하심, 구원, 진리의 광대함을 알게 되면, 그에 대해 침묵한다는 것은 불가능하다. 우리는 그 진리를 숨길 수 없다. 그 진리는 우리 속에서 분출되고, 주위 사람들에게 명백히 드러나 보여야 한다.

이 책 전체를 통해 내가 당신을 위해 드린 기도는 바로 이런 것이다. 그 어떤 슬픔과 아픔과 외로움이 당신을 억누르고 있다 할지라도 바로 그 구체적인 삶의 상황에서 당신에게 하나님의 위로를 전해 주고 싶었다. 그러나 그보다 더 중요한 목표는 시편의 위로가 당신을 통해 다른 이들에게도 전달되는 것이었다. 당신 주위의 많은 사람들이, 당신이 지금 경험하는 것과 같은 외로움이나 슬픔을 겪고 있다. 만약 하나님이 여기서 시편을 사용해서 당신을 만나 주셨고 평강을 주시고 치유해 주셨다면, 하나님이 하신 일을 부디 많은 사람들 앞에서 선포하기 바란다. 주님의 기적을 일일이 다 헤아리고 열거하기에는 그 수가 너무 많다.

만약 우리를 위해 행하신 하나님의 놀라운 사역을 지금 다른 사람들에게 말하기 시작했다면, 우리는 하늘나라에 갈 때까지 이 일을 끝마치지 못할 것이다. 그리고 하늘나라에서 하나님의 위로와 소망과 평안을 완전하게 알게 될 때, 우리는 하나님께 완전한 찬양을 드리게 될 것이다. 하나님의 진리, 신실하심, 의로우심, 구원, 변함없는 사랑을 선포하면서 그 안에서 영원히 살게 될 것이다. 그 기쁨 속에서 우리는 결코 다시 외롭지 않을 것이다. 주님이 우리 눈에서 모든 눈물을 닦아 주실 것이다.

묵상을 위한 질문

1. 최근에 하나님이 내게 주신 새로운 노래는 무엇인가? 이 책을 읽기 시작한 이후 알게 된 새 노래에는 어떤 것이 있는가?

2. 내 마음속에 있는 새 노래 때문에 다른 사람들이 주님을 더욱 깊이 알게 된 적이 있는가?

3. 교만해졌을 때 축복을 잃어버리는 것을 경험한 적이 있는가?

4. 내가 바라는 안정을 줄 수 없는 거짓 신, 세상의 거짓말과 속임수를 의지함으로 하나님의 복을 놓친 적이 있는가?

5. 하나님의 축복을 일일이 열거하거나 다른 사람들에게 모두 선포하기에는 그 수가 너무나 많다는 것을 깨달았을 때 나의 감정과 태도는 어떻게 달라졌는가?

6. 만약 하나님이 제사와 예물을 원하지 않으신다면 그리스도인의 삶에서 그것은 어떤 의미가 있는가? 그것은 하나님이 참으로 원하시는 것, 즉 우리가 그분의 뜻을 행하기를 열망하는 것과 어떻게 조화를 이루는가?

7. 회중 앞에서, 또는 일상생활에서 어떤 기회를 이용해 주님을 찬양할 수 있을까? 주님을 찬양할 수 있는 새로운 방법을 어떻게 만들 수 있을까?

부록 A

수영하며 시편 묵상하기

내가 말씀을 가장 잘 묵상할 수 있는 곳은 수영장이다. "하지만 나는 수영을 좋아하지 않아요."라든가 "물에 빠지고 있는데 어떻게 말씀을 묵상할 수 있다는 말입니까?"라고 생각하는 사람이라도 해도, 지금 이 책을 덮지는 말기 바란다. 요점은, 나는 영적 훈련과 육체적 훈련을 연결시키는 것이 매우 가치 있는 일임을 발견했다는 것이다. 그 두 가지를 향한 내 열정은 더 강해졌고, 그 두 가지로 인한 유익도 더 커진 것 같다.

나에게 도움이 되었던 개인적 성경 연구 습관에 대한 이 글이, 당신의 사고방식을 자극하는 데 도움이 되기를 기도한다. 아마도 당신은 당신만의 경건의 시간을 위한 새로운 아이디어를 갖게 될지도 모른다. 나는 전문가로서 내 경험을 나누고자 하는 것이 아니다. 사실 성경 묵상과 육체 훈련을 연계시켜야 했던 필요성은 나의 연약함 때문일 수 있다. 확신할 수는 없지만, 어쨌든 두 가지를 연결한 것이 내게는 효과가 있었다.

프리랜서 성경 강사로서 나는 사람들에게 "시편을 읽어 보세요. 시편에는 모든 인간적 감정이 들어 있고, 그 시편들은 모든 상황에서 우리를 위로할 수 있습니다."라고 말했었다. 그러면서도 어떤 상황에서 어떤 시편이 도움이 되는지 제시해 줄 만큼 시편의 내용을 충분히 알지는 못했다. 그 당시에 나는 수영장을 반복해서 왔다 갔다 하는 일에 싫증을 느끼고 있었다. 내 건강을 위해서는 일주일에 몇 번씩 열심히 운동을 해야 했지만, 몇 마일씩 반복해서 수영하는 것은 한없이 지루했다. 몇 달 동안 피상적으로만 생각해 오다가, 결국 나는 시편을 더 잘 이해하기 위해 진지하게 연구하기로 결심했다. 반 년 넘게 내가 사용해 온 방법이 내게 너무나 큰 기쁨을 주었기 때문에, 당신에게도 그 방법을 소개하고 싶다.

아침 경건의 시간은 어제 읽었던 시편의 그다음 편을 읽는 것으로 시작된다. 그다음에 그 시편과 관련된 내용을 《평신도 성경 주석The Layman's Bible Commentary, vol. 9 [Richmond, VA: John Knox Press, 1960]》에서 찾아 읽는다. 다시 한 번 그 시편을 읽으면서 구조를 파악하고 내게 특별히 은혜가 되는 구절(들)을 뽑아낸다. 그날 시간이 날 때마다, 그리고 여러 주에 걸쳐 그 구절들을 암송한다. 이 모든 정보는 묵상 노트에 정리한다. 각 시편에 제목을 붙이고 그 시편이 어떤 범주에 속하는지를 적어 넣는다. 시편에는 개인 또는 공동체가 감사하거나 한탄하는 시, 찬양하는 시, 믿음을 선포하는 시 등이 있다. 이런 분류는 주석에 잘 정리되어 있다. 그다음에는 노트에 그 시편의 개요와 내가 암기하기로 선택한 구절을 적는다. 이것이 바로 수영장에서 시편을 묵상하기 위한 자료다.

내가 성경을 깊이 이해할 수 있게 해 준 두 가지 요소가 있는데, 내 노트를 보면 그 두 가지의 차이점이 분명하게 드러난다. 아침에 노트에 기록하는 일은 '연구'(study)이다. 그 '연구'는 내가 수영할 때 하는 '묵상'의 기초가 된다. 처음 물에 뛰어들어 반대쪽을 향해 가면서 나는 첫 번째 시편을 생각한다. 그 시편은 완전히 외운 것이기 때문에 대개 나는 팔을 휘저어 앞으로 나아가며 그 시편을 암송한다. 때로는 내가 불경건한 자들과의 모임에 빠졌던 일을 생각하기도 하고 주님의 교훈을 기뻐하는 것이 얼마나 축복된 일인가를 생각하기도 한다. 그다음 되돌아갈 때는 두 번째 시편을 묵상한다. 계속 그런 식으로 수영하면서 시편을 묵상한다.

어떤 시편의 경우에는 그 노래를 알고 있다. 수영하는 동안 그 노래를 부르는 것은 하나님 그분의 말씀으로 하나님을 찬양하며 시간을 보낼 수 있는 좋은 방법이다. 어떤 시편은 누군가를 위해 기도를 하게 한다. 예를 들어 시편 14편과 52편은 거의 똑같은데, 하나님이 없다고 하는 어리석은 자들을 언급한다. 대개 수영장을 한 번 왕복하는 동안은 아직 그리스도를 알지 못하는 사람들, 특히 내 친구들을 위한 기도로 채워진다. 스물두 번째로 왕복할 때는 배영으로 천천히 수영하면서 시편 22편에 나와 있는 그리스도의 고난을 생각한다.

나는 몇 달 동안 매일 시편 한 개씩을 추가했다. 그래서 수영장을 한 번 가로지를 때마다 시편 하나씩을 묵상하기 위해서는 전체적으로 1.25마일(약 2km)이 넘는 거리를 헤엄쳐야 한다. 나는 내 영뿐만 아니라 몸도 점점 건강해지는 것을 알 수 있다. 내 목표는 추수감사주일까지 시편 전체를 묵상하며 수영할 준비를 갖추는 것이다.

이런 식으로 시편을 연구함으로써 흥미로운 결과를 얻을 수 있었다. 먼저 정말로 시편을 이전보다 더 잘 배우고 있고, 그 내용은 상담할 때뿐만 아니라 나 자신이 의기소침해질 때도 아주 큰 도움이 된다. 이제는 위로가 되는 성경 구절을 찾기 위해 성경을 이리저리 뒤적이는 대신에, 내가 직면한 문제에 어떤 시편이 적절한지를 금방 알아 낼 수 있다.

또 나는 성경이 계속 새롭다는 사실에 놀란다. 몇 달 동안 계속 묵상했던 시편인데 읽을 때마다 새로운 통찰을 준다는 사실은 나를 놀라게 한다. 시편 90편을 연구하려 할 때, 그런 새로움을 경험해서 기뻤던 적이 있다. 그날 아침 묵상을 통해 배운 것에 너무나 흥분해 있었기 때문에, 나는 시편 90편까지 모든 시편을 다시 한 번 묵상했다. 그런데 두 번째로 묵상하는 동안 더 놀라운 경이로움으로 채워지면서 새로운 것을 더 많이 깨달을 수 있었다. 결국 그날 나는 수영을 하면서 시편을 세 번이나 반복해서 묵상했다. 시편은 계속해서 새로운 방법으로 내게 말을 걸어 왔다. 그때 내 생애 처음으로 4마일(약 6.5km)이나 되는 거리를 수영했지만, 너무 흥분해서 피곤한 줄도 몰랐다. 하나님의 말씀은 참으로 보물 상자와 같다.

묵상 노트를 자주 들춰 보는 것은 내게 중요한 일이다. 여러 주가 지나고 나면 내가 선택했던 구절들을 잊어버리기 때문이다. 나는 성령님께서 내 생각을 다양한 방향으로 인도하고 싶으실 때 풍부한 작업 자료를 통해 내 마음을 움직이시도록 늘 내 기억을 새롭게 하려고 노력한다.

이런 식으로 시편을 연구하는 것의 또 다른 유익은, 공적 예배 순서에 등장하는 하나님 말씀을 더 깊이 이해할 수 있다는 것이다. 내가 속한 루터교회는 정형화된 예배 순서에서 시편을 자주 인용한다. 어떤 시편이 예배 의식서의 한 부분으로서 읽혀지거나 화답송 가운데 등장할 때, 나는 그 시편의 의미와 적용을 묵상하면서 수영장을 여러 번 왕복했기 때문에, 그 시편의 내용이 더욱 깊이 있게 다가오는 것을 경험한다.

이틀 전에, 나는 그런 묵상의 새로운 유익을 또 한 가지 알게 되었다. 수년 전 신장에 문제가 생긴 팀(Tim)은 새로운 투석 방법의 장단점을 의논하기 위해 담당 의사를 만났다. 예전의 치료법과 새로운 치료법 사이에서 그가 내려야 할 결정은, 그의 시간과 외모, 직업과 사역 능력에 엄청난 영향을 끼칠 수 있었다. 나는 그가 의사를 만나는 동안 기도로 그를 돕겠다고 약속했다.

처음에 나는 그날은 시편 묵상을 건너뛰어야겠다고 생각했지만, 시편에서 발췌해 놓았던 바로 그 구절들이 내가 기도하는 데 굉장히 유용한 수단이 된다는 사실이 그날 증명되었다. 전에는 한 사람을 위해 두 시간 동안 기도를 드려 본 적이 없었다. 하지만 그것은 기쁨에 넘치는 경험이었다. 예를 들어, 수영장을 네 번째 왕복할 때면 나는 "여호와께서 자기를 위하여 경건한 자를 택하신 줄 너희가 알지어다 내가 그를 부를 때에 여호와께서 들으시리로다"(시 4:3)라는 구절을 생각하곤 했다. 나는 그 말씀을 떠올리면서 하나님이 팀을 거룩한 그릇으로 따로 떼어 놓으셨고 하나님이 그의 결정을 인도하셔서 하나님의 목적을 위해 좋은 길을 선택하게 하시리라는 것을 믿을 수 있음에 감사했다.

갑자기 시편 한 편과 연관해서 이런 생각이 떠올랐다. 즉, 그때까지 팀이 그의 가족과 친구와 교회를 위한 사역에 가장 좋은 영향을 끼칠 수 있는 치료법을 선택하도록 기도했지만, 주님과의 관계에 있어서 팀 자신의 개인적 성장을 위해서는 어떤 치료법이 최선인지, 그 문제에 대해서는 전혀 기도하지 않았다는 것이다. 그때 시편 81편과 관련해서, 팀의 결정에 영향을 미칠 수 있는 여러 거짓 신을 생각하게 되었다. 이를테면 외모, 안전감, 또는 우리 사회가 직업이나 신분에 따라 사람을 평가하는 것 말이다. 우상 숭배에 대해 발견한 모든 것을 주제로 삼아 기도하기 위해서 나는 수영장을 몇 번이나 왕복해야 했고, 그로 인해 그날 오후에 나는 내 삶에서의 거짓 신에 대해 진지하게 묵상할 수 있었다.

그 전체 과정은 내 친구의 상황과 관련해서 많은 새로운 통찰력을 제공해 주었고, 하나님이 어떤 분이신가에 대해서, 백성의 삶에서 행하시는 그분의 일하심에 대해서, 팀이라는 친구를 선물로 주신 것에 대해서 많은 새로운 방법으로 하나님을 찬양하게 했다. 전에는 성경 말씀이 우리의 일상적 경험이나 20세기의 여러 결정 사항과 직접적으로 연관된다는 사실을 그렇게 강력하게 깨달았던 적이 없었다. 내가 가장 기뻤던 일은, 팀이 결정하기 위해 고심하는 내내, 하나님의 사랑과 진리가 주는 확신 속에 온전히 거한다는 느낌을 가졌다는 것이다. 하나님의 말씀은 나의 기도와 그의 믿음의 수단이 되었다.

여러분은 지금까지 내가 말한 내용을 어떻게 자신의 경건 생활에 적용할 수 있을지 생각하고 있을 것이다. 지금까지의 이야기에서 추려 낸 아래의 원리들이 여러분에게 아이디어를 주리라 생각한다.

1. 육체적 훈련을 위한 시간이 성경 말씀을 묵상할 수 있는 좋은 시간이 될 수 있다. 여기서 육체적 훈련이란 조깅, 맨손 체조, 걷기, 자전거 타기, 집안 청소하기, 수영 등 혼자 할 수 있는 모든 활동을 말한다.
2. 묵상 전에 말씀을 공부하며 보낸 시간은 당신이 무언가를 생각할 때 유용한 양식이 된다.
3. 하나님 그분의 말씀을 사용해서 하나님을 찬양하는 것, 그리고 하나님의 성품과 그 성품이 우리 삶에 갖는 의미를 생각하는 것은 우리를 영적으로 풍성하게 한다.
4. 성경 말씀을 더 잘 알수록, 고난의 때에 위로와 지지를 받기 위해 그 말씀을 더 잘 활용할 수 있다.
5. 열린 마음을 지니고 있으면, 하나님은 우리가 묵상하는 말씀을 이용해서 끊임없이 새로운 것을 우리에게 가르치신다.
6. 예배 의식서에서 사용되는 성경 말씀을 묵상해 두면, 예배드릴 때 그 구절들이 더욱 의미 있게 다가온다.
7. 하나님 말씀을 묵상하는 것은 기도를 위한 탁월한 기초가 된다. 성경은 우리에게 하나님의 성품을 계시해 주고 우리가 어떻게 그분에게로 돌이킬 수 있는지 가르쳐 준다. 또한 우리가 원하는 것이 무엇인지 정확히 알 수 있게 한다.

부록 B

바퀴 자국이 언제 트랙이 되는가?
- 시편 23편에 숨겨진 약속 -

바퀴 자국을 이용하는 데는 여러 가지 방법이 있다.

나는 숲에서 자전거를 탈 때, 오토바이가 만들어 놓은 것 같은 바퀴 자국을 피하기 위해 애쓰곤 했다. 자전거가 그 바퀴 자국에 걸려 흔들릴 때마다 넘어지지 않기 위해 긴장해야 했고, 다시 거기서 빠져 나와 앞으로 가기 위해서는 많은 에너지를 소모해야 했다.

하지만 결국 그 오토바이 바퀴 자국과의 싸움을 포기하고 그 자국을 따라 달리기 시작하자 그 편안함과 즐거움 때문에 놀라고 말았다. '트랙'(track)이 된 그 바퀴 자국을 따라 달리는 한, 진흙탕에 빠질 염려도 없고 부러진 나뭇가지 때문에 방해 받을 일도 없었다. 나는 더 자유롭게 경치를 즐기며 마음 놓고 힘차게 페달을 밟을 수 있었다. 내가 지나온 길이 성가신 '바퀴 자국'인지 '트랙'인지는 내 선택과 관점에 달려 있다.

주님의 길도 마찬가지다. 나는 시편 23:3에서 "길"로 번역된("그가…자기 이름을 위하여 의의 길로 인도하시는도다") 히브리어 단어가 '트랙'으로도 번역될 수 있다는 사실을 최근에 깨닫고는 몹시 흥분했다. 그 단어는 둥근 것을 '굴리다'라는 의미의 히브리어 동사에서 파생했다. 이 동사로부터 '수레'를 뜻하는 명사가 파생했고, 결국 시편 23:3에서 사용된 단어는 '참호를 만듦' 또는 '수레 자국'이라는 의미로 사용될 수 있다.

이 단어는 성경에서 비유적으로 "악인의 올무"(시 140:5), "네 발이 행할

길(삶의 여정)"(잠 4:26)을 나타낼 때 사용되었다. 시편 23:3에서 이 단어가 '올바른 것'을 뜻하는 명사와 함께 등장하기 때문에 우리는 이 구절에서 말하는 트랙이 긍정적인 삶의 여정이라는 것을 알 수 있다.

물론 시편 23편은 주님이 그분의 양 떼를 먹이고 그들에게 쉼과 새로운 활력을 제공하는 신실하신 목자라는 사실을 선언함으로 시작된다. 하지만 주님은 양이 가야 하는 길로 양을 강제로 '끌어 오는' 분이 아니다. 주님은 그들을 '인도'하신다. 원한다면 양은 목자를 따르지 않기로 선택할 수도 있다. 예수님의 '길 잃은 양 비유'(마 18:12-14) 역시, 설사 누군가가 양 떼의 일원이라 해도 그가 길을 잃고 헤맬 수 있다는 사실을 암시해 준다. 우리 각자는 목자의 인도하심에 대해 각자 원하는 것을 선택해야 한다.

다음 두 가지는 주님이 의의 트랙으로 우리를 인도하신다는 사실을 이해하는 데 큰 도움이 된다. 먼저 내가 발견한 놀라운 사실을 당신과 함께 연구해 보고자 한다. 우리가 이 시편을 낭만적으로 해석할 때 한 가지 오해가 발생하기 쉽다. "주의 지팡이와 막대기가 나를 안위(comfort, 위로)하시나이다"라는 4절의 선언은 대개 부드럽고 온화한 의미로 해석된다. 우리는 여기서 '안위, 위로'라는 단어가 우리를 편안하게 해 주려고 의도된 것인 양 생각하기를 좋아한다. 최근에 네비게이토(Navigators)가 발행한 《매일의 발걸음Daily Walk》 성경 읽기 프로그램은 아주 매력적인 문구를 제시했다: "하나님은 우리를 편안하게(comfortable) 만들기 위해서가 아니라 위로자(comforter)로 만들기 위해 우리를 위로하신다(comfort)."

시편 23편의 이 구절을 읽을 때 우리는 목자가 양을 때리거나 치기 위해, 즉 징벌하기 위해 막대기를 사용했다는 사실을 기억해야 한다. 그것은 깃털이 아니라 몽둥이였다. (지팡이는 끝이 둥글게 구부러진 것으로, 양이 절벽에서 떨어지려 할 때 목을 잡아 끌어올리는 데 사용했을 것이다.) 여기서 의미하는 것은, 목자는 양이

의의 길 안에 있도록 지키려고 때로는 엄격하게 다루어야 했다는 것이다.

그것이 어떻게 위로가 될 수 있는지 이상하게 생각될 것이다. 이 문장의 히브리어 구조는 우리의 그런 의심을 겨냥하는 듯이 보인다. 히브리어 본문은 이렇게 말하기 위해 '그것'이라는 대명사를 추가한다. "당신의 지팡이와 당신의 막대기 — '그것'이 나를 위로합니다." 다윗은 우리에게 이런 확신을 주려는 듯하다. "그렇다. 그것이 사실이다! 당신에게 분명히 고통스럽게 보이는 바로 그것이 실제로는 위로의 근원이다."

그것은 내게 큰 의미가 있다. 최근에 나의 삶은 큰 혼란과 개인적 위기로 갈가리 찢기고 있었다. 그동안 섬기던 교구를 떠나 새로운 일을 하게 되었을 때, 건강이 악화되어 힘겨운 싸움을 벌여야 했을 때, 내가 견디기에 그 고통은 너무 무거워 보였다. 그러나 그 상황 속에서 이 약속이 기억났다. "주의 지팡이는 위로의 근원이다!" 고난은 의의 트랙을 따라 목자를 따르도록 나를 돕기 위해 주어진 것이다. 바로 그렇다! 나의 지혜로우신 목자가, 나를 너무나 사랑하시기 때문에, 내가 올바른 트랙을 유지하도록 그런 차원의 어려움을 허락하셨다는 것을 아는 것은 내게 유익이었다.

자전거 바퀴가 트랙을 벗어나 흔들릴 때마다 트랙 중심으로 자전거를 움직여야겠다고 생각했던 것과 마찬가지로, 주님이 나를 인도하시고 내가 절벽 아래로 떨어지지 않도록 지키신다는 사실을 늘 상기하기 위해서는, 목자의 지팡이와 막대기의 훈련이 필요했다. 나는 주님의 의의 트랙을 벗어나 방황하고 싶지 않다. 나는 주님이 나를 변화시키셔서 내가 완전한 어린양으로 살기를 바란다.

이렇게 트랙을 따라가게 하는 일의 본질을 설명해 주는 또 다른 어구가 3절에 있다: "자기 이름을 위하여." 이 말은 "주님의 이름을 옹호하기 위한 목적으로, 주님의 명성이나 성품을 계속 유지하기 위한 목적으로"라는 뜻이다.

이것은 엄청난 특권이다. 우리의 목자는 우리를 트랙으로 인도하시고, 그것은 그분의 성품이 일관성 있다는 것을 보여 줄 것이다. 다시 말해서, 만약 주님의 백성이 그분의 올바른 행동 방법의 트랙 속에 머물러 있다면, 그 백성은 이 목자의 성품의 증인이 될 것이다. 만약 그들이 극심한 반대나 핍박에 직면해서도 사랑하기를 계속한다면, 그들은 사랑의 하나님의 명성을 지킬 것이다. 만약 그들이 불행한 일을 당하면서도 침착함과 신뢰를 잃지 않는다면, 그들은 자신의 목자가 능력과 은혜의 하나님임을 드러낼 것이다. 나는 다시 한 번 말한다. 이것은 엄청난 특권이다!

우리 하나님은 그런 하나님, 즉 사랑과 능력과 은혜의 하나님으로 우리에게 계시되셨다. 훈련을 받는 도중 우리는 그 계시를 주위 사람들에게 전달할 수 있는 영예를 갖게 된다. 그것이 우리 삶의 선택이라면, 주님의 선하심과 인자하심이 우리를 따르게 될 것이다. 우리가 주님의 길 안에서 걷도록 주님이 우리를 지켜 오셨기 때문에, 우리는 분명히 주님의 집에서 살게 될 것이다. 주님의 트랙 속에 머물기로 선택함으로써 주님의 트랙이 선하다는 것을 드러내 왔기 때문에, 우리는 다른 이들도 우리와 함께 주님의 집에 있도록 그들을 초대하게 될 것이다.

트랙에도 여러 종류가 있다. 죄와 좌절, 하나님의 목적에 반역하는 트랙 속에 있다면 그 끝은 죽음으로 이어진다. 그와는 대조적으로 우리의 목자는 의의 트랙을 따라 그분을 따르라고 우리를 부르신다. 그 속에서 우리는 그분의 징계의 막대기와 구원의 지팡이로 안내를 받고 위로를 얻는다. 그 트랙에 머물 때, 주님 성품의 일관성이 드러나기 때문에 주님은 영광을 받으시고, 우리는 자유와 능력, 푸른 초장과 안식의 축복을 경험하기 때문에 큰 기쁨을 누린다.

주

1) 우리말에서 '당신'은 '2인칭 비칭(卑稱)' 아니면 '3인칭 극존칭(極尊稱)'이다. 그러므로 하나님을 2인칭으로 설정해 놓은 상황에서(예를 들면, 예배 시간에 대표 기도를 드릴 때) 하나님을 '당신'으로 칭하는 것은 잘못이다. 본문에서는 하나님을 2인칭으로 칭하는데, '당신'은 바른 번역이 아니지만 직역을 하자니 다른 단어를 찾을 수 없었다. 또한 일반적으로 시어(詩語)에서는 그런 표현도 흔히 사용하므로 독자의 넓은 양해를 바란다. 한글 성경에서는 이런 경우 '당신'이라고 직역하는 대신 '주님'이라는 단어를 사용하거나, 아니면 아예 대명사를 생략한다. — 역자

2) 다른 설명이 없는 한 모든 성경 인용은 NIV에서 가져온 것이다(한글 번역은 논의의 필요상 대부분 나의 사역[私譯]이다. — 역자).

3) 번역해야 할 히브리어 단어가 'YHWH'일 경우에는 주님(LORD)이라는 단어의 모든 글자를 대문자로 쓰는 성경의 관습을 따랐다. 'YHWH'는 종종 '야웨'(Yahweh)라고 발음된다(이전에는 '여호와'[Jehovah]라고 불렀다). 이것은 주님이 출애굽기 3:14-15에서 불타는 떨기나무 가운데 모세에게 자신을 계시해 주셨던 이름이다. 이 이름은 그분을 그 주위의 모든 거짓 신들로부터 구별하는 용어다. 주님은 하나의 신에 불과하지 않다. 오직 그분만이 신실하신 언약의 하나님, 위대하신 "스스로 계신 하나님"(I AM)이시다. 자신의 언약에 변함없이 신실하신 하나님의 영광을 배우기 위해, 그리고 그분의 백성을 포로 상태에서 구원해 내시는 능력을 배우기 위해, 우리는 외로울 때면 '주님'(LORD)이라는 이름이 주시는 약속을 재발견해야 한다. (YHWH는 영어 병기를 생략하고 '주님'으로 번역했다. — 역자)

4) 유대인과 기독교인의 정경적 전승 속에서 우리에게 전해진 시편은 13편 저자를 다윗으로 소개한다. 시편에 대한 본서의 묵상은 주석서로서 의도된 것이 아니기 때문에, 이런 문제의 역사적 정확성을 여기서 논할 필요는 없을 것이다. 그러나 시편에 담긴 감정과 상황을 어떤 특정한 시인의 것과 동일시할 때 이야기 전개 및 설명에 큰 유익이 있기 때문에, 나는 시편과 연관된 제목과 이름을 받아들이고 그것을 정경적인 것으로 존중할 것이다.

5) 나는 자크 엘륄(Jacques Ellul)의 책 *The Humiliation of the Word* (trans. Joyce Main Hanks [Grand Rapids: Wm. B. Eerdmans Publishing Co., 1985], pp. 10-11)에서 그가 진리와 실재를 밝히 구별해 놓은 것을 발견했다. 사실 나는 그 책을 읽기 거의 10년 전에 그 두 가지를 구별하고 있었다. 자크 엘륄은 이렇게 강조한다: "실재란 눈에 보이고 셀 수 있고 수량화할 수 있고 공간 속에 위치해 있다.…이것은 가시적 우주와 명확하게 일치한다." 그렇기 때문에 실재는 우리에게 그 어느 것에 대해서도 완전한 지식을 주지 않는다. 실재는 지속성, 변증법적 요소, 관점의 다양성, 눈에 보이지 않는 보다 깊은 차원 등을 다룰 수 없기 때문이다. 반면 진리는 실재를 포함하며, 실재에 대해 보다 깊은 지식을 갖게 한다. 그러나 이 진리는 증거나 직접성에 근거하지 않는다.

6) 원래 히브리어 명사는 이 네 가지 자음, 즉 Y H W H로 구성되었고, 이것은 '있다'(to be)라는 동사의 어근과 연관된다. 유대인들은 하나님의 이름을 존중해서 그 이름을 입 밖으로 발음하지 않기 때문에(신성 모독 죄를 범하게 될까 두려워했다), 또 원래의 히브리어 사본들은 모음 기호 없이 자음으로만 기록되었기 때문에, 학자들은 이 단어를 어떻게 발음해야 하는지 정확히 알지 못한다. 그렇기 때문에 전에는 이 단어를 '여호와'(Jehovah)라고 발음했지만 지금은 관례상 '야웨'(Yahweh)라고 쓴다. 이 단어를 읽기 쉽도록 쓰는 대신에 나는 이 책에서 *YHWH*라고 쓸 것이다. 이는 그 말의 신비와 하나님의 범접할 수 없는 위엄을 묵상할 수 있기를 바라기 때문이다(한글 번역에서는 *YHWH*를 '주님, 또는 하나님'으로 번역했다. — 역자). 내가 보기에 지금의 포스트모던 시대는 하나님에 대한 경외와 존경과 "두려움"(fear)의 상실로 인해 고통당하는 듯하다. 나는 "두려움"이라는 단어를 따옴표로 묶었는데, 그 이유는 "공포"(terror)를 의미하려는 것이 아니기 때문이다. 내가 의도하는 것은 하나님 앞에서의 우리의 무가치함을 철저히 깨달아서 하나님의 은혜로운 사랑과 변함없는 자비하심을 당연한 것으로 여기지 않는 것이다. 우리는 자신이 그 은혜와 자비를 받을 자격이 있다거나, 그것을 우리 힘으로 얻을 수 있다거나, 그 값을 치를 수 있다고 생각해서는 안 된다.

7) 이 책 전체를 통해 가끔 '내가 이 글 또는 이 책을 처음 쓸 때'라는 표현이 나오는데, 그것은 이 책이 개정판이기 때문이다. 저자는 아주 힘겨운 상황에서 처음 이 책을 썼고, 개인적 사정이 호전되고 난 후 이 책을 개정했다. 그렇기 때문에 현재의 상황과 처음 이 책을 쓸 때의 상황이 다르다는 것을 암시하기 위해 가끔 위와 같은 표현을 쓴다. 독자들의 혼란이 없기를 바란다. — 역자

8) 그런 기독교 공동체 형성에 대한 논의를 위해서는 Marva J. Dawn, *Truly the Community: Romans 12 and How to Be the Church* (Grand Rapids: Wm. B. Eerdmans Publishing Co., 1992; reissued 1997)을 보라(해당 주제를 보다 철저히 연구하도록 나는 내가 쓴 다른 책도 각주에서 소개할 것이다. 어드만스 출판사에서 받는 저작료는 모두 빈민 구제 사업에 사용되기 때문에, 독자들이 그 책을 사서 읽는다면 그 사업에 참여하는 것과 같다).

9) 요한계시록 2:10-11; Marva J. Dawn, *Joy in Our Weakness: A Gift of Hope from the Book of Revelation* (St. Louis: Concordia Publishing House, 1994), pp. 68-74를 보라.

10) 참조, Marva J. Dawn, *Sexual Character: Beyond Technique to Intimacy* (Grand Rapids: Wm. B. Eerdmans Publishing Co., 1993).

11) 참조, Marva J. Dawn, *Keeping the Sabbath Wholly: Ceasing, Resting, Embracing, Feasting* (Grand Rapids: Wm. B. Eerdmans Publishing Co., 1989).

12) 참조, Marva J. Dawn, *Truly the Community: Romans 12 and How to Be the Church* (Grand Rapids: Wm. B. Eerdmans Publishing Co., 1992; reissued 1997).

13) 에베소서 5:20 역시 같은 전치사를 단순히 "때문에"(for)라는 뜻 대신 "…을 위하여"(on behalf of)라는 뜻으로 사용한다.

14) 참조, Marva J. Dawn, trans. and ed., *Sources and Trajectories: Eight Early Articles by Jacques Ellul That Set the Stage* (Grand Rapids: Wm. B. Eerdmans Publishing Co., 1997), pp. 72-112.

15) Dawn, *Sources and Trajectories* 8장을 보라.

16) 본 절에 대한 설명을 위해서는 Marva J. Dawn, *Truly the Community: Romans 12 and How to Be the Church* (Grand Rapids: Wm. B. Eerdmans Publishing Co., 1992; reissued 1997) 1-3장을 보라.

17) Marva J. Dawn, *To Walk and Not Faint: A Month of Meditations on Isaiah 40*, 2nd ed. (Grand Rapids: Wm. B. Eerdmans Publishing Co., 1997) 6-8장을 보라.

18) 참조, Marva J. Dawn, *Joy in Our Weakness: A Gift of Hope from the Book of Revelation* (St. Louis: Concordia Publishing House, 1994).

19) John White, *The Tower of Geburah* (Downers Grove, IL: InterVarsity Press, 1978), p. 315.

20) Marva J. Dawn, *Sexual Character: Beyond Technique to Intimacy* (Grand Rapids: Wm. B. Eerdmans Publishing Co., 1993).
21) 비교를 위해서는 Marva J. Dawn, *To Walk and Not Faint: A Month of Mediations on Isaiah 40*, 2nd ed. (Grand Rapids: Wm. B. Eerdmans Publishing Co., 1997) 6-8장을 보라.
22) 참조, Marva J. Dawn, *Joy in Our Weakness: A Gift of Hope from the Book of Revelation* (St. Louis: Concordia Publishing House, 1994).
23) 참조, C. S. Lewis, *The Lion, the Witch and the Wardrobe* (1950; New York: Harper Trophy edition, 1994), 4장.
24) 예배 인도에서 가장 훌륭한 요소와 형식을 선택하기 위한 기준에 대해서는 Marva J. Dawn, *Reaching Out without Dumbing Down: A Theology of Worship for the Turn-of-the-Century Culture* (Grand Rapids: Wm. B. Eerdmans Publishing Co., 1995), *A Royal Waste of Time! Essays and Sermons Worship-full* (Grand Rapids: Wm. B. Eerdmans Publishing Co., forthcoming)을 참조하라.
25) 우정에 대해서는, Marva J. Dawn, *Sexual Character: Beyond Technique to Intimacy* (Grand Rapids: Wm. B. Eerdmans Publishing Co., 1993) 8장을 보라.
26) 많은 교회가 '진정한 예배에 대한 갈급함'과 '흥분에 대한 욕망'을 혼동한다. 그래서 예배 참석자들의 무관심을 해결하기 위한 방법이 사람들을 흥분시키는 예배를 드리는 것이라고 생각한다. 그러나 그런 예배는 이 시편들이 표현하는 참된 하나님과의 만남에 대한 열망을 만족시킬 수 없다. 어떤 교회들은 예배를 보다 '호소력 있게' 만들기 위해 교회의 전통을 내버린다. 하지만 이 천박한 전략은, 하나님 백성에게 의식적(儀式的) 예배를 요구함으로써 시인이 갈망하는 것이 무엇인지를 놓치고 있다. 참석자들이 더 깊이 하나님을 만날 수 있는 예배가 필요하다. 참조, Marva J. Dawn, *Reaching Out without Dumbing Down: A Theology of Worship for the Turn-of-the-Century Culture* (Grand Rapids: Wm. B. Eerdmans Publishing Co., 1995).
27) 요한계시록 4-5, 7장에 기록된, 천상의 존재들의 찬양을 보라. Marva J. Dawn, *Joy in Our Weakness: A Gift of Hope from the Book of Revelation* (St. Louis: Concordia Publishing House, 1994) 15, 16, 19장을 보라.
28) 이 본문에 대한 보다 깊은 설명을 위해서는 Marva J. Dawn, *Truly the Community: Romans 12 and How to Be the Church* (Grand Rapids: Wm. B. Eerdmans

Publishing Co., 1992; reissued 1997) 1-7장을 보라.

29) 참조, Marva J. Dawn, *To Walk and Not Faint: A Month of Meditations on Isaiah 40*, 2nd ed. (Grand Rapids: Wm. B. Eerdmans Publishing Co., 1997) 6-8장을 보라.

30) 이 문제에 대해서는 특히 자크 엘륄의 저서를 참조하라. Jacques Ellul, *The Political Illusion*, trans. Konrad Kellen (New York: Alfred A. Knopf, 1967); *Money and Power*, trans. LaVonne Neff (Downers Grove, IL: InterVarsity Press, 1984); *The Technological Bluff*, trans. Joyce Main Hanks (Grand Rapids: Wm. B. Eerdmans Publishing Co., 1990). 또한 Marva J. Dawn, trans. and ed., *Sources and Trajectories: Eight Early Articles by Jacques Ellul That Set the Stage* (Grand Rapids: Wm. B. Eerdmans Publishing Co., 1997)을 보라.

참고 문헌

시편에 대한 작품: 시편에 대한 오래된 작품 중에서 내게 도움이 된다고 생각한 것은 다음과 같다.

Brandt, Leslie F. *Psalms/Now*. St. Louis: Concordia, 1973.

Kidner, Derek. *Psalms 1-72* and *Psalms 73-150*, Volumes 14a and 14b of the Tyndale Old Testament Commentaries series. D. J. Wiseman, general editor. Downers Grove, IL: InterVarsity Press, 1973.

Leupold, H. C. *Exposition of Psalms*. Reprint, Grand Rapids: Baker Book House, 1969.

Lewis, C. S. *Reflections on the Psalms*. New York: Harcourt, Brace & World, 1958.

Marty, Martin E. *A Cry of Absence: Reflections for the Winter of the Heart*. Grand Rapids: Wm. B. Eerdmans Publishing Co., 1997.

Rhodes, Arnold B. *The Book of Psalms*. Volume 9 of The Layman's Bible Commentary. Edited by Balmer H. Kelly. Richmond, VA: John Knox Press, 1960.

Spurgeon, C. H. *The Treasury of David: An Expository and Devotional Commentary on the Psalms*. 7 volumes. Grand Rapids: Baker Book House, 1977.

Westermann, Claus. *The Living Psalms*. Translated by J. R. Porter. Grand Rapids: Wm. B. Eerdmans Publishing Co., 1989.

내가 좋아하는 작가 두 명이 시편에 대해 쓴 책

Brueggemann, Walter. *Abiding Astonishment: Psalms, Modernity, and the Making of History*. Louisville: Westminster John Knox Press, 1991.

_____. *Israel's Praise: Doxology against Idolatry and Ideology*. Philadelphia:

Fortress Press, 1988.

_____. *The Message of the Psalms: A Theological Commentary.* Minneapolis: Augsburg-Fortress Publishers, 1984.

_____. *The Psalms and the Life of Faith.* Edited by Patrick D. Miller. Minneapolis: Augsburg-Fortress Publishers, 1995.

Peterson, Eugene H. *Answering God: The Psalms as Tools for Prayer.* San Francisco: Harper San Francisco, 1992.

_____. *A Long Obedience in the Same Directions: Discipleship in an Instant Society.* Downers Grove, IL: InterVarsity Press, 1980.

_____. *Praying with the Psalms: A Year of Daily Prayers and Reflections on the Words of David.* San Francisco: Harper San Francisco, 1993.

_____. *Psalms: Prayers of the Heart.* Downers Grove, Il: InterVarsity Press, 1987.

_____. *Where Your Treasure Is: Psalms That Summon You from Self to Community.* 2nd edition. Grand Rapids: Wm. B. Eerdmans Publishing Co., 1993.

인용한 책

Dawn, Marva J. *Joy in Our Weakness: A Gift of Hope from the Book of Revelation.* St. Louis: Concordia Publishing House, 1994.

_____. *Keeping the Sabbath Wholly: Ceasing, Resting, Embracing, Feasting.* Grand Rapids: Wm. B. Eerdmans Publishing Co., 1989.

_____. *Reaching Out without Dumbing Down: A Theology of Worship for the Turn-of-the-Century Culture.* Grand Rapids: Wm. B. Eerdmans Publishing Co., 1995.

_____. *A Royal Waste of Time! Essays and Sermons Worship-full*(tentative title). Grand Rapids: Wm. B. Eerdmans Publishing Co., forthcoming.

_____. *Sexual Character: Beyond Technique to Intimacy.* Grand Rapids: Wm. B. Eerdmans Publishing Co., 1993.

_____. *To Walk and Not Faint: A Month of Meditations on Isaiah 40*, 2nd edition, Grand Rapids: Wm. B. Eerdmans Publishing Co., 1997

_____. *Truly the Community: Romans 12 and How to Be the Church*. Grand Rapids: Wm. B. Eerdmans Publishing Co., 1992; reissued 1997. (Former title: The Hilarity of Community.)

_____. trans. and ed. *Sources and Trajectories: Eight Early Articles by Jacques Ellul That Set the Stage*. Grand Rapids: Wm. B. Eerdmans Publishing Co., 1997.

Ellul, Jacques. *The Humiliation of the Word*. Translated by Joyce Main Hanks. Grand Rapids: Wm. B. Eerdmans Publishing Co., 1985

_____. *Money and Power*. Translated by LaVonne Neff. Downers Grove, IL: InterVarsity Press, 1984.

_____. *The Political Illusion*. Translated by Konrad Kellen. New York: Alfred A. Knopf, 1967.

_____. *The Technological Bluff*. Translated by Joyce Main Hanks. Grand Rapids: Wm. B. Eerdmans Publishing Co., 1990.

Lewis, C. S. *The Lion, the Witch and the Wardrobe*. New York: Harper Trophy edition, 1994.

Peterson, Eugene H. *The Message: New Testament with Psalms and Proverbs*. Colorado Springs: Navpress, 1995.

White, John. *The Tower of Geburah*. Downers Grove, IL: InterVarsity Press, 1978.

성구 색인

창세기
1:26-31　　　　　151
2:7　　　　　　　48

출애굽기
3:14-15　　　　　325
32:11-14　　　　　52
34:29-35　　　　　137

민수기
6:24-26　　　　　121

여호수아
4:6-7　　　　　　281

사무엘상
2:1　　　　　　　237
21:10-22:2　　　　129

열왕기하
6:8-23　　　　　142
6:16　　　　　　142

역대상
6:39　　　　　　175
16:29　　　　　　255

역대하
5:12　　　　　　175
20:21　　　　　　255

느헤미야
8:10b　　　　　　133

욥기
19:25-27　　　　　193

시편
4:3-5　　　　　　109
4:6-8　　　　　　119
13편　　　　　17, 325
16:5-6　　　　　198
16:8　　　　　　186
16:11　　　　　193
22:1-3a　　　　　264
23:3　　　190, 320, 321
24:4　　　　　　48
25:1-2　　　　　46
25:6-7, 10　　　　55
25:15-18　　　　　63
28:2, 6　　　　　41
29:1-5a, 8a, 9c-11　251
31:3　　　　　　190
31:5　　　　　　37
31:14-15a　　　　　27
31:22　　　　　　37
34:1　　　　　　187
34:1-3　　　　　128
34:5-7　　　　　136
34:8-10　　　　　144
34:11, 17-19　　　155
34:19　　　　　　161
37:3-6　　　　　284
37:7, 23-24, 37　　293
39:2-8a, 10-13　　262
40:1, 3-10　　　　303
40:6　　　　　　310
42:1-2, 4-5　　　243

43:3-5　　　　　243
46:10　　　　　　115
50:7-10　　　　　310
55:6-8, 12-14　　　72
55:16-17, 22　　　82
56:3-4　　　　　92
56:8-11　　　　　101
62:11-12　　　　　299
68:4-6, 35　　　　232
73:1-5, 13, 16-17　174
73:21-24a　　　　183
73:24b-26　　　　192
77:5-15　　　　　274
86:6　　　　　　41
86:15　　　　　　204
88:15-18　　　　　263
94:16-19　　　　　165
96:9　　　　　　255
103:8　　　　　　204
103:13　　　　　30
116:3-7, 15　　　200
119:70　　　　　171
130:2　　　　　　41
139:10　　　　　190
139:13-18　　　　212
140:5　　　　　　321
141:1-5　　　　　222
147:10-11　　　　307

잠언
4:26　　　　　　321

이사야
6장　　　113, 141, 142, 147

30:20-21	33	사도행전		4:4	122
40:6, 8	197	23:6-11	193	4:11b	153
49:13-15	30				
55:8-9	308	로마서		골로새서	
55:10-11	35	1:16	311	2:13-15	161
66:12	171	5:1-11	130		
		5:5	270	데살로니가전서	
예레미야		5:8	114	5:18	85
31:34	57	8:18	209, 124		
		8:28	125, 208, 219	디모데전서	
다니엘		8:31b-32	106	2:4	208
8-12장	141	12:1	116, 310		
		12:1-2	280	디모데후서	
마태복음				2:13	59
1:21	158	고린도전서		3:10-12	160
5:28	226	6:19-20	307	4:6-8	209
10:19-20	305	8:3	214		
13:52	243	10:13	139	히브리서	
18:12-14	321			4:15	74, 80
26:36-44	74	고린도후서		4:14-16	264
		3:7-13	137		
누가복음		3:18	137	야고보서	
1장	141	4:8-9	297	1:2-8	159
12:4	97	5:21	74	2:14-16	258
12:6-7	98				
20:27-40	193	갈라디아서		베드로전서	
22:69	188	2:9	188	1:8	237
23:34	65			3:15	210
23:46	43	에베소서		5:7	82, 87, 90
		2:6	180		
요한복음		3:12	67	요한계시록	
1:1-14	96	4:7	234	2:8-11	209
3:36	180, 194	4:22-24	51	2:10-11	327
8:31, 36	44	4:26	115	14-16장	141
8:32	44	5:20	327		
10:1-3	30	6:12	141, 160		
10:29	220				
14:18	240	빌립보서			
		1:23	207		
		3:7-11	130		

역자 후기

많은 이들에게 있어서 죽음은 고통이고 피하고 싶은 것이지만, 한편 어떤 이들에게 있어서는 죽음조차도 저 높은 곳에 놓인 일종의 사치입니다. 그들은 눈물을 흘리며 죽음을 간절히 사모하지만 아직 그들에게는 죽음이 허락되지 않습니다. 사람들은 이들의 소원이 얼마나 진지한 것인지를 도무지 이해하지 못합니다. 지금 예수님을 모르는 사람들을 이야기하는 것이 아닙니다. 어떤 사람들은 고통 때문에 무너져 있는 사람을 보며, 자신도 그런 고통을 당했지만 무너지지 않고 기도와 말씀으로 그 고통을 이겨 냈다고 말합니다. 그러나 아닙니다. 그렇지 않습니다. 그들은 아직 무너질 만한 고통을 경험하지 못했을 뿐입니다. 무너질 만한 고통이 오면 누구든 다 무너질 수 있습니다. 고통에는 고통 자체의 무게가 있기 때문입니다. 고통의 원인과 결과를 성경적으로 정확히 설명할 수 있다면 그토록 바닥까지 무너지지는 않으리라고 생각하는 것은 아직 고통을 경험하지 못했을 때의 생각입니다. 고통에는 그 자체의 무게가 있습니다. 그리고 자신의 고통은 자기만 압니다. 이 책은 그런 고통의 무게를 아는 사람의 글입니다. 눈물을 뚝뚝 흘리며 욥기 3장 전체에 밑줄을 그어 본 사람이라면 이 책을 사랑할 수 있을 것입니다.

본서를 번역하면서 두 가지 아쉬운 점이 있었습니다. 첫째는 저자가 우리 고통의 원인으로서 마귀의 역할에 관심을 보이지 않는다는 점입니다. 이것은 저자뿐만 아니라 모든 서구 작가들의 공통점이라고 생각합니다. 두 번째 아쉬운 점은 인간의 고통을 다룸에서 저자가 개인적 실존에만 치중하고 사회적 실존을 무시했다는 점입니다. 이 부분 역시 저자가 서구인이라는 사실에 기인한 한계라고 생각됩니다. 이 두 가지 점을 제외하고는 저는 이 책을 불만스러운 부분을 발견할 수 없었습니다.

저자가 히브리어에 조예가 깊은 신학자이기 때문에 성경을 사역(私譯)한 부분이 많습니다. 저자가 사역한 성경 구절을 번역할 때는 개역개정 성경을 쓰지 않고 역자가 직역했음을 밝힙니다.

만약 당신이 고통 자체로 인한 아픔 외에 '내가 기독교인이라면 이렇게 생각할 수는 없을 텐데'라는 죄책감 때문에 이중의 고통을 당하고 있다면 이 책의 저자는 당신 편입니다. 그리고 저도 당신 편입니다. 예수님이 지금 당신 편이시기 때문입니다.

김병국 목사